외국인 직접투자와 한국의 경제정책

FOREIGN DIRECT INVESTMENT & KOREAN ECONOMIC POLICIES

외국인 직접투자와 한국의 경제정책

FOREIGN DIRECT
INVESTMENT &
KOREAN ECONOMIC
POLICIES

INCHUL J. KIM

성균관대학교
출 판 부

About 18,000 foreign-invested companies are currently operating their business in Korea. Most of them are manufacturing companies. They brought both capital and higher technology to Korea. This has greatly helped Korea to attain rapid industrialization and sustained growth. However, it is difficult to say that foreign investors and domestic investors are competing on equal footing. Foreign investors inherently have a language barrier, and a limited social network so that they miss out on critical information regarding changes in regulations, laws, and taxes.

International organizations such as the World Bank and UNCTAD strongly recommend that their member countries attract foreign direct investment for sustained growth. They also advise that the host countries should resolve various grievances of foreign firms as much as possible so that they may retain their business for a long time.

I served as the Foreign Investment Ombudsman(FIO) for full three years during April 2015-March 2018. The FIO in South Korea is appointed by the nation's president. The FIO's responsibility is to resolve the grievances of the foreign firms. I have listened to foreign investors' numerous grievances. To change outdated or obsolete laws and regulations is not easy and takes a long time. In such an event, I opened it up for public debate by strongly appealing to the domestic media including The Korea Times, which drew much attention of the relevant agencies of the government. Many times it worked and we successfully derived satisfactory solutions.

This book is a collection of the articles I have published in The Korea Times for the past five years or so. The Korea Times is the nation's first English-language daily, established in November 1950. Taking this opportunity, I would like to give my deepest gratitude thanks to those who have made this publication possible.

First of all, I would like to give my greatest thanks to two gentlemen, Oh Young-jin, president publisher(former director of content) and Park Yoon-bae, chief editorial writer of The Korea Times. They gave me insightful thoughts in selecting timely topics and carefully read and corrected my articles before publication. Also I would like to gratefully acknowledge my two predecessors as the Ombudsman, Professor Emeritus Wan-soon Kim of Korea University and Professor Emeritus Choong-young Ahn of Chung Ang University for being my steadfast mentors for a long time. Last, but not least, I am grateful to my previous staff of the Ombudsman's Office who helped me visiting the numerous sites of the foreign-invested factories and provided the key statistics.

I hope this book will be much helpful for foreign investors, academicians, and policy makers in understanding the environment of foreign direct investment and policies that I have suggested in the articles.

May 2020
Dr. Inchul Kim
Professor Emeritus
Sungkyunkwan University
Seoul, Korea

현재 한국에서는 대략 18,000여 개의 외국 투자기업이 영업활동을 하고 있으며 그들 대부분 기업은 제조업체이다. 그들은 한국에 자본과 고급 기술을 들여오는 업체이다. 이들은 한국의 빠른 산업화를 조장하고 지속적 성장을 도와준다. 그럼에도 이들 외투기업이 국내 토종기업과 동일한 조건으로 경쟁하고 있다고 말하기는 어렵다. 외국인 투자자는 언어장벽을 극복해야 하며 사회적 네트워크가 제한적이어서 규제, 신규입법, 세법 등의 긴요한 정보를 놓치기 쉽다. 외국인 투자자들은 국내투자자들에 비하면 장애인 수준에 있다고 볼 수 있다.

세계은행과 UNCTAD같은 국제기구는 회원국들이 외국인직접투자를 유치할 것을 강하게 권장하고 있다. 이들은 또한 회원국들에게 자국에서 활동하는 외투기업의 애로사항을 적극적으로 해결해 줌으로써 투자활동을 오랫동안 계속할 수 있게 줄 것을 추천하고 있다.

필자는 2015년 4월부터 만 3년 간 외국인 투자 옴부즈만 역할을 담당하였다. 한국에서 외국인투자 옴부즈만은 대통령이 위촉한다. 필자는 옴부즈만으로서 외국인 투자자들의 억울한 사정을 듣고 많이 해결해주었다. 그들이 호소하는 애로사항은 시효가 지났거나 불필요한 입법, 정부시행령, 규제 등에 관한 것이었다. 필자는 그런 상황을 코리아 타임즈를 비롯하여 국내언론사에 외국기업의 애로사항을 기고문을 통하여 일반독자들에게 알렸다. 이것은 곧 정부 해당부처의 관심을 끌었으며 해결책을 성공적으로 유도하기도 하였다.

이 책은 지난 5년 동안 필자가 '코리아타임즈'에 출판한 기고문을 모아 만든 것이다. 코리아타임즈는 1950년 11월에 설립되었으며 매일 발간되는 영자신문이다. 한국에서는 최초로 발간된 영자신문이다. 필자는 이번에 책을 출간하는 기회를 이용하여 그동안 여러 형태로 필자에게 도움을 주신, 그래서 이 책을 출간하게 만드신 여러 분들에게 감사의 말씀을 드리고 싶다.

제일 먼저 코리아타임즈 사의 오영진 사장(전 편집국장)과 박윤배 논설주간 두 분께 마음 깊이 감사드리고 싶다. 사전 주제선정에 있어 많은 아이디어를 주셨으며 꼼꼼하게 원고를 읽고 수정도 해주셨기 때문이다. 다음은 학계의 선배님이시고 옴부즈만 전임자이셨던 고려대학교의 김완순 명예교수님과 중앙대학교의 안충영 교수님께 크게 감사를 드리고 싶다. 오랜 세월 동안 격의없이 귀중한 조언과 격려를 주셨기 때문이다. 끝으로 그러나 정말 많은 도움을 제공해준 직원들에게 감사를 드린다. 수없이 많은 외국 기업과 공장을 방문하는 데 동행하고 필요한 자료를 찾아주었기 때문이다.

필자는 외국인 투자자, 학계인사, 정책담당자들이 이 책을 통하여 한국의 투자환경 및 외국인 투자자들이 겪는 각종 애로사항과 필자가 제시한 대책방안을 이해하는 데 많은 도움이 되기를 바란다.

2020년 5월
김인철 박사
성균관대학교 명예교수
대한민국 서울

| 차례 |

01. Keeping foreign investors informed

August 4, 2015 (Tue) | THE KOREA TIMES

On July 27 the government launched a new regulatory information service for foreign investors. When new bills are proposed by the lawmakers or government agencies, they will be translated into English and placed on the regulatory information portal. Then foreign investors can directly access this portal and give comments and suggestions about the new bills. The objective of this system is to prevent hasty production of unjustifiable regulations which hinder the business operations of the foreign companies.

This online regulatory information service is the first of its kind for foreign investors in Korea. The new system was created as a result of the third regulatory reform ministerial meeting held at the Blue House about three months ago. This meeting was attended by ministers and business representatives from the private sector. The ministers gave updates on regulatory reform progress. Some representatives from domestic companies made remarks about their experience of excessive regulations.

Representatives from foreign companies started out by praising the president's strenuous efforts to improve the conditions for foreign investment in Korea but they ended up saying that Korea's regulations still lack predictability, transparency and consistency and these regulations have a long way to go to meet global standards. Having listened to the voices and concerns of the foreign investors, Madam President responded by saying "The Foreign Investment Ombudsman is here with us today and I would like to request that he continue to identify the regulation-related grievances of foreign investors."

President Park expressed regret over the fact that even though deregulation efforts have never ended, new regulations continue to be produced. She lamented that many young people are suffering from unemployment which is caused in part by unjustified laws and regulations.

She laid out several policy tasks to prevent reckless regulations driven by political populism. She made a special request for the creation of an online regulatory portal site where newly drafted laws and regulations are introduced. Then the foreign investors may access the portal site to submit suggestions for regulatory improvements. At the presidential request, the Office for Government Policy Coordination took the lead to set up an online website for foreign investors and the Ombudsman's Office took charge of operating this system.

A great number of foreign investors have applauded the regulatory information service. Through the portal site, foreign investors can voice their opinions to the relevant ministries. Before the creation of the Regulatory Information Portal, explanations of new laws and regulations were available only in Korean. In addition, regulatory bills were legislated and amended without reflecting the opinions of foreign investors.

There are two portal sites where foreign investors can read the new bills and submit opinions. One is http://e.better.go.kr which is directly run by the Office for Government Policy Coordination and the other is www.i-ombudsman.or.kr run by the Ombudsman's Office. These two portals are linked together. Each of these portals provides two services. One service is that foreign investors can submit opinions on current unreasonable regulations through "the regulatory portal shinmungo." Shinmungo refers to a huge drum placed outside the royal place in the old days, and common people gave the drum a bang to directly appeal their grievances to the king. The other service is that through the "i-ombudsman portal," foreign investors can submit comments on the new and strengthened regulations legislated by the government and the National Assembly.

Despite the impressive launching of the regulatory information service, representatives from the foreign chambers of commerce expressed some concerns. They may not be given sufficient time to examine the bills proposed by politicians. The English translation of the bills is partial and they cannot fully understand the contents. They wanted to be notified online that new bills have just arrived at the regulatory information portal. These concerns and suggestions can easily be taken care of. Other problems may occur later but so far so good. Let's keep our fingers crossed.

01. 온라인 포탈을 통한 FDI규제개혁정보 제공

2015.8.4(화) | 코리아타임즈 신문 게재

정부는 2015년 7월 27일 외국인투자(외투) 관련 규제정보를 제공하는 새로운 서비스를 선보였다. 이 외투규제정보포탈 구축의 취지는 입법부나 정부기관이 신규 법안을 발의하면 포탈에 영문으로 번역된 법안을 게재하여, 외국인투자자들이 법안에 대한 의견을 개진할 수 있도록 하는 데에 있다. 정부는 이러한 시스템을 통해 외투기업의 기업활동을 저해할 수 있는 규제입법의 성급한 제정을 방지하고자 하는 것이다.

외국인투자자를 위한 이러한 종류의 온라인 규제정보 서비스는 한국에서는 처음 시도되는 것으로, 약 3개월 전 청와대에서 개최된 제3차 규제개혁장관회의의 결과에 따른 것이다. 이날 회의에는 관계 부처 장관과 민간기업 대표 등이 참석했다. 장관들은 규제개혁 추진 현황을 보고하였으며, 일부 국내기업 대표들은 과도한 규제로 인한 애로사항을 토로했다.

한편, 참석한 외투기업 대표들은 외국인투자환경을 개선하기 위한 박근혜 대통령의 지속적인 노력에 사의를 표한다고 운을 떼면서도, 국내 규제의 예측가능성과 투명성 및 일관성 부족을 언급하면서 세계적 기준에 도달하려면 갈 길이 멀다고 지적했다. 이러한 우려의 목소리를 들은 박근혜 대통령은 "오늘 외국인투자 옴부즈만이 회의에 참석하셨는데 규제 관련 외국인투자자들의 고충을 수시로 파악해서 처리해 주기를 바란다"고 말했다.

또한, 박 대통령은 한편으로는 규제완화 노력이 진행 중이면서도, 또 다른 한편에서는 새로운 규제입법이 계속적으로 도입되고 있는 현실에 유감을 표했다. 박 대통령은 명분 없는 규제가 청년실업에 일조하고 있다고 개탄하며, 규제 관련 정책이 무분별하게 정치적 포퓰리즘에 좌우되는 상황을 방지하기 위한 정책을 제시했다. 특히, 입법과정에 있는 신규 법안 및 규정을 게재하여, 외국인투자자들의 의견을 접수할 수 있는 온라인 규제정보 포탈 사이트의 개설을 강조했다. 이에 국무조정실 주도하에 관련 포탈 구축 작업이 진행됐으며, 포탈의 운영은 외국인투자 옴부즈만 사무소에서 맡게 됐다.

많은 외국인투자자들은 이와 같은 규제정보서비스의 도입을 환영했다. 외국인투자자들은 본 규제정보포탈을 통해 입법과정에 있는 법령에 대해 관련 정부부처에 의견을 개진할 수 있게 된다. 이는 새로운 법령에 관한 정보가 한국어로만 제공되고, 법안의 제정 및 개정에 외국인투자자들의 의견이 전혀 반영되지 않았던 과거에 비해 큰 변화라 할 수 있다.

외국인투자자들은 포탈 사이트 두 곳에서 신규 법안을 조회하고 의견을 개진할 수 있다. 하나는 국무조정실에서 직접 운영하는 규제정보포탈(영문) (http://e.better.go.kr)이며, 다른 하나는 외국인투자 옴부즈만 사무소에서 운영하는 I-옴부즈만 포탈(www.i-ombudsman.or.kr)이다. 서로 연계된 이들 두 포탈을 통해 두 가지 서비스가 제공된다. 먼저, 각 포탈의 '규제개혁 신문고'를 통해 외국인투자자들은 기존의 불합리한 규제에 관한 의견을 제시할 수 있다. 신문고는 과거 조선시대 때 대궐 앞에 설치했던 커다란 북으로, 백성들은 신문고를 두드려 자신들의 억울함을 임금에게 직접 호소할 수 있었다. 또한, 각 포탈을 통해 신설. 강화되는 법안에 대해 외국인투자자들이 자유롭게 의견을 개진할 수 있다.

이와 같은 규제정보서비스 포탈의 인상적인 도입에도 불구하고, 주한 외국상의 대표들은 몇 가지 우려를 표하고 있다. 외국인투자자들이 법안을 검토할 충분한 시간을 보장받지 못할 수 있으며, 법안 일부만 영문으로 번역 제공되어 법안을 완전히 이해하기 어려울 수 있다는 것이다. 외국인투자자들은 또한 신규 법안이 규제정보포탈에 게재됨과 동시에 외국인투자자들에게 온라인으로 통지하는 것을 제안했다. 이러한 우려와 제안은 향후 적절히 대응될 수 있을 것으로, 이후 다른 문제가 발생할 수 있지만 아직까지는 규제정보 서비스의 성공에 대한 희망적인 관측이 우세하다. 앞으로 성공적 운영을 기대해 본다.

02. Ombudsman for Vietnam

August 18, 2015 (Tue) ⏐ THE KOREA TIMES

I was recently invited to give a keynote speech on "the Korean Foreign Investment Ombudsman System" at an international conference in Vietnam. These days Vietnam is often cited as a rising star in East Asia with its remarkable economic progress. Now the Vietnamese economy is about to launch another take-off with an additional growth engine mounted. The Vietnamese new growth engine refers to the Korea-Vietnam FTA signed by the two trade ministers in May. As a result, Vietnam's trade and investment will sharply increase and the economic ties between the two countries will be much stronger. As of the end of 2014, Korea is Vietnam's fourth-largest export partner after the U.S., Japan, and China, while Vietnam's second-largest import partner after China.

Vietnam's FDI is as impressive as its exports. As of 2014, the export share of Vietnam's GDP is about 80 percent and the FDI share of its exports is 68 percent. Among the countries which made investments in Vietnam, Korea ranks at the top with $7.3 billion. Vietnam publicly acknowledges the importance of FDI in promoting exports and GDP growth. With this premise in mind, the Vietnamese scholars and policymakers are very anxious to learn about the successful performance of the Korean Foreign Investment Ombudsman System.

"Ombudsman" may sound a bit strange. It is an indigenous Swedish term. The word, "ombud" means a representative who is authorized to act for someone else. In 1809, Sweden instituted a "parliamentary ombudsman" to safeguard the rights of citizens. It was a supervisory agency independent of the executive branch. A similar system existed in the ancient Roman period. "Tribunes of the people" were instituted in 494 B.C. to protect the interests of the plebeians against the actions of the Senate and the magistrates.

Interestingly, Korea also had an ombudsman system during the Chosun Kingdom of 1392-1910. The ombudsman system then was very unique. The ombudsman was called "amhaeng-eosa" (secret royal inspector). He was directly appointed by the king. When he traveled to local provinces to monitor government officials, he disguised himself to look like a commoner. The appointment and activities of the ombudsmen were kept strictly secret throughout the mission.

In today's world, however, ombudsman can be more broadly defined. The ombudsman refers to a person who has the right to investigate the public or private complaints and to mediate fair settlements. The official ombudsman is appointed by the government, parliament or the president. The unofficial ombudsman may be appointed by universities, newspaper outlets, NGOs or professional regulatory organizations.

The Foreign Investment Ombudsman System in Korea was instituted in October 1999 in order to resolve grievances of foreign investors and foreign-invested companies, and was established on the basis of Article 15-2 of the Foreign Investment Promotion Act. The Foreign Investment Ombudsman is appointed by the President.

At the present time, about 4,000 foreign-invested companies are being taken care of by 50 staff members who stand by in the ombudsman's office. Under the leadership of the foreign investment ombudsman, there are three sub-organizations: (1) The administrative supporting office, (2) The investment consulting center where 30 officials from central and local governments provide consultation service and (3) The grievance-resolving body where professional specialists keep close contact and share business information with the foreign investors.

The foreign investment ombudsman and his grievance resolution body collect and analyze information concerning the problems that the foreign investors experience, and request the relevant government agencies to take the corrective measures for foreign investors. According to Korea's Foreign Investment Promotion Act, the heads of the administrative agencies shall notify the foreign investment ombudsman of the results of handling the grievances in writing within seven days.

Korea's foreign investment ombudsman system has been operating effectively and built up a high reputation among foreign investors doing business within, as well as outside, Korea. With this reputation, many countries that wish to promote FDI try to benchmark the Korean foreign investment ombudsman system. Vietnam is not alone. Many other countries in East Asia and in Latin America wish to learn how the foreign investment ombudsman system is operated in Korea.

02. 베트남의 외국인투자 옴부즈만 제도 선택

2015.8.18(화) ㅣ 코리아타임즈 신문 게재

필자는 2015년 여름 베트남에서 열린 한 국제회의에서 "한국의 외국인 투자 옴부즈만 제도"에 관한 기조연설을 한 바 있다. 베트남은 놀라운 경제 성장에 힘입어 동아시아의 유망주로 떠오르고 있다. 현재 베트남 경제는 추가적인 성장 동력을 장착하고 또다시 도약을 준비 중이다. 한-베트남 FTA가 베트남의 신규 성장 동력인데, 2015년 5월에 양국 통상장관이 정식 서명했다. 이 FTA 체결로 베트남의 무역 및 투자가 대폭 증가하고, 양국 간 경제적 유대가 강화될 것으로 전망되고 있다. 2014년 말 현재 한국은 미국, 일본, 중국에 이어 베트남의 4대 수출대상국이며, 중국에 이어 베트남의 2대 수입대상국이다.

베트남의 외국인직접투자(Foreign Direct Investment, FDI) 또한 수출 실적만큼이나 인상적이다. 2014년 현재 수출이 베트남의 GDP에서 차지하는 비중은 80%이며, 수출에서 FDI가 차지하는 비중은 68%이다. 베트남에 투자하는 국가 중 한국은 투자 규모가 73억 달러 수준으로, 1위를 차지하고 있다. 베트남은 FDI가 수출 증진 및 GDP 성장에 얼마나 중요한지 공식적으로 인정하고 있다. 이러한 배경에서 한국의 성공적인 외국인투자 옴부즈만 제도를 배우고자 하는 베트남 학자 및 정책입안자들의 의지가 매우 강하다.

'옴부즈만(Ombudsman)'이라는 단어가 낯설게 느껴질 수도 있는데, 이 단어는 원래 스웨덴어에서 유래하였다. '옴부즈(ombud)'는 다른 사람을 대신하여 행동하도록 허가받은 자, 즉 대리인을 뜻하는 단어이다. 스웨덴은 시민들의 권리를 보호하기 위해 1809년에 의회가 임명동의 하는 옴부즈만 제도를 둔 적이 있다. 고대 로마시대에도 이와 비슷한 제도가 존재했다. 기원전 494년, 원로원이나 정무관들로부터 평민들의 권익을 보호하기 위해 도입한 '호민관'이 바로 그러한 제도이다.

흥미롭게도 과거 한국에서도 1392년부터 1910년까지 지속된 조선왕조 때 옴부즈만 제도가 존재했다. 조선의 옴부즈만 제도는 매우 독특했다. 옴부즈만은 '암행어사'라 불렸으며 왕이 직접 임명했다. 암행어사는 관료들을 감독하기 위해 지방을 순찰할 때 일반인처럼 보이도록 변장을 했으며, 암행어사의 임명과 활동에 관련된 정보는 임무수행 기간 중 철저히 비밀에 부쳐졌다.

한편, 오늘날의 옴부즈만은 더욱 광범위하게 정의할 수 있다. 옴부즈만은 공개 및 비공개 민원을 조사하고, 분쟁 시 공정한 합의를 이끌어내는 중재 권한을 가지기도 한다. 공식적인 옴부즈만은 정부 또는 의회 또는 대통령이 임명하며, 민간 옴부즈만은 대학, 신문사, NGO, 전문 규제기관이 임명한다.

한국의 외국인투자 옴부즈만 제도는 외국인투자자 및 외국인투자기업(외투기업)의 고충사항을 해결하기 위해 1999년 10월에 도입됐으며, 외국인투자촉진법 제15조의2에 따라 설립됐다. 외국인투자 옴부즈만은 대통령이 임명한다.

현재 외국인투자 옴부즈만 사무소에서 50여 명의 직원이 4,000여 개의 외투기업을 상대하고 있다. 외국인투자 옴부즈만 활동을 지원하는 부서로는 (1) 종합행정지원센터, (2) 중앙 및 지방 정부에서 파견된 30명의 공무원이 투자 관련 상담을 제공하는 투자종합상담실, (3) 홈닥터가 외국인투자자와 긴밀하게 접촉하고 한국에서의 기업활동과 관련된 정보를 제공하는 외국기업고충 처리단 등이 있다.

외국인투자 옴부즈만과 외국기업고충 처리단은 외국인투자자들이 겪는 각종 문제 등 관련 정보를 수집 및 분석하고, 관계 정부기관에 시정, 개선 조치를 요청한다. 한국의 외국인투자촉진법에 따라, 관계 정부기관의 장은 이러한 시정, 개선 요청사항을 접수한 후 7일 이내 해당 사항의 처리결과를 외국인투자 옴부즈만에게 서면 통보해야 한다.

한국의 외국인투자 옴부즈만 제도는 그동안 효과적으로 운영돼 왔으며, 국내외 외국인투자자들 사이에서 긍정적인 평가를 받고 있다. 이러한 호평 때문에 FDI를 촉진하고자 하는 많은 국가들이 한국의 외국인투자 옴부즈만 제도를 벤치마킹 하고자 하는 것이다. 현재 베트남뿐 아니라 동아시아와 남미의 여러 나라 들이 한국의 외국인투자 옴부즈만 제도가 실제로 어떻게 운영되는지 배우길 간절히 원하고 있다.

03. Linking multinationals with jobseekers

September 1, 2015 (Tue) ｜ THE KOREA TIMES

The world economy has been stuck for several years, but is slowly recovering. Such a long period of global economic downturn has caused many countries to suffer from high unemployment and, even worse, steadily increasing youth unemployment.

Korea is no exception. Its overall unemployment rate rose from 3.1 percent in 2013 to 3.4 percent in 2014. During this time, youth unemployment rose from 8 percent to 9.0 percent.

To resolve the unemployment problem, it has been suggested that Korea should continue to promote long-term foreign direct investment. However, this suggestion faces a formidable argument: Why would global investors come to South Korea when North Korea is threatening the South with nuclear weapons, and with wages in the South continually increasing.

This argument may sound plausible, but practically, it is not true. North Korea's nuclear threat is disturbing for foreign investors in South Korea, but the North has been provoking the South for more than 60 years. Foreign investors do not consider it a new risk. Therefore, North Korea's threats are not critical in determining whether or not to invest in South Korea.

The argument of higher wages in South Korea is also weak. The South has been receiving FDI from countries that are industrially more developed. Consequently, the average wage of the investing country tends to be sufficiently higher than that of South Korea. Most foreign companies in South Korea use advanced technology to make their parts and equipment. The companies are constantly upgrading the technology through increased investment in research and development.

We are in an era of globalization and ever-advancing industrial technology. It is noteworthy that the mode of FDI will continue to evolve in many ways. Most countries, regardless whether they are developing or are already developed, are trying to climb up the ladder of industrial technology.

It used to be that new and upgraded technology always travelled from a country of higher income to a country of lower income. But today it is possible for a lower-income country to surpass higher-income countries in certain manufacturing technologies.

A new mode of foreign direct investment is taking place internationally. Multinational corporations produce goods and services and supply them all over the world. These goods and services have to go through many stages and channels before they reach their final consumers. Stages include product-planning and design, manufacturing, packaging, door-to-door delivery, and storing.

This is what we call the global value chain. Any corporation that can supply needed goods and services can join the global value chain.

Under these circumstances, a vital task for foreign investors in Korea is to hire the most competent employees. They want young workers who are creative and disciplined, but worldwide are having a hard time finding them.

Fortunately, finding such employees is one of the duties of the

Ombudsman

Office in Korea. The Office of the Foreign Investment Ombudsman holds a job fair every year to reduce the mismatch between foreign companies and job seekers. In addition, ombudsman staff visits colleges and universities to arrange job seminars. At these seminars, students can hear directly from the CEOs of foreign companies.

Last October, the Ombudsman's Office hosted a successful jobs fair. Nearly 100 companies, of which a quarter were on the Fortune Global 500 list, participated. About 18,000 visitors attended, with 241 young people finding secure positions.

The 2015 Jobs Fair will be held on October 15-16 at COEX, with even more companies, job seekers and hiring expected.

The Ombudsman's Office pays special attention to students from provincial colleges and universities because these young people have less access to the newest jobs information.

Staff visits these schools three to four times before the jobs fair and conduct events such as the "On-Campus Recruiting Expo" in the school auditoriums, where students listen keenly to CEOs.

To help ease youth unemployment, the foreign investment ombudsman has rolled up his sleeves to be the "visible hands" in the youth labor market.

03. 다국적기업의 구인난 해소

2015.9.1(화) | 코리아타임즈 신문 게재

최근 몇 년간 침체기에 있던 세계경제가 서서히 회복하고 있다. 그러나 오랜 기간의 경기침체로 많은 국가들이 높은 실업률로 시달리고 있으며, 더욱이 청년 실업률이 지속적으로 상승하는 등 그 문제가 심각하다.

한국 또한 예외가 아니다. 한국의 실업률은 2013년 3.1%에서 2014년 3.4%로 증가했으며, 같은 기간 청년 실업률은 8%에서 9%로 상승했다.

이러한 문제를 타개하기 위해 정부는 장기투자형 외국인직접투자(Foreign Direct Investment, FDI)를 촉진해야 한다는 주장이 제기되고 있다. 그러나 이 같은 주장은 만만찮은 반론에 직면할 수 있다. 북한이 핵무기로 한국에 위협을 가하고 있으며, 한국의 노임이 지속적으로 상승하는 상황에서, 외국인투자자들이 한국을 매력적인 투자처로 여길 만한 요인이 무엇이 있겠느냐는 것이다.

이러한 주장은 얼핏 일리가 있어 보이나 사실과는 거리가 있다. 북핵 문제가 외국인투자자들에게 불안요소가 될 수 있지만, 북한의 대남도발 위협은 어제 오늘의 일이 아니고, 60년 넘게 지속되어 왔다. 그래서 외국인투자자들은 북한의 도발적 위협을 새로운 위험 요소로 여기지 않고 있는 것이다.

한국의 노임상승이 외국인투자에 부정적인 요인으로 작용한다는 주장 또한 설득력이 없다. 지금까지 한국에 투자한 나라들은 주로 한국보다 경제적으로 앞선 국가들이다. 따라서 투자국의 평균노임은 한국의 평균노임보다 상당히 높은 편이다. 뿐만 아니라, 한국에 진출한 대부분의 외국기업들은 첨단 기술을 사용하여 한국에서 부품과 장비를 제조해왔으며, 지속적인 연구개발 투자를 통해 기술을 향상시키고 있다.

오늘날 우리는 세계화와 지속적인 기술발전의 시대에 살고 있다. 따라서 FDI도 다양한 방식으로 진화할 것이라는 점을 염두에 두어야 한다. 개발도상국이든 선진국이든 대부분의 국가는 산업기술의 사다리를 오르기 위해 노력하고 있다.

또 한편으로 새로운 상황이 전개되고 있다.

과거에는 신기술 및 상위기술이 언제나 고소득 국가에서 저소득 국가로 이전됐다. 그러나, 오늘날에는 일부 제조기술에 있어서 저소득 국가도 고소득 국가를 능가할 수 있는 것이다.

국제적으로는 새로운 형태의 FDI가 자리 잡고 있다. 다국적기업들은 전 세계를 대상으로 재화와 서비스를 생산하여 공급한다. 이러한 재화와 서비스는 제품 기획, 설계, 제조, 포장, 문전배달, 보관 등 여러 단계와 유통채널을 거쳐야만 최종 소비자에게 도달할 수 있다.

이것이 바로 우리가 일컫는 '글로벌 가치사슬' 활동이다. 재화와 서비스를 생산할 수 있는 어떤 기업이든지 글로벌 가치사슬에 참여할 수 있는 것이다.

이러한 상황에서 외국인투자자들이 한국에서 직면하는 가장 중요한 과제중 하나는 유능한 청년을 직원으로 채용하는 일이다. 외국인투자자는 창의적이고 잘 훈련된 젊은 인재를 채용하려 하지만, 전 세계적으로 이러한 사람들을 찾는 데 어려움을 겪고 있다.

이러한 능력이 있는 청년 구직자들을 찾아 외투기업에 연결해주는 일

또한 외국인투자 옴부즈만 사무소의 업무 중 하나다. 옴부즈만 사무소는 매년 외투기업채용박람회를 개최하여 외투기업과 구직자 사이의 일자리 미스매치(mis-match)를 해소하고자 한다. 이와 더불어 옴부즈만 사무소 직원들은 지방대학 등을 찾아가 채용설명회를 개최하기도 한다. 학생들은 이 기회를 통해 외투기업의 CEO로부터 직접 채용 설명을 들을 수 있다.

옴부즈만 사무소는 2014년 10월에도 채용박람회를 성공적으로 개최한 바 있다. 해당 박람회에는 100여 개 기업이 참여했으며, 이중 1/4은 포춘지 선정 세계 500대 기업에 포함된 기업들이었다. 박람회를 찾은 방문객 수는 18,000여 명에 육박했으며, 241명의 청년들이 안정적인 직장을 찾는 데 성공했다.

2015년 외투기업채용박람회는 10월 15일과 16일 양일간 코엑스에서 개최될 예정이며, 기업과 구직자의 참여가 늘어 더 많은 채용이 이루어질 것으로 예상된다.

한편, 옴부즈만 사무소는 최신 구직 정보에 대한 접근성이 떨어지는 지방대 출신 학생들에게 각별히 신경을 쓰고 있다.

옴부즈만 사무소 직원들은 채용박람회 전 약 3~4회 정도 지방 소재 대학을 방문해 소위 "캠퍼스 리크루팅 엑스포"를 개최하고, 외투기업 CEO의 말을 직접 들을 수 있는 기회를 학생들에게 제공한다.

이처럼 외국인투자 옴부즈만은 청년 실업 문제를 해결하기 위해 청년 노동 시장에서 '보이는 손'이 되기를 자처하며 팔을 걷어붙였다.

04. Benefits of Korea-China FTA

September 15, 2015 (Tue)| THE KOREA TIMES

Recently, President Park Keun-hye made a three day trip to China and brought back enormous economic and political benefits to Korea. Upon her arrival in Beijing, President Park and President Xi held a summit meeting and came to the following agreements:

(1) Oppose any action that causes tension on the Korean peninsula. The two leaders urged the resumption of six-party talks to curb North Korea's nuclear ambition;

(2) Seek ways to promote the Eurasia Initiative, which aims to construct the world's longest railway connecting Europe, China, Russia, Mongolia, North Korea, and South Korea. This project was first proposed by President Park in October 2013. AIIB (Asia Infra Investment Bank) is expected to play a pivotal role in this project. Korea is the AIIB's 5th largest shareholder out of 57;

(3) Hold a tri-lateral summit meeting with Japan. President Park is expected to play a catalytic role in this meeting as mediator between China and Japan.

President Park also had separate talks with Chinese Prime Minister Li Keqiang. They agreed to work closely to have the Korea-China FTA go into effect as soon as possible. The mutual benefits from trade and investment are enormous. China can have the China-Korea FTA take effect at any time. For Korea, however, it may take a while for the

National Assembly to ratify it. If the majority of the Assembly members are fully convinced of the net benefit of the China-Korea FTA, they may ratify it within this year.

China is the world's second largest economy in GDP. In 2014, China recorded a GDP of $10.4 trillion and a trade surplus of $380 billion. China's imports from Korea were $145 billion. China's investment in Korea in 2013 was $0.5 billion and substantially increased to $1.2 billion last year. In contrast Korea's investment in China last year was $3.1 billion. If the FTA takes effect, the economic relations between the two will deepen more in the future.

Korea has signed FTAs with 52 countries, including the EU, USA, and China. Korea's free trade network is the third largest in the world, covering 73.5% of the global economy in terms of GDP. The establishment of a bilateral FTA between two countries may seem easy, but it is very difficult in reality. The most difficult part in establishing an FTA is to complete the ratification process. Even if the two governments have signed the free trade agreement, each government must get an approval from its parliament. When there is a significant discrepancy in the assessment of net benefit of the FTA between the government and its parliament, the ratification process can be rough and rattling.

For example, Korea had a bitter experience when getting the Korea-US FTA ratified. When the two governments signed the FTA in April 2007, the US Congress did not welcome it, but the Korean National Assembly did. Later on, the two parliaments reversed positions. The US Congress passed a final FTA version in October 2011, and the Korean National Assembly barely ratified the final FTA in the following month. It took more than four years before the FTA was able to go into effect.

The ISDS (Investor-State Dispute Settlement) issue caused the delay in ratification. ISDS is an instrument of public international law that grants an investor the right to use dispute settlement proceedings against a host state. If the host state violates the rights granted to the investor under public international law, then that investor may bring the matter before an international arbitral tribunal.

Opposition party members and civic groups repeatedly demanded that the Korean government renegotiate with the US to remove the ISDS from the FTA. To prevent similar political confrontation between the ruling party and opposition parties, Korea and China agreed to include an additional clause in the FTA that will reduce the chances of the ISDS clause being abused. Article 12.19 of the Korea-China FTA stipulates that each party designates contact points in each territory, such as the foreign investment ombudsman, to help resolve the grievances of foreign investors before things get out of hand and need to be brought before an international court. Enormous economic benefits lie ahead for us. Why not actively explore them together?

04. 한-중 FTA 체결의 효과

2015.9.15(화) | 코리아타임즈 신문 게재

최근 박근혜 대통령은 3일간의 중국 방문을 통해 경제적으로나 정치적으로 엄청난 선물을 한국으로 가져왔다. 박근혜 대통령은 베이징을 방문하여 시진핑 주석과 정상회담을 갖고, 다음과 같은 합의에 도달하였다.

(1) 양국은 한반도에 긴장을 야기하는 모든 행위에 반대하는 데 합의했다. 또한 양국 지도자는 북한의 핵 야망(개발)을 저지하기 위한 6자 회담의 재개를 촉구했다.

(2) 양국은 유럽, 중국, 러시아, 몽골, 북한, 한국을 잇는 세계에서 가장 긴 철도 건설을 목표로 하는 유라시아 이니셔티브(Eurasia Initiative)를 촉진할 방법을 모색하기로 했다. 동 프로젝트는 박 대통령이 2013년 10월에 최초로 제안했으며, 아시아 인프라 투자은행(Asia Infra Investment Bank, AIIB)이 주도적 역할을 할 것으로 기대된다. 한국은 AIIB의 57개 회원국 가운데 5대 주주이다.

(3) 양국은 일본을 포함한 3국 정상회담을 개최하기로 합의하였다. 박 대통령은 중국과 일본 사이에서 조정자로서 핵심 역할을 수행할 것으로 기대된다.

박 대통령은 또한 중국의 리커 창 국무총리와도 별도 면담을 가져, 한-

중 FTA의 조속한 발효를 위해 긴밀히 협력하기로 합의했다. 한—중 FTA로 인한 양국의 무역 및 투자 관련 경제적 이익은 매우 클 것으로 보인다. 중국은 한—중 FTA를 언제든 발효시킬 수 있으나, 한국은 의회에서 비준하기까지 시간이 걸릴 수 있다. 한국의원들 다수가 한—중 FTA가 가져올 순이익에 대한 확신을 충분히 가지고 있다면, 연내(2015년)에 국회에서 비준이 이루어질 수도 있다. (실제로 2015년 11월 30일 국회에서 비준되었음.)

중국은 GDP 기준으로 세계에서 두 번째로 큰 경제대국이다. 2014년 중국은 10조 4천억 달러의 GDP 및 3,800억 달러의 무역흑자를 시현하였다. 한편, 2014년 중국의 대 한국 수입액은 1,450억 달러였으며, 2013년 대 한국 투자액은 5억 달러에서 2014년 12억 달러로 대폭 증가했다. 한편, 한국의 2014년 대 중국 투자액은 31억 달러였다. 한—중 FTA가 발효되면 이러한 양국 간 경제적 관계가 더욱 심화될 전망이다.

한국은 현재 EU, 미국, 중국을 비롯한 52개국과 FTA를 체결한 상태이다. 따라서, 한국의'자유무역네트워크'는 전 세계 GDP의 73.5%에 해당하는 규모로, 세계에서 세 번째로 큰 네트워크이다. 이와 관련, 많은 사람들에게 양자 FTA를 체결하는 과정이 쉬워 보일 수 있으나, 실제로는 생각보다 쉽지 않다. 양국 정부가 FTA에 서명했다 하더라도 각국 의회의 비준 절차가 있는데, 이 절차는 통상적으로 FTA 체결 시 가장 어려운 부분에 해당한다. 따라서, 의회비준 과정에서 FTA 체결에 따른 순이익에 대해 정부와 의회간 상당한 시각 차가 존재한다면 험난하고 어려운 과정이 될 수밖에 없다.

한국은 과거 한—미 FTA 비준 과정에서 쓰라린 경험을 한 바 있다. 2007년 4월 양국 정부가 FTA에 서명하였을 때, 한국 의회는 이를 환영했으나, 미국 의회는 그렇지 못했다. 그러나, 이후 양국 의회의 입장이 뒤바뀌었다. 2011년 10월이 되어서야 한 · 미 FTA 이행법안이 미 의회를 통과했으며, 한국의 경우 동년 11월에 가까스로 국회 본회의에서 비준안이 통과되었다. 한-미 FTA가 발효되기까지 양국정부 서명 후 4년 넘게 걸린 셈이다.

이처럼 한-미 FTA 비준이 지연된 가장 큰 원인은 투자자국가분쟁해결(Investor-State Dispute Settlement, ISDS) 조항에 있다. ISDS는 국제공법에서 사용되는 법적 수단 중 하나로, 외국인투자자에게 투자 유치국을 상대로 분쟁해결 절차를 개시할 권리를 부여한다. 또한, 국제공법상 외국인투자자에게 부여된 권익을 투자 유치국이 침해했을 경우, 외국인투자자는 해당 국가를 상대로 국제중재기관에 중재를 청구할 수도 있다.

당시 야당 의원과 시민단체는 한국 정부가 미국과 재협상하여 FTA의 ISDS 조항을 삭제할 것을 지속적으로 요구했다. 한국과 중국 정부는 한-중 FTA에 있어서 이와 같은 정치적 대치 상황이 반복되는 것을 방지하기 위해, ISDS 조항의 남용 가능성을 줄일 수 있는 조항을 FTA에 추가하기로 합의했다. 한-중 FTA 제12.19조에 따르면, 외국인투자자의 고충이 심화되어 해당 사안이 국제중재까지 가기 전에 이를 해결할 수 있도록 양국 정부는 외국인투자 옴부즈만과 같은 특별기구를 갖추어야 한다. 현재 우리 앞에는 크나큰 경제적 이익이 놓여 있다. 우리는 이 기회를 앞으로 더욱더 적극적으로 모색해야 할 것이다.

05. Advocating capitalism

October 16, 2015 (Tue) | THE KOREA TIMES

I want to deviate from my job as Ombudsman for this column and go back to my old profession as an economics professor to set some facts right about capitalism that is increasingly beleaguered especially over the gap between the haves and have-nots that has been deepening. This is an attempt to get back to basics and understand the ways of putting a human face on capitalism that works on market principles.

In the aftermath of the global financial crisis and economic recession triggered by the collapse of Lehman Brothers in 2007, confidence in capitalism dropped. Critics argue that these events were the result of the failure of capitalism and seek a better economic system or ideology, such as so-called "warm capitalism." But it is unclear what this means.

I remember walking home from the library during my university years in Chicago in the 1970s. It was winter and I was with a friend named Richard. He was wearing a beaver Russian Cossack hat without ear covers. I was wearing a fur hat with ear covers. I asked my Minnesota-bred friend whether he was as cold as I was, and he said, "It is cool alright. But St. Paul used to be much colder than this."

"Hot and cold," it depends on where we come from, what we're used to.

The etymology of the word capital is the Latin "caput," which meant "head of livestock" in the 12th to 13th century. Capitalist refers to the owner of the capital. The concept of free markets was created by Adam Smith, the father of modern economics and who coined the term "invisible hand." He believed that when an individual pursues his self-interest, he indirectly promotes the good of society. If a selfish consumer tries to buy goods at a lower price and a selfish seller tries to sell those goods at a higher price, they will reach a price they will both be optimally satisfied with.

After Adam Smith, many capitalist countries adopted the free market system. Later on, classical economists who focused on the supply side, used free-market capitalism as opposed to planned-economy communism.

After the 1929-1933 Great Depression, free-market capitalism was in crisis. John M. Keynes (1883-1946) bitterly criticized free-market economists and advocated state intervention to stimulate the economy. His policy prescription was adopted by numerous capitalist governments during the 1950s-60s.

However, Friedrich Hayek, Milton Friedman and other free-market economists were concerned that Keynesian economics favoring state intervention was becoming predominant. They organized the Mont Pelerin Society (MPS) in 1947. They had admired Adam Smith for his theories about the "invisible hand" and free markets. Even free-market economists admit that state intervention is needed in the areas of pollution, national defense, education, health, and so forth.

The aim of the society was to facilitate the exchange of ideas among members and study the virtues and defects of market-oriented economic systems. Its leadership changed from Friedrich Hayek to Milton Friedman (1912-2006), and then to Gary Becker (1930-2014).

They were all professors at the University of Chicago and all won the Nobel Prize in economics. The free market system ensures the efficient allocation of resources, and private ownership provides the incentive to work harder. Therefore, free-market capitalism will continue to be the backbone for the welfare of mankind.

Towards the end of the 20th century, however, the situation was again reversed. With the Asian financial crisis in 1997 and global financial crisis in 2007, opponents of free capitalism proclaimed that capitalism had come to an end. However, Becker refuted their criticism and persistently argued that economic crises stem from unwise policies at the country level and lack of policy coordination at the global level.

Right before his death in May 2014, Becker strongly advocated capitalism. He said, "In spite of some flaws, capitalism is the only system yet devised that brings the hope of lifting the masses out of poverty and creating a robust middle class." He also said, "The new leaders of China have expressed dissatisfaction with the performance of public enterprises, and have called for greater participation by private firms in many sectors, including financial markets."

Countries that want to keep their capitalism warm, be they socialist or democratic, should keep in mind the following: (1) The degree of warmth of capitalism varies according to culture, history and most importantly national income; (2) A freer market system and private ownership should go hand-in-hand to maintain sustained growth; (3) Wiser policies in the areas of tax, welfare and capital market opening should be adopted; (4) The global policy coordination system should be improved to prevent a global crisis.

05. 자본주의 옹호

2015.10.6(화) ㅣ 코리아타임즈 신문 게재

필자는 이번 칼럼에서 잠시 외국인투자 옴부즈만이라는 직책을 미뤄놓고 예전 경제학 교수의 신분으로 돌아가 빈부격차 심화로 궁지에 몰린 자본주의에 대한 오해와 진실을 논하고자 한다. 그래서, 기본으로 돌아가 시장원리에 따라 작동하는 자본주의에 어떻게 하면 '인간의 모습'을 씌울 수 있는지 모색하고자 한다.

2007년 리먼 브라더스의 파산으로 촉발된 글로벌 금융위기와 경제침체는 자본주의에 대한 신뢰를 낭떠러지로 곤두박질 치게 했다. 비평가들은 이러한 일련의 사태가 자본주의의 실패로 규정하고 '따뜻한 자본주의' 또는 이보다 나은 경제시스템 또는 이데올로기를 모색해야 한다고 입을 모았다. 그러나, 과연 '따뜻한 자본주의'란 무엇을 의미하는지 확실하지 않다.

1970년대 어느 추운 겨울날, 당시 시카고대학교에서 경제학을 공부했던 필자는 도서관에서 공부를 마치고 친구 리처드와 함께 집으로 걸어가던 길이었다. 리차드는 귀를 덮지 않는 러시아 코사크 모자를, 필자는 귀까지 덮는 털모자를 쓰고 있었다. 미네소타州 출신인 리처드에게 춥지 않냐고 묻자 "춥긴 하지만, 세인트폴(미네소타州 주도)은 시카고보다 더 춥다네"라고 그는 대답했다. 이처럼 아주 덥거나 춥다라고 하는 것은 자신이 나고 자란

곳의 기후가 어떠했느냐에 달려 있다.

자본(capital)이라는 단어는 12세기~13세기 사이 '가축의 머리'를 뜻하는 라틴어 'caput'에 어원을 두고 있다. 그리고, 자본주의자는 자본을 소유한 자를 의미한다. 시장경제의 개념은 근대 경제학의 아버지로 알려진 아담 스미스에 의해 정립됐고, 그는 시장경제가 '보이지 않는 손'에 의해 작동된다고 했다.

아담 스미스는 각자가 자신의 이익을 추구할 때 이른바 '보이지 않는 손'에 이끌려 결국 국부가 증진한다고 설파했다. 즉, 저렴한 가격에 구매하려는 이기적인 소비자와 높은 가격에 매매하려는 이기적인 판매자가 시장에서 만나면 양측 모두가 만족할 수 있는 최적의 가격에 이르게 된다는 이론이다.

아담 스미스의 등장과 함께 많은 자본주의 국가들은 자유시장 경제체제를 채택했다. 또한 공급 측 경제학을 강조한 고전파 경제학자들도 계획경제체제 (공산주의) 대신 자유시장 자본주의를 지지했다.

경제 대공황(1929-1933) 이후, 자유시장 자본주의는 위기에 빠졌다. 존 메이나드 케인즈(1883-1946)는 자유시장 경제학자들을 신랄하게 비판했으며 경기부양을 위해서는 정부의 개입을 주장했다. 그리고, 1950년대에서 60년대까지 자본주의를 채택한 수많은 정부는 케인즈가 처방한 '정부개입 정책'을 수용했다.

반면, 프리드리히 하이에크와 밀턴 프리드먼과 같은 자유시장 경제학자들은 케인즈학파의 '정부개입'논리가 만연해지는 것을 우려했고, 1947년에는 몽 펠르랭 소사이어티(MPS)를 창립했다. MPS는 '보이지 않는 손'과 시장경제의 주창자 아담 스미스를 신봉했다. 한편, 자유시장 경제학자들도 공해, 국방, 교육, 보건 등의 분야에서는 정부의 개입이 필요하다는 것을 인정한다.

프리드리히 하이에크, 밀턴 프리드먼(1912-2006), 개리 베커(1930-2014)

이렇게 세 사람이 차례로 이끌어온 MPS는 시장중심 경제체제의 우수성뿐만 아니라 단점도 함께 연구하고, 회원간 자유로운 의견교환의 장이었다. 하이에크, 프리드먼, 베커는 모두 시카고대학교에서 경제학을 가르쳤고 노벨 경제학상을 수상했다. 자유시장 경제체제는 자원의 효율적 배분을 보장하고, 재산의 개인소유는 사회에서 보다 열심히 일하기 위한 동기부여가 된다. 따라서 자유시장 자본주의는 앞으로도 복지의 근간으로서 역할을 할 것이다.

그러나, 20세기 후반에 이르러 상황은 다시 역전되었다. 1997년에는 아시아금융위기, 2007년에는 세계적 금융위기가 닥치면서 자본주의의 몰락을 주장하는 반자유주의 목소리가 증폭됐다. 그럼에도 불구하고 베커 교수는 국가적 차원의 현명하지 못한 정책과 국제적 차원의 정책공조 부족이 경제위기를 불러 일으킨 것이라며 반대자들의 비판을 일축했다.

베커 교수는 2014년 5월 세상을 떠나기 전까지도 자본주의를 옹호했다. 그는 "일부 단점에도 불구하고 자본주의만이 대중을 빈곤에서 벗어나게 하고, 탄탄한 중산층을 만들 수 있는 유일한 희망"이라며, 공기업에 실망한 중국의 새로운 지도층조차 금융시장을 비롯한 여러 분야에 더 많은 민간의 참여를 촉구했음을 지적했다.

사회주의 국가든 민주주의 국가든, '따뜻한 자본주의'를 도입하고자 하는 국가는 다음을 유념해야 할 것이다: 1. 자본주의의 '따뜻함'이란 문화, 역사 그리고 무엇보다 국민소득에 따라 달라질 수 있다는 것이다. 2. 지속가능한 성장을 위해서는 자유로운 시장경제 시스템과 재산의 개인소유가 병행되어야 한다. 3. 조세, 복지, 자본시장개방 등의 분야에서 보다 현명한 정책을 펴야 한다. 4. 끝으로, 글로벌 금융위기 방지를 위해 국제적인 정책공조체계가 강화되어야 한다.

06. For foreign firms wanting to hire

October 20, 2015 (Tue) | THE KOREA TIMES

In the era of global secular stagnation, the speed of GDP growth for every country seems to have dropped. The U.S. economic recovery is slow. The prospect for slower growth begets vicious chains of effects. Businesses forecasting slower growth make less investment and reduce their employment, which leads to less income and less consumption and lower growth for next year.

Most countries are suffering slower growth and very high youth unemployment. Nevertheless, it is possible that some countries outperform others in the growth of gross domestic product (GDP). Korea tries to escape the low-growth trap by promoting foreign direct investment. To induce advanced manufacturing technology from abroad, the government provides many incentives, including cash grants to foreign companies.

One critical challenge for the foreign firms is to hire college graduates in their host countries. Once they hire young people with talent, they want the new employees to stay long enough to become high-ranking executives. However, they do not know for sure who will be the right candidates. Likewise, student job seekers do not know exactly which company is the right one for them. This is the situation where the Ombudsman's Office is expected to play a vital role.

Recently, I experienced a touching moment at a local university.

The Ombudsman's Office conducts the campus recruiting program for young people by visiting universities all over Korea. For these events, we invite popular foreign companies operating in Korea to promote their businesses and explain their hiring plans to the students.

On September 23, President Hong Duck-ryul of Daegu University hosted our program of "Campus Recruiting for Foreign Invested Companies 2015." Other universities in the area were also able to participate through the joint efforts of Gyeong-buk Province. When we took a campus tour with President Hong, I was amazed that every building has an access ramp for students bound to wheelchairs.

He said Daegu University is a small private university but the only one in Korea fully equipped with facilities for disabled students. He was concerned that although its number of disabled students is still manageable, more disabled students are applying to Daegu University every year and funding sources are extremely limited. A total of 218 disabled students are now studying at Daegu.

The university has a Christian foundation. When started in 1956, it was a social work institute. It was founded on the philosophies of goodwill and charity. Under the motto of Love, Light and Freedom, the university continues to strive to provide opportunities for the disabled students to become active members of a civil society. So it is easy to imagine that the students who have studied for four years at Daegu will become responsible citizens, well equipped with professional skills and the sense of philanthropy.

For the campus recruiting program, nine foreign companies — Siemens, TE Connectivity, Adecco, Uniqlo, Dow Corning, Elring Klinger, Faurecia, Yuzhen International and Maxon Motor — came to the university's main auditorium and met 510 student job seekers. The auditorium was packed and filled with the enthusiasm of the speakers from the foreign firms and with the hopes and expectations of the prospective job candidates.

The Ombudsman's Office has been conducting campus recruiting programs for five years and they are getting more popular among universities and students. We focus on provincial universities for this program for many reasons. Among them are: Provincial university students suffer from unfair competition. Inherently, they have fewer opportunities to work for high-paying large companies than do the students from the universities in the Seoul metropolitan area; a large number of foreign companies have their factories and plants in provincial areas; and foreign firms prefer graduates from provincial universities to those from the metropolitan area because they believe the students adjust to their work environment quicker and better.

Based on my experience conducting the campus recruiting program, I expect more students from provincial universities will be able to get high-quality jobs offered by foreign-invested companies.

06. 청년 구직자의 외투기업 선호

2015.10.20(화) | 코리아타임즈 신문 게재

글로벌 장기 경기침체가 지속되면서 GDP 성장률 둔화가 각 나라에서 나타나고 있고, 미국의 경기회복 속도도 더딘 상황이다. 경제 저성장이 전망되면 악순환의 소용돌이에 빠진다. 경제전망이 어두울 때 기업이 투자와 고용을 줄이면 소득과 소비 감소로 이어져 이듬해 저성장으로 시현된다.

대부분의 국가가 저성장과 높은 청년실업 문제로 고통을 겪고 있다. 그럼에도 불구하고 GDP 성장률에 있어서 일부 국가들은 높은 성과를 거두고 있는 것도 사실이다. 한국은 외국인직접투자(FDI) 유치를 통한 경제 저성장의 덫을 빠져나가려고 하고 있다. 한국정부가 고도기술 유치를 위해 현금지원 등을 포함한 각종 인센티브를 제공하는 것도 이의 일환으로 볼 수 있다.

외투기업이 현지 투자국에서 겪는 애로 중 하나는 유능한 대졸자를 채용하는 것이다. 또, 채용 후 이 유능한 신입직원이 고위직에 오를 때까지 외투기업에서 근무하기를 원한다. 그러나, 누가 이런 사람일지 확실히 알 수가 없는 것이 문제다. 한편, 구직자는 외투기업이 자신에게 맞는 직장인지 정확인 모르는 것은 마찬가지이다. 이 괴리를 좁히는 데 외국인투자 옴부즈만 사무소가 결정적인 가교 역할을 할 수 있다고 본다.

최근 필자는 한 지방대 방문을 통해 큰 감명을 받은 바 있다. 옴부즈만 사무소는 매년 전국의 여러 지방대학교를 순회하며 외투기업 채용설명회를 갖는데, 이때, 인기 있는 외투기업을 초청해 기업홍보와 자사의 채용계획 설명을 하도록 기회를 준다.

2015년 9월 23일에는 대구대학교(총장: 홍덕률)에서 '2015년 경북권대학 외국인투자기업 채용설명회'를 개최했다. 또, 대구대학교뿐만 아니라 주변 경북권 대학이 경북도청의 협조로 이 설명회에 참여하여 행사가 성공적으로 마무리됐다. 특히 인상 깊었던 것은, 홍덕률 대구대학교 총장과 함께 캠퍼스를 견학하였는데 모든 건물에 장애인 학생들을 위한 휠체어 진입로(ramp)가 설치된 것이었다.

홍 총장은 대구대학교가 비록 작은 사립대학교이지만 장애인을 위한 시설이 완비된 대학은 전국에서 대구대학교가 유일하다며, 당장은 시설을 운용하는 데 부족함이 없지만 매년 장애인 학생들의 입학이 늘어나고 있어 예산압박이 증가할 것이 예상된다고 하였다. 현재 대구대학교에는 총 218명의 장애인 학생들이 공부하고 있다고 한다.

기독교 재단으로 설립된 대구대학교는 1956년 사회사업을 위한 연구소로 출발했다. 선행과 자선이라는 철학을 기반하여 사랑, 빛, 자유의 건학 정신에 따라 장애인 학생들이 사회의 적극적인 일원이 될 수 있도록 부단히 노력하고 있다. 따라서, 대구대학교 학생들이 4년간의 학업을 통하여 박애정신과 전문기술을 갖춘 책임 있는 사회의 일원으로 성장하는 것은 전혀 놀라운 일이 아니라는 생각이 든다.

이 외투기업 채용설명회에 지멘스 헬스케어, TE커넥티비티, ㈜아데코코리아, 유니클로, 한국다우코닝㈜, 엘링크링거코리아, 포레시아오토모티브시팅코리아, 한국유젠국제㈜, ㈜맥슨모터코리아 등이 참여하여 경북권대학생 510여 명과 뜻있는 만남을 가졌다. 채용설명회장은 외투기업 관계자들의 열띤 발표와 이를 경청하는 학생들의 희망과 기대로 가득 찼다.

2015년 현재 지방대학 순회 외투기업 채용설명회가 다섯 돌을 맞이했다. 해를 거듭할수록 본 행사에 대한 대학 관계자 및 학생들의 관심이 뜨거워지고 있다. 옴부즈만 사무소가 지방대학에 이 프로그램을 추진하는 이유는 이러하다. 지방대 학생들은 수도권 소재 학생들보다 대기업 입사경쟁에 있어 다소 불리한 위치에 있다고 생각되며, 많은 외투기업 공장이 지방에 소재하고 있다 보니 외투기업 또한 지방대 학생들을 선호하는데 이는 이들이 지방에 있는 공장이나 주변 환경에 더 잘 적응한다.

이러한 맥락에서 필자가 그동안 본 행사를 개최한 경험으로 미루어 볼 때, 지방대 학생들의 외투기업 취업 기회는 더욱 늘어날 것으로 기대된다.

07. Ordinary wage puzzle

November 3, 2015 (Tue) ㅣ THE KOREA TIMES

On Dec. 13, 2013, the Supreme Court provided clear criteria for ordinary wages. The Court's ruling states that bonuses, allowances, and other welfare benefits should be paid on a regular, uniform, and fixed basis if they are to be included as part of ordinary wages. However, claiming retroactive payments in relation to fixed regular bonuses is not allowed on the ground of the good-faith principle." The good-faith principle states that parties subject to a contract will deal with each other honestly and fairly so as not to destroy the right of the other party in order to receive the benefits of the contract.

Despite the Supreme Court's ruling, there exist many cases in which workers and employers dispute whether some allowances should be included in or excluded from ordinary wages. Currently about 15,600 foreign-invested companies are operating their businesses in Korea. They are concerned that Korea's ordinary wage structure is extremely complicated. They are afraid that the decisions of the district courts will be different from the Supreme Court ruling due to the existence of grey areas in the interpretation of relevant laws and decrees.

However, the understanding of the history of Korean business and background of business leaders in Korea will help the foreign investors a lot in dealing with the issues of Korea's new ordinary wage system. So far as allowance payments are concerned, the US also has a good variety of allowances including conveyance allowance, house rent allowance, cost of living allowance, foreign allowance, dearness allowance which is paid on the basis of rising prices of their products.

The Korean wage system can be better understood as an evolutionary system, constantly improving in a similar way to how evolution works in nature. Modern business in Korea started during the early 1960s and continued to grow until the Asian financial crisis in 1997. During this 40 year period, the Korean economy expanded tremendously. The average annual GDP growth rate was close to 8 percent. The number of companies, both small and large, greatly increased. Young and disciplined employees worked longer hours. They did not mind working even on weekends or holidays.

A great number of business owners made huge profits and they created so many allowances and bonuses such as shift allowances, commuting allowances, family allowances, physical training allowances, even a kimchi-making bonus. The employer gave allowances to his employees for two reasons: (1) He had compassion for his employees and (2) he desired to increase the worker's productivity. The ordinary wages are used as the basis for calculating statutory payments such as overtime payment.

In the aftermath of the Asian financial crisis, however, the labor market situation has changed a lot. The income inequality gap has substantially widened and social sentiment of labor protection began to prevail. Slower economic growth made the employer's generosity towards workers weaker. Consequently labor market flexibility lessened to a great extent.

After the 2008 global financial crisis, the situation became even worse. Along with the trend of global economic stagnation, Korea has lost its growth engines and is suffering from a very low growth and serious unemployment. Both employers and workers are in difficulty. To escape unfavorable conditions in the domestic economy, a good number of companies went abroad where labor costs are low. Moreover, employers have to fight uncertainties in the domestic market as well as in the global economy. As profits fluctuate wildly, they must have a contingency plan for rainy days.

Despite the provision of the clear criteria for ordinary wages by the Supreme Court, there are many cases where the employer and the workers disagree on the scope of the ordinary wages. It is partly because there is a grey area in the interpretation of bonus. For some companies, part of the bonus can be interpreted as non-regular or non-uniform nature and it is not included in the scope of ordinary wages. But for other companies, it is included.

To overcome the difficulties of this kind, the Supreme Court advises that both parties should honor the good-faith principle. This means that the employer and workers should try to resolve their disputes on the interpretation of ordinary wages amicably through dialogue in good faith. Above all, the successful application of the good-faith principle is based on mutual trust between employers and workers.

07. 복잡한 통상임금의 체계

2015.11.3(화) ㅣ 코리아타임즈 신문 게재

2013년 12월 13일부로 대법원은 통상임금 범위를 결정하는 판단 기준을 제시한다. 정기적, 일률적, 고정적으로 지급되는 보너스, 수당 및 기타 복지 혜택이 통상임금에 해당한다고 판결한 것이다. 다만 고정적인 정기상여금의 소급 청구에 대해서는 신의의 원칙에 따라 제한하였다. 신의의 원칙이라 함은 계약상 이익을 위해 상대의 권리를 침해하지 않도록 계약당사자 서로가 정직하게 행동하는 것을 의미한다.

이 같은 대법원 판결에도 불구, 일부 수당의 통상임금 포함 여부에 대한 근로자와 사용자 간 갈등이 여전하다. 현재 한국에서 활동 중인 외국인투자기업은 약 15,600여 개에 달하며 이들의 가장 큰 우려사항은 한국의 복잡한 통상임금 체계이다. 관련 법률 및 법령의 해석에 존재하는 회색지대로 인한 대법원의 판결과 상이한 지방법원의 판결을 우려하는 것이다.

허나 외국인투자자들이 한국의 비즈니스 역사 및 비즈니스 리더들에 대해 이해한다면 많은 도움이 될 것이다. 수당의 경우, 미국 역시 운송수당, 월세수당, 생계비수당, 해외수당, 물가상승연동수당 등 다양한 수당을 지급한다.

한국의 임금체계는 마치 자연적 진화가 거듭되듯 끊임없이 발전해왔다.

1960년대 초부터 시작된 한국 기업의 성장은 1997년 IMF위기 이전까지 이어졌다. 이 40년이라는 기간 동안 한국 경제는 눈부신 성장을 이루어 냈으며 당시 연평균 GDP성장률은 약 8%에 달했다. 중소기업이나 대기업 할 것 없이 기업의 수는 넘쳐났고 젊고 숙련된 근로자들은 장시간 근로에 더해 주말 또는 휴일근무도 마다하지 않았다.

막대한 수익을 창출한 기업 오너들은 교대수당, 통근수당, 가족수당, 체력훈련수당, 심지어 김장보너스 등과 같은 여러 수당을 지급했다. 수당 지급의 사유는 두 가지로 볼 수 있는데, 하나는 직원들에 대한 애정이며 다른 하나는 노동생산성 향상이다. 통상임금은 초과근무수당 등 법정수당 산정의 기준이 된다.

그러나 아시아 금융위기의 여파로 노동시장 상황은 크게 달라졌다. 소득격차에 따른 불평등이 날이 갈수록 심해졌으며 근로자 보호에 대한 사회적 요구가 점점 거세졌다. 경제성장이 둔화되면서 근로자에 대한 처우는 악화됐고 결과적으로 노동시장의 유연성이 크게 하락했다.

2008년 발생한 글로벌 금융위기는 상황을 더욱 악화시켰다. 세계적인 경기침체 속에서 한국은 성장동력을 상실했고 저성장과 실업률 상승이라는 심각한 상황에 직면했다. 고용주와 근로자 모두 어려운 것은 마찬가지인 것이다. 이에 대한 대안으로써 수많은 기업들이 인건비가 저렴한 해외로 눈을 돌리기 시작했다. 더욱이 고용주들은 국내외 경제 불확실성에 대비해야 하고 일정하지 못한 수익 창출로 인해 만일의 경우에 대비한 비상계획까지 마련해 두어야 하는 것이다.

통상임금에 대한 대법원의 명확한 기준이 존재함에도 불구하고 통상임금의 범위에 대하여 근로자와 사용자가 합의를 이루지 못하는 경우는 여전히 많다. 앞서 언급했다시피, 일부 상여금의 해석의 차이가 그 원인이다. 어떤 기업은 상여금의 일부를 비정기적이거나 비일률적인 것으로 해석하여 통상임금의 범위에 포함하지 않을 수 있으며, 또 어떤 회사에서는 포함되기도 한다.

이러한 애로의 해결을 위해 대법원은 양 당사자가 신의의 원칙을 존중할 것을 권고한다. 이는 고용주와 근로자가 우호적으로 성실한 대화를 통해 통상임금의 해석에 대한 논쟁 해결에 함께 노력하라는 의미이다. 무엇보다 신의의 원칙이 성공적으로 적용되기 위해서는 고용주와 근로자간 상호 신뢰가 우선시되어야 한다.

08. Anatomy of transfer pricing

November 17, 2015 (Tue) | THE KOREA TIMES

Currently 15,980 foreign companies are operating in Korea. While hiring workers and producing goods and services, foreign investors encounter numerous difficulties and experience a variety of grievances. One particular grievance brought to our attention is that they suffer from a discrepancy between the value of imported goods assessed by the Korea Customs Service (KCS) and the value of the same goods calculated by the National Tax Service (NTS). They request that the two prices be the same, but this is not easy although not impossible.

Multinational enterprises (MNEs) engage in cross-border transferring of goods between affiliated companies. For this sort of transaction, the parent company usually controls the transfer price which may at times significantly deviate from a fair market value. They try to reduce their overall tax liability to a minimum by using international double taxation agreements and other strategies. They keep their tax liabilities low in high-tax countries and high in low-tax countries.

Jerry Carter of Tax and International Finance at IDEX Corporation recently explained the ethical and practical aspects of transfer pricing. He said if a company uses a fair market value as the transfer price and pays lower taxes in another country, their transfer pricing is not violating any ethical standards or laws. Foreign companies are required to prepare justifications and keep supporting documents on record for future use. This is because the parties involved may apply different definitions or measurements of fair market value.

Carter cited Japan and Australia as bad examples where companies exercise an unfair transfer price. A Japanese company out of a sense of patriotism overcharged its Australian subsidiary so that it would pay more taxes to Japan. That company ultimately paid the Australian government a $250 million settlement. Similarly, a British pharmaceutical firm overcharged its U.S. subsidiary for inventory and eventually paid $3.5 billion in penalties to the Internal Revenue Service of the U.S.

When the transfer price is significantly above the fair value, the NTS tries to adjust it by applying the arm's length principle of the OECD Guidelines to ensure a fair market value. The OECD strongly recommends that the arm's length principle be used to determine the transfer price.

Similarly, the KCS checks the appropriateness of the transfer price, if it is significantly below the fair market value. Customs authorities usually follow the WTO Customs Valuation Agreement which states that all imported articles must be valued in accordance with one of five valuation methodologies: (1) transaction value; (2) transaction value of identical or similar merchandise; (3) deductive value; (4) computed value; and (5) derivative value. This must be applied in sequential order.

Even though the OECD guidelines and the WTO Customs Valuation Agreements share similar goals, there are significant differences in application. The customs office inherently tends to overrate the transfer price to maximize its tariff revenue whereas the national taxation office tends to underrate the transfer price to maximize its profit tax revenue.

The OECD and the World Customs Organization have held joint international conferences to discuss various ways of reducing the discrepancy between the customs value and the taxation value. It should be noted that a fair market value is interpreted as a range of numbers rather than as a point number, in order to provide some flexibility on which the different parties involved can rely.

The convergence of the two values can be reached if the transfer price is determined within the range of the fair market value. This can be achieved if the parent company of an MNE enjoys a good reputation as a practitioner of fair transfer pricing.

If the transfer price is way out of the fair value, the KTS or the NTS charges ex-post penalties to foreign-invested companies after adjustments. This puts foreign companies in a difficult situation. Consequently the foreign company brings their grievances to the attention of the Foreign Investment Ombudsman for settlement.

To resolve such grievances, the Ministry of Strategy and Finance has established the Tax Adjustment Review Committee for International Trade Price. It went into operation on July 1, 2012. The committee made up by lawyers, CPAs, and tax specialists settles disputes over the appropriateness of transfer prices.

08. 이전가격 실상의 해부

2015.11.17(화) | 코리아타임즈 신문 게재

한국에는 약 15,980개의 외국인투자기업(이하 외투기업)이 있다. 직원을 고용하고, 재화와 용역을 생산하는 과정에서 외투기업이 겪는 애로와 고충은 매우 다양하다. 최근 외국인투자 옴부즈만 사무소가 예의주시하고 있는 외투기업의 고충은 바로 수입물품에 국세청이 평가하는 가격과 관세청이 평가하는 가격 간의 괴리이다. 외투기업은 두 가격이 동일해야 한다고 주장하지만 불가능한 것은 아니지만 양 정부기관이 평가하는 가격이 일치되기는 쉽지 않다.

다국적기업은 특성상 자회사와 거래 시 국경을 넘어 물품을 이동시킨다. 이때 모회사는 이전가격을 책정하게 되는데, 그 가격이 때로는 공정한 시장가격과 상당한 차이가 있다는 점이다. 또한, 다국적기업은 이중과세방지조약 등과 같은 수단으로 주재국에서의 조세부담을 최소화시키려고 한다. 즉, 세율이 높은 국가에서는 조세부담을 적게, 반대로 낮은 국가에서는 높이는 식으로 전반적인 조세부담을 최소화한다.

IDEX社 조세·국제 금융 전문가인 제리 카터(Jerry Carter)는 이전가격의 윤리적·실용적 측면에 관하여 다음과 같이 설명한 바 있다. 그는 한 회사의 이전가격이 공정한 시장가격과 같으면서 해외에서 세금을 적게 낸다면,

60 Foreign Direct Investment & Korean Economy Policies

그러한 이전가격은 윤리적으로나 법을 위배하는 것이 아니라고 말했다. 그리고, 외투기업은 사유서를 작성하고 증빙자료를 보관해 두는데, 공정한 시장가격에 대한 정의나 산정에 대해 이해당사자 간 이견이 있을 수는 있다.

카터는 다국적기업의 이전가격 집행이 악용되는 사례가 있음을 일본과 호주를 예로 들어 지적하였다. 지나친 애국심 때문이었을까. 한 일본기업은 호주에 있는 계열사에 비싼 이전가격을 부과해 호주에 적은 세금을 본국에는 더 많은 세금을 납부하도록 했다. 결국 그 회사는 호주 정부에 추징금으로 $2억 5천만을 납부하였다. 또한, 영국의 한 제약회사는 미국 계열사에 이전가격을 과도하게 책정한 결과 미 국세청(IRS)에 $35억의 벌금을 내야 했다.

이전가격이 공정한 시장가격보다 지나치게 비쌀 경우, 국세청은 OECD 가이드라인에 명시된 정상가격원칙을 적용하여 공정한 시장가격에 가깝도록 조정한다. OECD는 이전가격 책정 시, 정상가격원칙을 적용할 것을 강력하게 권고하고 있다.

한편, 한국 관세청은 국세청과는 달리 수입업자가 될수록 관세를 적게 내려고 이전가격이 공정한 시장가격보다 과도하게 낮게 책정하지 않았는지 점검한다. 관세당국은 WTO 관세평가협정에 따라 다음 다섯 가지 평가방법을 순차적으로 적용한다. (1) 거래가치 (2) 동종 · 유사물품의 거래가치 (3) 국내판매가격에서 일정한 비용 등을 공제한 가치 (4) 생산에 소요된 비용을 산정하여 산출한 가치 (5) 합리적 기준에 의한 과세가치

OECD 가이드라인과 WTO 관세평가협정이 지향하는 목적은 유사하지만, 적용방식은 매우 다르다. 관세청은 관세수입을 최대한 확보하기 위하여 수입물품의 가격을 최대한 높게 산정하려는 반면, 국세청은 조세수입의 극대화를 위해 이전가격을 낮게 산정하려는 경향이 있는 것이다.

관세평가와 조세평가의 괴리를 좁혀보고자 OECD와 세계관세기구

(WCO)는 국제회의 공동개최 등을 통해 다양한 각도에서 논의를 이어왔다. 공정한 시장가치라 함은 일정 숫자가 아닌 '범위'를 나타내는 것으로, 여러 당사자에게 융통성을 주는 것이다.

이 두 가격의 수렴은 이전가격이 공정시장가치의 범주 내에서 결정될 때 가능하다. 또한 해외 모기업이 이전가격을 공정하게 책정하는 것으로 인정받고 있다면 달성 가능한 목표이기도 하다.

만약 이전가격이 시장가격과 과도하게 차이가 날 경우 국세청 또는 관세청은 사후에라도 추징금을 부과할 수 있다. 이는 외투기업에게 큰 부담이 될 수 있으며, 해당 외투기업은 외국인투자 옴부즈만 사무소에 고충해결을 호소할 것이다.

기획재정부는 이러한 고충해결을 위해 국제거래가격에 대한 과세조정 심의위원회를 설치하여 2012년 7월 1일부터 운영 중에 있다. 변호사, 회계사, 세무사 등으로 구성된 동 위원회는 이전가격에 대한 적정성에 대해 심의한다.

09. Conditions for FDI success

December 1, 2015 (Tue) | THE KOREA TIMES

The World Bank has recently published "Doing Business Report 2015" which carries very good news for Korea. According to the report, Korea is the fourth easiest country in the world in which to do business whereas it ranks third among OECD countries and even first among members of the G20. This is remarkable progress. Korea has made a big jump over a six-year period from its 19th rank in 2009.

The World Bank's assessment is made by examining the various costs from inefficient business regulations. The bank measures the costs that arise, from using the courts to resolving commercial disputes, transferring properties, getting construction permits, etc. This news will induce global investors to invest in Korea.

On Nov. 10, several newspapers reported the results of the survey conducted by the Korea Chamber of Commerce and Industry (KCCI). The KCCI has conducted its first ever survey of investment satisfaction among 1,578 foreign-invested companies nationwide. The survey gave the respondents two categories of questionnaire. One category is a group of questions asking about foreign investors' satisfaction and the other is about the required business conditions for foreign direct investment (FDI).

In the category of foreign investor satisfaction, Pohang City in North Gyeongsang Province is ranked first in the nation. The most important element with which the respondents felt satisfied was the attitude of the provincial governor or city mayor toward foreign investment. It turned out that behind the highest score for Pohang was the mayor's strong will to meet the demands of the foreign investors.

He designated a foreign investment counselor among his competent staff and let him provide administrative support exclusively for foreign companies. The Mayor also took initiative to form an advisory group to promote systemic improvements. The group is made up of city officials, city parliament members, and local business leaders.

In the category of friendly environment for foreign investment, Cheonan City in South Chungcheong Province earned the highest marks. The measurement of a friendly environment was made by taking a weighted average of the four indices representing four conditions: (1) foreign investment inducement system, (2) grievance resolution system, (3) foreign investment support system, and (4) inducement performance. Unfortunately, these four conditions cannot be improved over a short period. Fostering a friendly environment cannot be done overnight. It takes time for local governments to set up a new system or to implement new policies conducive to foreign investment.

Nevertheless there are ways for local governments to improve the climate for foreign investment. They can receive various forms of assistance from the central government. They may seek foreign-investment related cash grants from the central government. They can designate a complex-type or an individual-type of foreign investment zone by coordinating with the Ministry of Trade, Industry and Energy. Also they can receive support from local universities. Foreign investors can launch R&D companies by making contracts with the local universities.

Local governments can create SME (Small Medium Enterprises) cooperation industrial zones to attract businesses for parts and materials. The SMEs with high technology can supply quality parts and equipment for large-scale industries. 330,000 m2 is the minimum level to be designated as the complex-type foreign investment zone.

Furthermore, local governments can receive support and services from a national investment promotion agency, KOTRA (Korea Trade and Investment Promotion Agency). It has two entities_ the Invest Korea Office and the Foreign Investment Ombudsman's Office, focusing on the inducement of FDI and solutions of FDI's grievances respectively. It has nation-wide representative offices in regional districts. In the headquarter's of KOTRA, 22 foreign investment officials are deployed from central and local governments. They are ready to provide a one-stop service for foreign investors in the fields of visa, labor, health, schools, and hospitals, etc.

The public announcement of the survey result by the Korea Chamber of Commerce and Industry is having a tremendous impact on the Korean economy. The heads of the regional provinces and their officials have begun to change their attitudes in favor of FDI. They are trying to benchmark the foreign investment system of Pohang City and of Cheonan City. Regional governments are becoming more aggressive in attracting FDI. Also the KCCI's presentation of the foreign investment map serves as a useful guide for both policymakers and foreign investors.

09. FDI 성공조건

2015.12.1(화) | 코리아타임즈 신문 게재

　최근 발표된 금년도 세계은행 기업환경평가보고서(Doing Business Report 2015)에서 우리나라는 종합 4위를 차지했다. 그 외 OECD 국가 중에는 3위, G20 국가에선 1위를 기록했다. 이는 역대 최고 기록으로서 실로 놀라운 성과가 아닐 수 없다. 2009년 19위에서 6년 사이 큰 성장을 이루어낸 것이다.

　동 평가보고서는 비효율적인 기업규제와 같은 다양한 세부평가 항목으로 구성되어 있으며 법적 분쟁 해결, 재산권 등록, 건축 인허가 등에 따른 비용상승 평가도 포함되어 있다. 한국의 이 같은 성과는 해외투자 유치에 큰 도움이 될 것으로 기대된다.

　국내로 눈을 돌려보자. 2015년 11월 10일, 대한상공회의소 최초로 전국의 1,578개 외국인투자기업을 대상으로 외국인투자만족도를 조사한 결과인 "전국 외국인투자환경 지도"가 국내 일간지에 보도되었다. 본 지도는 전국 외국인투자자들의 만족도를 조사하는 외투기업체감도와 외국인직접투자(FDI) 환경을 조사하는 외투기업친화성으로 나누어 조사한 결과이다.

　외국인투자 만족도에 있어선 경북 포항시가 1위를 기록했다. 응답자들은 외국인투자에 대한 해당 도지사 또는 시장의 태도를 평가하는 항목에서 가장 큰 만족도를 보였으며 여기에는 외국인투자자의 요구를 최대한 수용하고자 한 포항시장의 강한 의지가 뒷받침된 것으로 나타났다.

포항시장은 특히 외투기업 상담 전담 공무원을 선발해 전폭적인 행정지원을 제공했으며 공무원, 시의원, 포항시 기업인들로 구성된 제도 개선 추진단을 꾸려 투자애로 해결에 지원을 아끼지 않았다.

FDI 환경 부문에 있어서는 충남 천안시가 영예의 1위를 차지했다. 투자환경은 1. 외국인투자 유치제도, 2. 고충해결제도, 3. 외국인투자 지원제도, 4. 유치활동으로 나누어 가중치를 부여해 평균을 낸 값의 결과이다. 사실 이 네 가지 환경이 단시간에 개선되기란 쉬운 일이 아니기에 親외국인투자 환경은 하루아침에 조성될 수 없다. 지방정부가 외국인투자를 위한 새로운 제도나 정책을 도입하는 데에는 많은 시간이 소요되기 때문이다.

그럼에도 방법은 있다. 중앙정부가 제공하는 다양한 지원제도를 적극 활용하여 현금지원제도, 복합형/개별형 산업단지 조성 등의 노력을 기울여야 한다. 지역 대학들과도 손을 잡을 수 있다. 대학 캠퍼스 입주를 희망하는 외투기업 연구소를 유치할 수 있기 때문이다.

또한 부품 및 재료 외투기업 유치를 위한 중소기업 협력단지를 조성하고, 이 기업들은 품질 좋은 부품 및 설비를 대규모 산업에 납품할 수 있다. 복합형 외투기업단지 지정을 위한 최소 면적은 330,000㎡이다.

아울러 투자진흥기관인 KOTRA(대한무역투자진흥공사)에 지원을 요청할 수도 있다. KOTRA에는 FDI 유치기관인 인베스트 코리아와 FDI 고충해결을 전담하는 외국인투자 옴부즈만 사무소 두 개의 FDI 지원조직이 있다. 전국 지역사무소를 통한 지원은 물론이고 KOTRA 본부에는 중앙 및 지방정부에서 파견된 22명의 외국인투자 전담관들이 있다. 이들은 비자, 노무, 보건, 학교, 병원 등 외투기업의 국내정착을 돕기 위한 각종 지원을 제공하고 있다.

대한상의가 발표한 전국외국인투자환경지도는 한국경제에 큰 파장을 일으켰다. 지역 도지사(시장) 이하 일선 공무원들은 해외투자에 대한 우호적인 태도를 취하기 시작했고 포항시나 천안시의 사례를 통해 여러 부문에서 개선의 노력을 보이고 있으며 지방정부의 적극적인 해외투자유치 의지가 눈에 띄게 증가하는 추세다. 전국외국인투자환경지도가 정책입안자와 외국인투자자 모두에게 유용한 길잡이가 되어주기를 바란다.

10. On Investor-State Dispute(ISD)

December 15, 2015 (Tue) | THE KOREA TIMES

On November 30, the long-delayed Seoul-Beijing trade deal was finally ratified by the National Assembly. Korea has now become a special trading partner with China which has the world's second-largest economy with its more than 1.3 billion consumers. There had long been debates on the pros and cons of the Korea-China FTA among the Korean people. Korea has a comparative advantage in selling industrial products, whereas China has the upper hand in agricultural and fisheries products. In the trade deal, however, Korea can still protect its rice market while China can protect its automobile market.

Before reaching the final agreement, there was tough debate between the policymakers of the two countries on the terms and conditions of the trade pact. The trade and investment specialists on each side made model-based meticulous calculations of the future benefits and costs of their deal. Nevertheless their estimation is subject to wide margins of the expected errors.

The National Assembly's approval of the FTA does not mean that foreign investors are fully protected by the host government. They are subject to many grievances while operating their businesses in the host country. If their grievances accumulate, they may end up filing an Investor-State Dispute (ISD) claim against the host government.

ISD settlement (ISDS) is an instrument of public international law that grants a foreign investor the right to use dispute settlement proceedings against a host government. If the host government violates the rights granted to the foreign investor under public international law, then the foreign investor may bring the case before an arbitral tribunal. The World Bank often gets involved as an international arbitrator.

Speaking of ISDS, Korea has had agonizing experiences with debating over the inclusion of the ISD settlement clause in the Korea-US FTA (KORUS FTA). After the FTA was signed by the two governments in April 2007, opposition party members of each country were against it because they had thought that the deal would do very little for their own economy. Due to the miscalculation on each part, it took more than four years for the KORUS FTA to be effective. Still, Koreans have concerns that ISDS would not work in favor of Korea when a business from a developed country files a claim against the Korean government.

These days, international investment flows two ways between newly emerging countries (NECs) and industrially developed countries. Therefore, inclusion of fair and transparent ISD settlement clauses in the FTA treaties is absolutely necessary for both NECs and developed countries. Korea's overseas investment has increased tremendously and its outstanding amount is more than three times as high as FDI. So, Korean investors may need to strategically use the ISDS instrument to protect their interests when dealing with a foreign trading partner.

In this connection, the Korea-China FTA is worth receiving the world's attention. In the Seoul-Beijing free trade agreement, a special section for grievance resolution is added. Article 12.19 of the FTA stipulates that the trade ministry of each government should designate contact points for resolving grievances of foreign investors. These contact points include each country's trade promotion agency, for Korea being KOTRA and the Foreign Investment Ombudsman Office.

Korea first adopted the foreign investment ombudsman system in 1999 to systemically resolve the grievances of foreign investors. The system has been working well and has received positive feedback from foreign investors and diplomatic circles and some countries have benchmarked the Korean ombudsman system. Recently, Brazil has shown interest in establishing the same system.

In today's world, trade and finance in one country have an immediate effect on its neighboring countries. If one country increases its investments and its imports, it will have a positive impact on its partner countries by raising their investments and imports, too. If one country, on the other hand, does the opposite, it will trigger negative reactions. Unfortunately the world is now suffering from this symptom.

To cut the vicious reactions of low spending and slower GDP growth worldwide, countries should promote FDI. Consequently, the foreign investment ombudsman system is becoming more important. To resolve the grievances of foreign investors early on, before becoming an issue for ISDS, would bring benefits to both the home country and the host country as well.

10. ISD 충격 대비

2015.12.15(화) | 코리아타임즈 신문 게재

2015.11.30일 한중 자유무역협정(FTA) 비준동의안이 국회 본회의를 우여곡절 끝에 통과했다. 이로써, 한국은 바야흐로 인구 13억 명이 넘는 세계 제2위의 경제대국 중국과 특별한 무역 파트너가 된 것이다. 그동안 한국민들 사이에선 한중 FTA에 대한 찬반 논란이 오랜 동안 있었다. 한국은 공산품에 있어서 경쟁우위가 있고, 중국은 농수산물에 경쟁우위가 있다. 이에, 한국은 쌀시장을, 중국은 자동차시장을 보호하기로 하고 FTA가 타결되었다.

FTA 타결에 이르기까지 양측의 정책입안자들은 협정문에 대해 격렬한 논쟁을 이어갔다. 무역·투자 전문가들은 한중 FTA에 따른 자국의 손익전망을 경제모델에 입각하여 꼼꼼하게 따져보기도 했다. 그럼에도 불구하고, 그들의 전망은 실제로는 상당한 오차를 피할 수 없을 것 같다.

한편, FTA 비준안이 국회의 관문을 통과했다고 해서 외국인투자자들이 주재국으로부터 완벽한 보호를 받는 것은 아니며, 사업체를 운영하며 많은 고충에 노출될 것이다. 또, 고충이 쌓이면 그들이 선택할 수 있는 방법 중 하나가 투자자-국가소송제(ISD)이다.

투자자-국가 분쟁해결제도(Investor-State Dispute Settlement, ISDS)는 외

국인투자자가 주재국을 상대로 분쟁해결절차를 제기할 수 있도록 허용하는 국제공법의 도구이다. 만약 주재국 정부가 국제공법에 따라 보호받는 외국인투자자의 권리를 침해할 경우, 외국인투자자는 세계은행 산하 국제투자분쟁해결센터(ICSID)와 같은 국제중재기관에 이를 제소할 수 있다. 사실, 우리나라는 한미FTA 타결 시, ISDS 조항을 포함하여 이미 진통을 겪은 바 있다. 2007년 4월 한미FTA 타결 후, 양국의 야당의원들은 ISDS 조항이 FTA에 포함돼서 FTA가 국익에 별 도움이 안 될 것이라고 했다. 이렇게 양측이 오판한 결과, 한미 FTA는 4년이 넘어서야 효력을 발생하게 됐다. 아직도 일부 한국인들은 선진국으로부터 온 외투기업이 한국정부를 상대로 ISDS 소송을 제기할 경우, 한국정부가 유리하지 않을 것이라고 우려한다.

최근에는 FDI가 선진국과 신흥국 간 양방향으로 흐르는 것이 추세다. 따라서, 선진국—신흥국 간 FTA 체결 시 공정하고 투명한 ISDS 조항을 포함하는 것은 양당사국 모두에게 필요하다고 본다. 한국의 해외투자는 누적 기준으로 외국인직접투자(FDI)의 세 배 이상으로 최근 급격히 증가했다. 그러므로, 한국인 투자자는 해외 파트너와 협력 시 자국 투자자 이익보호를 위해 ISDS를 전략적으로 이용하는 것이 좋을 것 같다.

이런 맥락에서, 한중 FTA에는 매우 고무적인 성과가 있다. 이는 바로 외국인투자 고충해결을 위한 특별조항인 제12조 19항이다. 본 조항에 따라 양측의 무역관련 부처는 외국인투자자 고충해결을 위한 담당기관을 지정해야 한다. 우리나라에서는 산업부가 KOTRA와 외국인투자 옴부즈만 사무소에 그 역할을 위임하였다.

한국은 외국인투자자의 고충해결을 위한 제도적 장치로 외국인투자 옴부즈만 제도를 1999년에 도입한 바 있다. 국내 외투기업과 외교단은 한국의 외국인투자 옴부즈만 제도에 대해 긍정적인 평가를 내리고 있으며, 최근 브라질을 포함하여 일부 국가들은 우리 옴부즈만 제도를 벤치마킹 하려고 노력하고 있다.

오늘날 한 나라의 무역과 금융활동은 이웃나라에게 직접적인 영향을 미친다. 이를테면, 한 나라가 투자와 수입을 증가시킬 경우, 이웃나라의 투자와 수입도 동반 증가하게 하는 긍정적인 영향을 미치게 된다. 또, 이와 반대인 상황은 부정적인 영향을 미치게 되는 것은 당연지사다. 안타깝게도 세계경제는 지금 이러한 부정적 연쇄효과에 몸살을 앓고 있는 중이다.

세계적인 저성장 저소비의 악순환을 끊기 위해서는 각국은 FDI를 장려해야 한다. 이에 따라 외국인투자 옴부즈만 제도의 중요성은 날로 증가하고 있다. ISDS로 비화되기 전에 외국인투자자들의 고충을 조기에 해결해 주는 것이 양국에게 이로울 것이다.

11. Parallel import dispute

December 29, 2015 (Tue) ǀ THE KOREA TIMES

The term 'parallel import' is a new concept in economics literature. However, in international business literature and law, parallel importing has been much discussed since the mid-1980s. The thorny issues of parallel importing began to emerge when import liberalization prevailed internationally. Now parallel importing has become a common practice worldwide and often becomes a nation's news topic for trade dispute.

Korea is not an exception. Parallel importing by unauthorized dealers is one of the grievances that foreign investors in Korea often appeal to the government for resolution. The foreign distributor authorized by the product manufacturer requests that the host government should stop unauthorized distributors from parallel import activity.

The dispute on parallel imports stems partly from different interpretations of what exactly a parallel import is. The dispute involves three stakeholders — the original product manufacturer, the initial distributor authorized by the manufacturer, and the unauthorized distributor. The unauthorized import channel exists in parallel with the authorized import channel. In this tri-angular arrangement, the authorized import dealers are very worried because they made the effort to advertise and promote the imported products while the unauthorized import dealers do nothing but enjoy a free ride. Parallel import products range from traditional luxuries to brand-name products such as wines, cameras, and watches and to other industrial products including pharmaceuticals and medicinal products.

At the individual level, the free ride of the unauthorized parallel importers does not seem to be fair. At the international level, however, it is not necessarily so. The original manufacturer's international price discrimination is to blame. Parallel importing is accepted internationally because it results in two benefits for the world as a whole. One is that the parallel importer contributes to lowering the prices of the brand-name products by providing these products at lower prices than the official importer.

One good example can be cited. A particular brand of US jeans is imported into Israel from the US by the official importer, and then sold in Israel at $80 a pair. At this point, the parallel importer might purchase the same genuine jeans from a dealer in Poland at a much lower price than that paid by the official importer. Consequently, the world-wide consumers can enjoy good quality products at cheaper prices.

In this situation, the official import dealer feels much deprived. All of its investment in marketing the brand is being exploited by the parallel importers. However, the parallel importers make the manufacturer's monopolistic price discrimination ineffective so that international consumers may enjoy the benefit of low-prices.

Another merit is that parallel importing can provide poor countries with easier access to medicinal products at lower prices. The Agreement on Trade-Related Aspects of Intellectual Property Rights (TRIPS) administered by the WTO states that the parallel imports of pharmaceuticals cannot be challenged and is a matter to be left at the discretion of a country.

Nevertheless, parallel importing is not completely free from international dispute. Whether parallel importing is subject to international dispute or not depends on the limits of the intellectual property rights. Every intellectual property right has limitations. Once a product covered by an intellectual property right has been sold by the owner, the intellectual property right can no longer be exercised by the owner. This limitation is referred to as the "exhaustion doctrine" or "first sale doctrine." There is a broad consensus throughout the world that this doctrine applies at least within the context of the domestic market. This is the uncontroversial concept of national exhaustion.

In contrast, international exhaustion is much more controversial. If a country does not recognize the international exhaustion doctrine, the foreign sale does not deprive the intellectual property right owner of the right to prevent the parallel importation. This is the area where foreign investors may argue for the host government's intervention of parallel imports in their country.

The position of the Korean government is to recognize the international exhaustion doctrine and maintains that parallel imports help lower price through competition between the authorized distributors and parallel importers. The government encourages foreign distributors to have more candid communication with foreign manufacturers and exercise more active marketing for domestic consumers. Foreign distributors have considerable comparative and absolute advantages in providing after-care services for their brand name products in the host country.

11. 병행수입 논란

2015.12.29(화) | 코리아타임즈 신문 게재

경제학에서 '병행수입'은 다소 새로운 개념이라고 할 수 있다. 하지만 1980년대 중반 이래로 동 사안은 국제경영 및 법 전문가들의 단골 토론 주제였다. 병행수입이라는 이 까다로운 이슈는 국제시장에 수입자유화의 바람이 거세지면서 대두하였다. 현재 병행수입은 전 세계적으로 흔한 상거래로 정착하는 분위기이나 한 국가에서는 무역 분쟁의 씨앗이 되기도 한다.

한국 또한 예외일 수 없다. 국내 외국인 투자자들이 한국 정부에 해결을 원하는 고충 중에 하나는 비공식 업체들의 병행수입일 정도다. 제조사의 허가를 받아 국내에 제품을 유통하는 공식업체들은 주재국의 정부가 비공식 수입업체의 병행수입을 금지시켜야 한다고 주장한다.

병행수입 논쟁은 부분적으로 각기 다른 해석으로 인해 발생하며 여기에는 제조사, 공식 유통업체, 비공식 유통업체라는 이해관계자가 개입되어 있다. 비공식 수입경로가 제조사의 인가를 받은 공식 수입경로와 병렬로 존재하는 것이다. 이 같은 삼각구도 속에서 공식 수입업체들이 가장 우려하는 것은 그들이 광고 및 마케팅 비용을 들여 수입품을 유통하는 동안 비공식 수입업체들은 '공짜 점심'을 즐긴다는 것이다. 병행 수입되는 재화는 명품, 와인, 카메라, 시계 등 유명 브랜드 제품에서 의약품까지 매우 다양하다.

당사자의 입장에서 봤을 때 비공식 업체들의 무임승차는 형평성에 어긋나 보인다. 그러나 국제적인 차원에서 보자면 꼭 그렇지만은 않다. 사실 제조사의 국제적인 가격차별에 그 원인이 있는 것이다. 병행수입이 세계적으로 수용되는 이유는 국제시장에 두 가지 이점을 가져다 주기 때문이다. 하나는 병행수입업체들이 공식 수입업체들보다 낮은 가격에 제품을 유통함으로써 명품 브랜드의 가격인하에 기여한다는 것이다.

한 가지 좋은 예를 들어보자. 공식 수입업체가 미국산 청바지를 한 벌당 80달러에 이스라엘로 수입해 온다고 하자. 이때, 다른 병행수입업체가 폴란드 업체로부터 똑같은 청바지를 공식 수입업체보다 낮은 가격에 들여온다면, 전 세계 소비자들은 동일한 제품을 저렴한 가격에 구입할 수 있는 것이다.

이러한 상황에서 공식 수입업체는 허탈감을 느끼게 된다. 브랜드 마케팅을 위한 공식 수입업체의 투자를 병행수입업체가 무료로 이용하는 것이기 때문이다. 하지만 병행수입업체들은 제조사의 독점적인 가격차별을 무력화시켜 해외 소비자들이 낮은 가격이라는 혜택을 누리게 해준다.

또 다른 혜택은 병행수입으로 인해 개발도상국들이 의약품을 싼 가격에 구입할 수 있다는 점이다. WTO의 무역 관련 지적재산권에 관한 협정(TRIPS)은 의약품의 병행수입을 허용하고 있으며 관련 사안은 각 국가의 재량에 맡기고 있다.

그럼에도 불구하고, 병행수입은 국제분쟁으로부터 완전히 자유롭지 않다. 병행수입이 국제분쟁의 대상이 되는지에 대한 여부는 그 한계에 달려 있으며 모든 지적재산권에는 한계가 있다. 일단 지적재산권의 보호를 받는 제품이 지적재산권 소유자에 의해 팔리게 되면, 해당 지적재산권은 더 이상 행사할 수 없다. 이러한 한계를 '소진원칙' 또는 '최초판매원칙'이라고 하며 최소 국내시장에 적용되어야 한다는 국제적인 합의가 있다. 논란의 여지가 없는 국내소진의 개념인 것이다.

반대로 국제소진은 논란의 여지가 훨씬 많다. 만약 한 국가가 국제소진 원칙을 인정하지 않을 경우, 지적재산권 소유자는 해외 유통 시 병행수입을 막을 수 있는 권리가 유지된다. 바로 이러한 상황에서 해외 투자자들이 주재국 정부가 병행수입에 개입해야 한다고 주장하는 것이다.

한국 정부는 국제소진 원칙을 인정하며 병행수입이 공식 유통업체와 병행수입업체 간의 경쟁을 통해 가격을 낮추는 데에 일조한다는 입장이다. 한국 정부는 해외 유통업체들이 제조사와 진정한 대화를 나누고 국내 소비자들을 위한 보다 적극적인 마케팅을 이어갈 것을 장려하고 있다. 해외 유통업체들은 그들이 공식 수입하는 유명 브랜드 제품에 대한 AS 제공에 상당한 비교 및 절대 우위를 가지고 있다.

12. Foreign SMEs welcomed

January 13, 2016 (Wed) I THE KOREA TIMES

Despite slower growth of its gross domestic product, Korea's efforts to promote FDI last year were successful. FDI in Korea recorded US$20.43 billion on a notification basis exceeding its annual target of $20 billion. This was attributable to large-scale construction and petrochemical projects in the Middle East and the popularity of the Korean Wave and Korean brands in China. On an accumulated arrival basis, however, foreign companies from Europe are dominant in Korea. During 1962-2014 foreign investment from the EU account for 42 percent, Asia 33 percent, and the U.S. 23 percent. Currently 539 companies from Germany, 439 from the U.K., and 251 from France are operating in Korea.

The investment areas for foreign investment in Korea are manufacturing and service industries. However, Korea favors the foreign-invested companies that bring in high technology and the government provides them with many incentives. This explains why a large proportion of European companies are operating in Korea. Against this background, we take a special notice that a large proportion of foreign-invested companies are small-and-medium sized enterprises (SMEs). Most of them are the producers of high-tech machine tools and precision equipment.

According to a recent study released by the OECD, SMEs account for over 95% of the firms and 60%-70% of the employment and generate a large share of new jobs in the OECD economies. SMEs have both strengths and weaknesses. Due to the fast spread of new technologies in this age of hyper globalization, the importance of economies of scale is reduced but the economic contribution of SMEs has increased. Owing to the availability of external partnerships, larger firms tend to downsize and rely more on outsourcing. Consequently the importance of SMEs is increasing. Also productivity growth is increasing by the virtue of competition among small-size firms.

Regardless of whether they are operating in developed or developing countries, SMEs are suffering from various problems such as a lack of financing, shortages of manpower, constrained managerial capabilities, and limited access to high technology. The job turnover rates among SMEs are high relative to larger firms and the frequent births and deaths of SMEs significantly disturb the labor market. Due to capital shortages, they tend to spend little on R&D, and critically, they have difficulty in securing well-trained workers.

A lack of entrepreneurship is another critical weakness of SMEs. Entrepreneurs are people who sense opportunities, innovate, and develop new products. Unlike the larger firms, family-owned SMEs seldom hire globally minded entrepreneurs. However, the government can help the SME owners obtain entrepreneurship by reducing or eliminating outdated regulations and institutional impediments. The government can also provide platforms through which SMEs may find foreign partners.

At this stage of globalization, there is something that small-size firms can take advantage of. By using international networking, SMEs can combine the advantages of their smaller scale and greater flexibility and explore the larger markets. SMEs can better adjust to changing market conditions, evolving consumer preferences and shorter product life cycles by customizing and differentiating products.

In Europe, Germany is often cited as an SME-power house. Since 2008 Germany has been exceptional. Compared to other member states, German SMEs expanded throughout the crisis period. Between 2009 and 2013 alone, more than 160,000 new SMEs established themselves. In Germany more than 99 percent of the companies are SMEs and over 3.6 million of them provide more than 60 percent of all jobs in Germany.

Most German businesses are small to medium-sized companies. They are called "Mittelstand." The term, Mittelstand, commonly refers to small and medium-sized enterprises in German-speaking countries, especially in Germany, Austria and Switzerland. The features of the German SMEs include family ownership, generational continuity, emotional attachment, flexibility, innovativeness, social responsibility, and customer focus. The country is also billed as "the Hidden champions," a term coined by Hermann Simon which refers to relatively small-size but highly successful exporters actively exploring global markets.

Korea welcomes foreign SMEs as the country is in desperate need of strengthening its potential to grow and increase employment. Korea provides foreign companies with various incentives including tax breaks, cash grants, and reductions or exemptions in office and factory rents. In addition, the government provides channels such as the Korea Trade and Investment Promotion Agency (KOTRA) or other local government agencies through which foreign investors can establish partnerships with Korean SMEs as well as with larger firms that can exercise dynamic entrepreneurship and great innovation.

12. 외국 중소기업 한국투자 환영

2016.1.13(수) | 코리아타임즈 신문 게재

국내총생산(GDP)의 부진한 성장에도 불구하고, 외국인직접투자(Foreign Direct Investment, FDI) 촉진을 위한 2015년 한국 정부이 노력은 성공적이었다고 볼 수 있다. 2015년 한국의 FDI 유치 실적은 204억 3천만 달러로 (신고기준) 연간 목표인 200억 달러를 초과 달성했다. 이렇게 좋은 실적이 시현된 이유로는 중동의 대규모 건설, 석유화학 프로젝트와 중국에서의 한류 및 한국 브랜드 인지도가 높았기 때문으로 보인다. 그러나, FDI 누계실적 기준으로는 유럽 기업들이 압도적으로 큰 비중을 차지하고 있다. 1962년~2014년 간 한국 내 외국인투자 중에서 EU가 42%를 차지하고 있으며, 아시아는 33%, 미국은 23%를 차지하고 있다. 현재 독일 기업 539개, 영국 기업 439개, 프랑스 기업 251개가 한국에서 영업하고 있다.

한국 내 외국인투자자는 제조업 및 서비스업이 주를 이루고 있다. 그러나, 한국 정부는 첨단기술을 들여오는 외국기업을 선호하며, 이러한 기업을 위해 다양한 인센티브를 제공하고 있다. 상당수의 유럽 기업들이 이러한 인센티브 때문에 한국에 진출해 있다. 한편, 외국인투자기업 중 상당수가 중소기업(Small and Medium-sized Enterprises, SMEs)이라는 사실에 우리는 주목할 필요가 있다. 이러한 중소기업 대부분은 첨단 공작기계 및 정밀

기기 제조업체이다.

최근 OECD에서 발표한 보고서에 따르면, 중소기업은 OECD 전체 기업 수의 95%를 차지한다. 또, OECD 국가들의 전체 고용률에서 중소기업이 60~70%를 담당하고 있으며, 해당 국가 내에서 신규 일자리의 상당 부분을 창출하는 것으로 나타났다. 중소기업은 장점과 단점이 있다. 세계화의 급진전으로 신규 기술이 빠르게 확산되는 요즘, 예전만큼 규모의 경제가 중요하지 않으나, 중소기업의 경제적 기여도는 꾸준히 증가하고 있다. 대기업들은 손쉽게 외부로부터 파트너를 찾을 수 있어 자체규모를 축소하고 아웃 소싱에 더 많이 의존하는 추세이다. 이는 중소기업의 중요성 증대로 이어졌고, 중소기업 간의 경쟁도 심화되면서 생산성 향상으로 이어지고 있다.

그러나, 개발도상국이든 선진국이든 대부분의 중소기업들은 자금과 인력부족, 경영능력의 한계와 첨단기술에 대한 제한된 접근 등의 문제로 시달린다. 중소기업 직원의 이직률은 대기업에 비해 높은 편이며, 중소기업의 빈번한 창업과 폐업은 노동시장을 불안정하게 만드는 요인으로 작용한다. 또한, 대부분의 중소기업이 자금난에 시달린 나머지 연구개발에 많은 투자를 할 수 없으며, 무엇보다도 숙련된 인력을 구하는 데 어려움을 겪고 있다.

기업가정신의 부족도 중소기업의 치명적인 단점의 하나이다. 기업가는 기회를 포착하고 혁신을 통해 새로운 제품을 개발하는 사람이다. 그러나, 대기업과는 달리 가족 소유의 중소기업은 이러한 글로벌 마인드를 지닌 기업가를 채용하는 일이 거의 없다. 이를 타개하기 위해 정부는 구시대적 규제와 제도적 장애물을 없애 중소기업 사장들이 기업가정신을 발휘하도록 지원할 수 있다. 또, 외국인 파트너를 찾을 수 있는 플랫폼을 중소기업에 제공하는 것도 한 가지 방법이다.

세계화의 현 단계에서 중소기업이 적극 활용할 수 있는 것이 하나 있다.

중소기업은 국제적 네트워크를 활용하여, 작은 규모와 높은 유연성이라는 고유의 장점을 살려 더 넓은 시장으로 진출할 수 있다. 고객 맞춤 및 제품 차별화를 통해 중소기업은 대기업에 비해서 변화하는 시장환경, 진화하는 소비자 선호도, 짧은 제품 수명에 더욱 잘 적응할 수 있다.

유럽에서 독일은 중소기업의 맹주국으로 자주 인용된다. 2008년부터 독일의 행보는 매우 이례적이었다. 이 기간 중 다른 EU 국가들과는 달리 독일의 중소기업 수는 크게 증가하였다. 2009년~2013년 간, 독일에서는 16만 개 이상의 중소기업들이 새로 태어났다. 독일에서는 전체 기업수의 99% 이상을 중소기업이 차지하고 있으며, 이중 약 360만 개의 중소기업이 독일 전체 일자리의 60% 이상을 책임진다.

이처럼 대부분의 독일기업들은 중소기업이며, '미텔슈탄트(Mittelstand)'라 불린다. 미텔슈탄트는 독일어권에서 일반적으로 중소기업을 뜻하며, 특히 독일과 오스트리아 및 스위스에서 자주 쓰인다. 독일 중소기업의 특징으로는 가족 소유, 대를 잇는 연속성, 정서적 유대, 유연성, 혁신, 사회적 책임 수행, 소비자 중심 경영 등을 들 수 있다.

헤르만 지몬 교수의 표현을 빌리자면 독일은 '숨겨진 챔피언(Hidden Champions)' 국가이다. 숨겨진 챔피언이란 상대적으로 작지만 글로벌 시장에 적극적으로 진출하는 등 성공적인 수출업체를 뜻한다.

한국은 잠재성장률을 높이고 고용을 늘려야 하기 때문에 외국 중소기업들의 한국진출을 환영하고 있다. 한국 정부는 외국기업에게 세금 우대, 현금 지원, 사무실 및 공장 임대료 삭감 또는 면제 등 다양한 인센티브를 제공한다. 또한, 역동적인 기업가정신을 발휘하고 성공적인 혁신을 추진할 수 있는 한국 대기업 및 중소기업들과 파트너쉽을 맺을 수 있도록 대한무역투자진흥공사(Korea Trade-Investment Promotion Agency, KOTRA)와 지방 정부기관 등이 지원하고 있다.

13. FDI grievance by FX volatility

January 26, 2016 (Tue) I THE KOREA TIMES

Globalized and connected as the world is today, changes in foreign exchange rates keenly affect the economic life of all nations. Traditionally, commodity trade was the major influence on exchange rates. These days, however, cross-border capital movements affect the exchange rates more strongly. Of capital movements, short-term speculative capital movement adds greater volatility to exchange rate. In addition, the expectation of future monetary policy concerning changing the money supply and increasing the interest rate immediately affect the current exchange rate.

Such exchange rate volatility is particularly critical for countries with non-reserve currencies. The value of a non-reserve currency is determined in a two-step manner. Once the new exchange rates between two reserve currencies are established in the global currency markets, the exchange rates of the non-reserve currencies are determined by the conditions of supply and demand in the local currency markets.

According to the present international monetary order, reserve currency countries can make a massive supply of their currency to stimulate the domestic economy by a policy named 'quantitative easing.' They can do this with little risk of inflation because their currency is readily globally accepted. Consequently, the US, Europe, and Japan have not only distorted international currency markets but also greatly increased exchange rate risk and uncertainties.

That said, foreign investors have also come to face greater business risks. Wild fluctuations of the exchange rates make the dollar value of the profits they send back home unpredictable. As for foreign-invested companies, a large proportion of them are small-sized and they get the same benefits that the Korean SMEs receive from the government.

There are compelling reasons why the Korean SMEs receive special benefits from the government. In Korea, SMEs make up 99.9% of all businesses and employ 87.7% of labor. Compared to large businesses, there are limits for SMEs to grow and develop through their own efforts. In order to help them survive, the government carries out various support policies for SMEs through a government organization, SMBA (Small and Medium Business Administration).

To protect SME's business areas from reckless business expansion by large companies, the Korea Commission for Corporate Partnership designates the business types suitable for SMEs and bans large corporations from expanding into such businesses for a certain period. In the same spirit, a small-size affiliated corporate firm of a large company can officially be considered an SME if the total assets of its parent company are less than KRW 500 billion.

Foreign-invested companies can also get this benefit if they are officially classified as an SME by SMBA. If the total assets of the foreign parent company are less than KRW 500 billion, its affiliated company operating in Korea is categorized as an SME. But if the foreign parent company holds a 30% -100% share of a company in Korea and its total assets are more than KRW 500 billion, the foreign-invested company cannot be classified as an SME. So the investor can no longer enjoy this benefit.

Until last year, these businesses had faced unpredictability in SMBA's classification of business types due to exchange rate volatility. They have been included in or excluded from the scope of SMEs despite no change in the total assets of their parent companies. The foreign firms had to dance around the border. When the Korean currency value falls below a critical level, the foreign firms cannot receive the benefit in the following year. This was because all the assets of the foreign company were evaluated in the local currency. Moreover, the foreign investors used to be unhappy about the SMBA insisting on evaluating the assets of their parent companies. But this grievance disappeared when they realized that Korea complied with the national treatment principle.

Based on this principle, Korea grants to the foreign SMEs the same benefit that the local SMEs receive from the government. National treatment is an integral part of many World Trade Organization agreements. Having listened to the foreign investors' appeals through the Office of the Foreign Investment Ombudsman, the government had revised the enforcement decree of the Framework Act on SMEs and made this effective from 2015. With this revision, a five-year average exchange rate is applied instead of one year average.

13. 환율불안에 따른 외투기업의 고충

2016.1.26(화) | 코리아타임즈 신문 게재

오늘날처럼 서로 연결된 세계화 시대에서는 환율변동이 모든 국가경제에 직접적인 영향을 준다. 과거에는 환율에 가장 큰 영향을 주는 요인은 상품무역이었다. 그러나, 지금은 국가 간 자본이동이 환율에 더 큰 영향을 주고 있다. 이 중에서도 단기 투기성 자본이동이 환율을 가장 불안하게 만드는 요인으로 작용한다. 또한, 통화 공급량 조절과 금리 인상 등 통화정책에 대한 전망도 즉각적으로 환율에 적지 않은 영향을 끼친다.

환율변동은 비준비(非準備) 통화국에 특히 지대한 영향을 미친다. 비준비 통화의 가치는 두 단계를 거쳐 결정된다. 먼저, 국제외환시장에서 두 개의 준비통화 간 환율이 정해진 다음 비준비통화의 환율이 현지통화시장에서 수요공급의 원칙에 따라 결정된다.

현재의 국제통화체제 하에서 준비통화국은 '양적완화'라는 이름으로 자국 통화의 공급을 대폭 늘림으로써 자국 경제를 부양할 수 있다. 준비통화국은 자국 통화가 국제시장에서 손쉽게 유통되기 때문에 인플레이션에 대한 위험 부담 없이 양적완화 정책을 펼 수 있다. 따라서, 미국, 유럽, 일본과 같은 준비통화국은 잦은 양적완화 정책으로 국제통화시장을 왜곡시켰으며, 환율 관련 위험과 불확실성에도 크게 영향을 끼쳤다.

한국에서 투자 활동하는 외국인투자자들은 환율변동 폭이 커지면서 자국으로 과실 송금하는 금액의 달러 가치 예측이 힘들어지는 등 큰 위험부담에 노출되었다. 대부분의 외투기업은 소규모이고 한국 정부로부터 한국 중소기업이 받는 동일한 혜택을 받고 있다.

한국 정부가 한국중소기업에게 특별 혜택을 지원하는 데는 그만한 이유가 여러 가지 있다. 한국에서 중소기업은 전체 기업 수의 99.9%에 달하며, 노동력의 87.7%를 고용한다. 그러나, 중소기업은 대기업과 달리 자력으로 성장하고 발전하는 데 한계가 있다. 한국 정부는 중소기업의 생존을 돕기 위해 중소기업청을 두어 중소기업을 위한 여러 정책을 실시해 오고 있다.

일례로, 동반성장위원회는 중소기업 적합 업종을 지정하여 대기업의 무분별한 사업확장으로부터 중소기업의 사업영역을 일정기간 보호하고 있다. 같은 맥락에서 대기업의 소규모 계열사라 하더라도 모기업의 자산총액이 5천억 원 미만일 경우에는 중소기업으로 분류된다.

중소기업청이 외투기업을 일단 중소기업으로 분류하면 외투기업은 한국의 중소기업과 같은 혜택을 받을 수 있다. 즉, 한국에서 사업하는 외국계열사도 한국계열사와 마찬가지로 모기업의 자산총액이 5천억 원 미만일 경우 중소기업으로 분류된다. 그러나, 외국 모기업이 한국 소재 기업의 지분 30% 이상을 보유하고, 한국 소재 기업의 자산총액이 5천억 원 이상일 경우, 해당 외투기업은 중소기업으로 간주되지 않으며, 한국정부로부터 혜택을 받을 수 없다.

작년까지 외투기업은 극심한 환율변동 때문에 중소기업으로 분류될 수 있을지 사전에 예측하기가 무척 어려웠다. 모기업의 자산총액이 변동하지 않았을 때도 환율변동 때문에 중소기업으로 재분류되거나 제외되는 등 혼란이 발생하여 외투기업은 아슬아슬한 줄타기를 거듭할 수밖에 없었다. 기업의 자산총액이 원화로 평가되기 때문에 원화가치가 임계치 아래로 떨어졌을 경우 중소기업에 주는 혜택을 받을 수 없기 때문이다. 과거, 외국인

투자자들은 중소기업청이 모기업의 자산을 평가하는 것에 불만을 가졌으나, 한국 정부가 내국민대우원칙을 성실하게 따를 뿐이라는 사실을 알게 되자 더 이상 불만을 제기하지 않았다.

한국 정부는 내국민대우원칙에 입각하여 한국 중소기업에게 제공하는 혜택을 외국계 중소기업에게도 동일하게 지원하고 있다. 내국민대우원칙은 세계무역기구(WTO) 협정의 중요원칙이기도 하다. 이와 동시에, 한국 정부는 외국인투자 옴부즈만 사무소에서 접수한 외국인투자자의 환율 관련 민원을 고려하여 중소기업기본법 시행령을 개정하였다. 2015년부터 시행된 동 개정 시행령에 따르면, 앞으로 외투기업의 자산총액을 평가할 때, 전년도의 평균 환율만을 적용하는 것이 아니고, 최근 5년간 평균 환율을 적용하기로 되어 있다.

14. Digitalization enhances customs clearance

February 11, 2016 (Tue) I THE KOREA TIMES

The 2016 World Economic Forum was held in Davos, Switzerland, from Jan. 20-23. Its main theme was "Mastering the 4th Industrial Revolution." This revolution involves the fusion of technologies across the physical, digital, and biological worlds. It refers to the ongoing transformation of our society and economy propelled by advances in terms of smart homes, intelligent transportation, robotics, self-driven vehicles, drones, 3D printing, Internet of Things (IoT) and others. The IoT allows objects to be sensed and controlled remotely across existing network infrastructure.

"Digitization" is the keyword of the 4th industrial revolution. Digitization is to transform existing analog systems to digital systems. Digital technology refers to electronic technology that generates, stores, and processes data in terms of two states: positive and non-positive. Digitization makes possible person-to-person, person-to-machine and machine-to-machine communication. In this way communication and transportation will be faster. Economic efficiency and industrial productivity will be greater.

The Korean economy predominantly depends on trade. Along with an ever-increasing trade volume, the number of people visiting Korea has been also increasing. Every day about 150,000 travelers use Incheon Airport. Korea's exports and imports each rank seventh in the world. Against this background, Korea has gained a reputation for providing high-quality airport services. According to the Airport Service Quality Survey, Korea's Incheon International Airport is the best in the world.

All imports brought in by sea or air are subject to customs inspections. Contraband is often uncovered as it goes through X-ray detectors. These years, express commercial cargo is increasing rapidly. Express cargo includes commercial documents, high-value intermediate goods such as semiconductors, auto parts and precision equipment that need to be delivered across the border as soon as possible. There are a handful of express cargo companies which handle the delivery of express items on a door-to-door basis. These companies take care of bringing express cargo through the customs inspection process.

The Customs Administration Office has not increased the number of inspection officers in years. Instead, they decided to build their own express cargo inspection terminal, expected to start operation on June 1, 2016. According to the Notification on Conduct of Business of Customs Clearance for Express Shipment, Article 3 (Amended May 20, 2014) the Korea Customs Service (KSC) will suspend deploying customs officers to the inspection site run by the commercial express cargo operators. From the date as above, all shipments bound for physical inspection should come to this new terminal for inspection.

This has caused serious complaints made by the commercial express cargo operators. The essence of express cargo is fast delivery. This new rule will unnecessarily delay deliveries due to additional shipments from the original inspection site to the new inspection terminal. Not to mention the increased cost and risk of cargo loss! Some of the companies had a plan to expand their facilities and upgrade their existing inspection equipment to accommodate the increasing demand for express delivery services.

On the recommendation of the Ombudsman's Office, the KSC is considering changing the rule in such a way that the commercial express operators continue putting cargo through the inspection course in their own terminal if they meet new conditions. The conditions require the express operators to sufficiently upgrade their inspection equipment. They can also build a new inspection terminal of their own if they meet the equipment upgrade requirement.

Major express cargo companies have plans to install ambitious high-tech inspection equipment in the cargo terminal. They try to build a new terminal which will surprise their customers by digitizing the entire delivery process from door to door. In their inspection facilities, they install upgraded X-ray machines and an automatic sorting system. They also plan to install a reweighing system which links to the conveyor belt and a tracking number-linking CCTV.

Observing this episode, there is no doubt that digitization is expected to spur the express cargo industry not only in Korea but in the rest of the world as well.

14. 디지털화로 통관효율 향상

2016.2.11(화) | 코리아타임즈 신문 게재

2016년 세계경제포럼이 1월 20~23일간 스위스 다보스에서 개최됐다. 포럼의 주요 주제는 '4차 산업혁명의 이해'였다. 4차 산업혁명이란 물리학, 생물학, 디지털 분야 기술의 융합을 뜻한다. 이 용어는 스마트 홈, 지능형 교통, 로봇트 공학, 무인자동차, 드론, 3D 프린팅, 사물인터넷(Internet of Things, IoT) 등의 발달과 함께 우리 사회와 경제가 지속적으로 변화하는 것을 나타낸다. 여기서 IoT란 기존 네트워크에서 사물의 감지 및 원격조종을 가능하게 하는 기술을 가리킨다.

'디지털화(Digitization)'야말로 4차 산업혁명의 키워드이다. 디지털화란 기존의 아날로그 시스템을 디지털 시스템으로 변환하는 과정이다. 여기서 말하는 디지털 기술이란 데이터를 0과 1 두 가지 상태로만 생성하고, 저장하고, 처리하는 전자기술을 일컫는다. 디지털화는 사람-대-사람, 사람-대-기계, 기계-대-기계의 소통을 가능하게 한다. 통신과 교통은 더욱 빨라질 것이며, 경제적 효율과 산업 생산성 또한 증대할 것이다.

한국 경제에서 무역이 차지하는 비중은 압도적으로 높다. 꾸준히 증가하고 있는 무역규모와 더불어 매년 한국을 찾는 관광객도 역시 늘어나고 있는데, 인천공항을 이용하는 고객이 하루 평균 15만 명에 달한다. 한국은 전 세계 7위의 수출 및 수입 규모를 자랑하고 있다. 이뿐만 아니라, 한국은 고품질 공항 서비스를 제공한다는 명성 또한 얻고 있다. 인천국제공항은 세계공항서비스평가에서 계속 세계 1위를 유지해가고 있다.

해상 및 항공으로 수입된 모든 물품은 통관절차를 거쳐야 한다. 밀수품은 일반적으로 엑스레이 검색으로 적발된다. 최근, 특송 화물의 양이 가파르게 증가하고 있다. 특송 화물에는 상업서류, 반도체와 같은 고부가가치 중간재, 자동차 부품 그리고 정밀기기 등 해외로 최대한 빨리 배송되어야 하는 화물들이 있다. 문전배달 방식으로 특사배달을 하는 특송 화물 회사들도 존재하며, 이러한 회사들은 특송 화물의 통관수속 업무도 대행하고 있다.

관세청은 지난 몇 년간 검색직원 수를 늘리지 않은 대신, 2016년 6월 1일 가동을 목표로 특송 화물 전용 터미널을 건설할 계획이다. 특송 화물 수입통관 사무처리에 관한 고시 제3조(2014년 5월 20일 개정)에 따르면, 관세청은 특송 업체들이 운영하는 자체시설로 세관 직원을 파견하는 것을 중단할 예정이다. 따라서, 2016.6.1일부터는 검색 대상이 되는 모든 물품은 신규 터미널로 반입되어야 한다.

이러한 변화는 특송 업체로부터 심각한 반발을 불러일으켰다. 특송 물품의 본질은 빠른 배송에 있는데, 새로운 규제는 기존의 자체시설에서 신규검사터미널로 추가 배송이 이루어져야 하기 때문에 부득이 지연이 발생한다. 또한 추가 배송과정에서 비용 증가와 화물분실의 위험도 발생할 수 있다. 일부 업체들은 계속 증가하는 특송 서비스 수요를 충족하기 위해 자체시설을 확장하거나 개선할 계획도 있었다.

관세청은 옴부즈만 사무소의 권고에 따라 검사장비를 업그레이드하는 등 필요조건을 충족하는 특송 업체들에 한하여 예전처럼 자체검사장에서 화물 검사절차를 밟을 수 있으며, 자체시설의 신규 건설도 가능하도록 규제변경 방안을 고려하고 있다.

주요 특송 업체들은 화물터미널에 첨단 검사장비를 설치할 야심찬 계획을 세우고 있다. 이들은 고객의 문앞까지 배송하는 데 필요한 전체 배송절차를 디지털화하여 고객들의 만족도를 높이는 신규 터미널을 건설하고자 한다. 이들 업체의 검사시설에는 첨단 엑스레이 장비와 자동 분류 시스템 등이 설치될 예정이다. 이와 더불어, 컨베이어 벨트에 연결된 재검량 시스템과 송장번호를 연결해주는 CCTV 등을 설치할 계획이다.

이러한 상황을 미루어 볼 때, 디지털화가 한국뿐만 아니라 전 세계의 특송 산업 성장에 박차를 가할 것이라는 데 의심의 여지가 없다.

15. Deregulation in cosmetic recalls

March 1, 2016 (Tue) | THE KOREA TIMES

Upon her presidential inauguration, President Park Geun-hye emphasized deregulation to enhance the nation's growth potential. The government has made the utmost efforts to reduce or eliminate unnecessary regulations that existed in many industries including the cosmetics industry.

Cosmetics, or makeup, make people look beautiful. The word "cosmetic" comes from the Greek word cosmos which means "order." The creation of the universe was the creation of order out of chaos. The most fundamental order of the cosmos was the harmony of essence and substance. This order was considered fundamentally beautiful.

Makeup started from Ancient Egypt in about 3000 BC. Both men and women used a special unguent to keep their skin hydrated and supple and to avoid wrinkles from the dry heat. The women decorated their eyes by applying dark green color to the under lid and blackening the lashes and the upper lid with dark kohl. Later the Jews adopted the use of cosmetics from the Egyptians. Cosmetics are mentioned in many places in the Old Testament. Jeremiah, the weeping prophet, (about 600 BC), rebukes the people of Israel in the Book of Jeremiah 4:30: "Why put on the jewels of gold and shade your eyes with paint?"

In the ancient times insanitary and unsafe cosmetics were used.

Women wore white lead and chalk on their faces. They used kohl to darken eyelashes and eyelids, and used chalk to whiten their complexion. They even used depilatories out of ignorance to dye their hair. They eventually ruined the skin and caused hair loss, and even death. Throughout the ages, therefore, government regulations have been in force to protect the users of cosmetic products.

All cosmetic products are subject to recall when they have caused a health hazard. A recall is a firm's removal or correction of a marketed product if it is considered to be in violation of the law. The Ministry of Food and Drug Safety (MFDS) can request that a firm recall a product when necessary. The MFDS evaluates the health hazard caused by the product under recall and assigns a classification to indicate the degree of hazard.

According to Article 5-2 of the Cosmetics Act, if cosmetics currently on the market are likely to cause harm to health, the manufacturer or manufacturer-seller must without delay recall or take necessary measures to recall the relevant cosmetics. The cosmetic firm must report a recall plan to the MFDS in advance.

According to Article 23-2-1 of the Cosmetics Act, the FDS may order the relevant business entity to take measures such as recalling and discarding the toxicant cosmetics.

According to the preannouncement of legislation made on April 3 for the amendment of the Prime Minister's Enforcement Rule No. 1120, a firm that received the MFDS's order to publicly announce a recall notification for hazardous cosmetics must publicize the recall through at least one nation-wide daily newspaper and the firm's Internet homepage. In addition, the firm must request that the MFDS list the firm's recall notice on the Internet homepage of the MFDS.

Hazardous cosmetics that are subject to recall include: (1) The firm manufactures or imports cosmetics that contain processed products of animals or plants prescribed in the Convention on International Trade in Endangered Species of Wild Fauna and Flora; (2) Containers and packages to prevent children from being poisoned by misuse; (3) Cosmetics, the package of which or statements or labeling on which have been damaged, forged, or falsified. (4) Cosmetics manufactured either under unsanitary conditions which are likely to cause harm to health and sanitation, and others.

Foreign investors complain that not all these violations are critically dangerous and the degree of recall notification through a nation-wide newspaper is too harsh and it does not comply with global standards. They requested through the Ombudsman's Office that degrees of cosmetic hazard be classified into three classes and the hazardous cosmetics under class I only be announced in the daily newspaper and those under other classes be publicized through the firm's and the MFDS Internet homepage. Class I is a situation in which there is reasonable probability that the use of, or exposure to a violating product will cause serious adverse health consequences or death. This request was accommodated and the grievance has been resolved.

15. 화장품 리콜에 대한 규제완화

2016.3.1(화) | 코리아타임즈 신문 게재

박근혜 대통령은 취임과 동시에 규제개혁을 통한 잠재 경제 성장률 증대의 중요성을 강조했다. 정부는 화장품 산업을 포함한 여러 산업에 존재하는 불필요한 규제를 완화하거나 철폐하기 위해 최대한 노력을 기울였다.

화장품은 우리의 외모를 아름답게 꾸며준다. 영어로 화장품을 뜻하는 'cosmetic'은 '질서'를 의미하는 그리스어 'cosmos'에서 왔다. 우주의 탄생은 혼돈으로부터 질서를 만든 것으로 볼 수 있다. 우주에서 가장 근본적인 질서는 본질과 실체가 조화를 이루는 것이었다. 이러한 질서는 본원적으로 아름답다고 여겨졌다.

화장품은 기원전 3000년경 고대 이집트에서 시작되었다. 이집트에서는 여성과 남성 모두 덥고 건조한 기후에서 피부를 보습하고 주름을 방지하고자 특수한 연고를 발랐다. 여성들은 눈 화장을 위해 아래쪽 눈꺼풀에는 짙은 녹색을 칠하고, 눈썹과 위쪽 눈꺼풀은 검은 가루인 콜(kohl)을 진하게 발랐다. 이후 유대인들은 이집트인들이 사용한 화장품을 도입했다. 화장품은 구약성경 여러 곳에 언급되어 있다. 『예레미야서』 4장 30절을 보면, 기원전 600년경에 눈물의 선지자 예레미야가 "네가 어찌하여 금장식으로 단장하고 눈을 그려 꾸미느냐"며 이스라엘 백성들을 꾸짖는 내용이 나온다.

고대에는 비위생적이고 유해한 물질이 화장품으로 사용되기도 했다. 여성들은 연백(鉛白)과 백악(白堊)을 얼굴에 발랐다. 콜을 이용해 속눈썹과 눈꺼풀을 짙게 화장했고, 백악(白堊)가루로 피부색을 하얗게 만들었다. 심지어 무지로 인해 머리카락 염색에 탈모제를 사용하기도 하였다. 결국 피부가 상하고 탈모가 일어났으며, 심지어 목숨을 잃는 사람도 있었다. 따라서, 시대를 막론하고 화장품 사용자들을 보호하기 위한 정부 규제가 시행되고 있다.

그래서, 건강상 유해하다고 증명된 모든 화장품은 회수(recall) 대상이 된다. 회수(리콜)란 제품이 법을 위반한 것으로 여겨질 때, 시판된 제품을 기업이 수거하거나 문제를 바로잡는 조치를 말한다. 식품의약품안전처(식약처)는 필요시 기업에게 회수 명령을 내릴 수 있다. 식약처는 회수 대상 제품의 건강상 위험을 평가해 위험 수준에 대한 등급을 부여한다.

화장품법 제5조의2에 따르면, 제조업자 또는 제조판매업자는 유통 중인 화장품이 국민보건에 위해(危害)를 끼칠 우려가 있는 경우에는 지체 없이 해당 화장품을 회수하거나 회수를 위한 필요한 조치를 하여야 한다. 또한, 화장품 회사는 회수계획을 식약처에게 사전 보고하여야 한다.

또, 동법 제23조 제2항 제1호는 식약처가 위해 화장품에 대해 해당 업체에 회수·폐기 등의 조치를 명령할 수 있다고 규정하고 있다.

4월 3일 입법 예고된 화장품법 시행규칙(총리령 제1120호) 개정안에 따르면, 식약처로부터 위해 화장품이라고 공표명령을 받은 해당 기업은 지체 없이 위해 화장품의 회수계획을 1개 이상의 중앙지와 자사 인터넷 홈페이지에 게재하고 식약처의 인터넷 홈페이지에 회수계획을 게재 요청하여야 한다.

회수 대상이 되는 유해화장품의 기준은 (1) 「멸종위기에 처한 야생동식물 종의 국제거래에 관한 협약」에 따른 동식물 가공품이 포함되어 있는 화장품을 제조하거나 수입한 경우, (2) 어린이가 화장품을 잘못 사용하여 화장품에 중독되는 사고가 발생하지 않도록 하기 위한 화장품의 안전 용기 · 포장 관련 기준을 위반한 경우, (3) 용기나 포장이 불량하거나, 사용기한 또는 개봉 후 사용기간을 위조 · 변조한 화장품의 경우, (4) 보건위생상 위해가 발생할 우려가 있는 비위생적인 조건에서 화장품을 제조한 경우 등이다.

한편, 외국인투자자들은 위 기준이 모두 건강에 심각한 위험을 초래하는 것은 아니며, 1개 이상의 중앙지에 회수계획을 공지해야 하는 것은 가혹할 뿐 아니라 국제 표준에도 부합하지 않는다며 불만을 제기했다. 이들은 화장품의 건강 위해 정도를 3등급으로 분류해, 등급 I로 판명된 제품만 중앙지에 공시하고 다른 등급을 받은 제품은 자사 및 식약처 홈페이지에 공시하도록 해 달라고 외국인투자 옴부즈만 사무소를 찾아와 요청했다. 등급 I로 분류된 화장품은 사용 혹은 노출로 인해 심각한 건강상의 위해나 사망을 초래할 합리적 가능성이 있는 제품을 의미한다. 외국인투자자들의 이러한 요청은 수용되어 고충이 해결되었다.

16. Elevator laws need changing

March 15, 2016 (Tue) I THE KOREA TIMES

People living in today's world depend on elevators. Elevators are installed in residential buildings as well as commercial buildings. Some apartment buildings are as high as business buildings. The elevators in high-rise buildings require higher safety standards.

When riding in elevators, passengers sometimes worry about it crashing. They may remember an action movie where the good guy gets in an elevator, but the bad guy has damaged the cables and the elevator falls down to the bottom at speed.

However, the probability of an elevator crash is fairly low because of technological advancements. Multiple safety features are built into elevator-operating systems. Elisha Graves Otis invented a revolutionary safety break in 1852. Since then elevator technology has constantly been developing to increase the level of passenger safety. If an elevator's hoisting rope breaks, a mechanical braking system kicks in with racks at the sides of the elevator shaft and it stops the elevator car from sliding down.

All elevators have between four and eight cables. Each cable is made from several lengths of steel material wound around one another and inspectors regularly check them for wear and tear. If one cable snapped, the remaining cables would hold the elevator car up. Even if several steel ropes broke and if the pawls do not work with the racks at the elevator shaft, the elevator car would not plummet to the ground. This is because the falling elevator car would compress the air at the bottom of the shaft and slow down the elevator significantly. In addition, most cable elevators have a built-in shock absorber at the bottom of the shaft and this would cushion the impact thereby saving passengers from fatal injuries.

There is another critical safety feature, called a counterweight. The counterweight hangs on the other end of the elevator ropes. It weighs about the same as the car filled to 40 percent capacity. This means that when the car is 40 percent full, the counterweight and the car are perfectly balanced. When the elevator descends, the counterweight is pulled up. So the falling car slows down.

Nevertheless, passengers locked in a dark and suspended elevator will suffer until they are saved. Deadly elevator accidents occur not because of the breaking of the steel ropes but because of the carelessness of passengers. Leaning against elevator doors by passengers and rough playing by children inside, can cause passengers to fall out of the elevator, thus falling down to the bottom of the elevator shaft.

There are internationally renowned elevator companies that do business in Korea and they complain about the inappropriate laws and rules governing the business of providing maintenance service for residence elevators. They are governed by both the Elevator Facilities Safety Management Act of the Ministry of Public Safety and Security (MPSS) and the Housing Management Act of the Ministry of Land, Infrastructure, and Transport (MLIT).

On Feb. 18, the Office of the Foreign Investment Ombudsman organized a foreign investors meeting where the Minister of Trade,

Industry, and Energy directly heard their grievances. One notable grievance was that the residence elevator laws are too restrictive. The MLIT tries to keep elevator maintenance costs at an unreasonably low level whereas the MPSS regulates the technical requirements to ensure public safety. As a result, foreign elevator companies face limited market access and they feel sorry to observe the government trying to lower elevator-operating costs at the expense of safety.

In reforming the residence-elevator-related laws, I suggest the government authorities take heed of the following: (1) The MLIT's price control will not work; (2) the maintenance-service market for high-tech elevators and the market for low-tech elevators would be considered two separated markets. Then this will make both the high-tech and low-tech companies coexist in the elevator maintenance service market; (3) the MPSS may set two minimum safety standards for the two markets; (4) the government authorities should take into account that as people's wealth increases, they want to upgrade their safety level of elevators; and (5) the government should publicize the information of the elevator maintenance costs and the level of elevator safety.

16. 엘리베이터 법 개정의 필요성

2016.3.15(화) | 코리아타임즈 신문 게재

현대인들은 엘리베이터 없는 삶을 상상하기 어렵다. 엘리베이터는 상업용 빌딩은 물론 주거용 건물에도 설치된다. 어떤 아파트는 사무용 빌딩만큼이나 높은데, 고층 빌딩에 설치된 엘리베이터의 경우 보다 강화된 안전기준이 필요하다.

사람들은 간혹 엘리베이터에 탔을 때 추락하지는 않을까 걱정한다. 이러한 염려는 아마도 영화 탓일지도 모른다. 액션 영화에서는 악당이 엘리베이터 케이블을 절단해 선량한 사람들이 탄 엘리베이터가 바닥으로 곤두박질치는 장면이 종종 나오곤 하기 때문이다.

하지만 기술의 발달과 더불어 엘리베이터 추락의 가능성은 매우 낮아졌다. 엘리베이터 운영시스템은 여러 안전장치를 갖추고 있다. 1852년, 엘리샤 그레이브즈 오티스(Elisha Graves Otis)는 혁신적인 안전 제동장치를 발명했다. 그 이후로 엘리베이터 기술은 승객 안전도를 높이는 방향으로 꾸준히 발전했다. 만약 엘리베이터 승강 로프가 끊어지더라도, 승강로 측면의 랙에서 기계식 제동시스템이 작동해 엘리베이터가 아래로 미끄러지는 것을 막아 준다.

모든 엘리베이터에는 4~8개의 케이블이 있다. 각각의 케이블은 다양한 길이의 철사들이 꼬여 있는 형태로, 검사관들이 주기적으로 케이블 마모 상태를 점검한다. 케이블 하나가 끊어져도 나머지 케이블이 엘리베이터를 지탱할 수 있다. 나아가, 케이블 여러 개가 끊어지고 승강로 랙에서 멈춤쇠가 작동하지 않는 상황이 발생해도, 바닥으로 급격히 추락하지는 않는다. 엘리베이터가 떨어지면서 승강로 아래쪽 공기를 압축해 추락 속도를 크게 낮추기 때문이다. 또한, 케이블을 사용하는 엘리베이터 대부분은 승강로 바닥에 충격 흡수장치가 설치되어 있어 충격을 완충해주므로 승객들이 치명적인 부상을 입지 않도록 보호해준다.

이외에도 엘리베이터에는 평형추라는 중요한 안전장치가 있다. 평형추는 엘리베이터 로프의 반대쪽 끝에 달려 있는데, 정원이 40% 찬 엘리베이터와 무게가 같다. 즉, 엘리베이터에 정원의 40%가 탑승하면, 평형추와 엘리베이터는 완벽하게 무게의 균형을 이룬다. 엘리베이터가 추락하면 평형추는 끌려 올라가면서 하강하는 엘리베이터의 속도를 늦춘다.

그렇더라도 엘리베이터가 중간에 멈추게 될 경우, 승객들은 구조될 때까지 흑암의 엘리베이터 안에 갇혀 있어야 한다. 엘리베이터 인명사고의 원인은 철로 된 로프가 끊어져서라기보다는 승객들의 부주의에서 야기되는 경우가 대부분이다. 가령 승객들이 엘리베이터 문에 기대거나 아이들이 엘리베이터 안에서 심하게 뛰어 놀다가 엘리베이터 밖으로 떨어져 승강로 바닥으로 추락하는 안타까운 사고 소식을 접할 수 있다.

한국에 진출한 유수의 엘리베이터 제조사들은 주거용 엘리베이터의 유지보수와 관련된 법규가 부적절하다며 불만을 제기하고 있다. 주거용 엘리베이터는 국민안전처 소관「승강기시설 안전관리법」과 국토교통부 소관「주택법」의 적용을 받는다.

지난 2월 18일, 외국인투자 옴부즈만 사무소가 주관한 외국인투자자 간담회에서 외국인투자자들은 관련 고충을 직접 산업통상자원부에 피력했다. 주거용 엘리베이터 규제가 너무 심하다는 것이 외국인투자자들의 대표적인 의견이었다. 국토교통부는 엘리베이터 유지보수 비용을 지나치게 낮게 유지하려 하고, 국민안전처는 국민 안전을 위한 기술적 요건을 규제하고 있다. 이로 인해 외국 엘리베이터 업체들이 시장 진입에 어려움을 겪는 상황이며, 안전을 담보로 엘리베이터 운영비를 낮추려는 정부의 방침에 유감의 뜻을 내비치고 있다.

주거용 엘리베이터 관련 법 개정과 관련해 정부 당국이 다음과 같은 의견에 귀를 기울여 주었으면 하는 바람이다. 첫째, 국토교통부의 인위적 가격통제는 성공하기 어렵다. 둘째, 하이테크 엘리베이터와 로우테크 엘리베이터의 유지보수 시장은 각기 다른 별개의 시장으로 간주해야 한다. 그래야 하이테크 기업과 로우테크 기업이 엘리베이터 유지보수 시장에서 공존할 수 있다. 셋째, 국민안전처는 이 두 개의 시장에 대해 최소 안전기준을 각각 설정해야 한다. 넷째, 정부는 생활수준이 높아짐에 따라 엘리베이터 안전수준의 향상을 바라는 국민의 여론을 고려해야만 한다. 마지막으로 정부는 엘리베이터 유지보수 비용과 엘리베이터 안전수준에 대한 정보를 공개할 필요가 있다.

17. Reciprocity promotes FDIs

March 29, 2016 (Tue) I THE KOREA TIMES

These days the global economy is suffering abnormally low growth. Korean people worry that the power of its growth engines are getting weaker. However, we can find some relief by realizing that the nation's macroeconomic indicators for last year turned out a little better than anticipated. In 2015 Korea's nominal GDP was about $1.4 trillion and ranked 13th in the world. Its CPI inflation was as low as 1.1% and recorded a trade surplus of $30 billion. Korea, the world's 7th largest exporter executed exports of $572.7billion. The trade-GDP ratio is 0.8 which means that Korea's dependence on trade is fairly high relative to most other countries.

Korea's long-term growth potential is expected to be sound and healthy for as long as the government's efforts for regulatory reforms and industrial restructuring continue to be fruitful. Growth potential rests much on trade liberalization and globalization. In 1962 Korea's per capita nominal GDP was a meager $103.9 but this increased to $35,500 in 2015 in terms of purchasing power parity. This performance is largely attributable to its reliance on market competition, protection of private property, and trade liberalization.

According to World Trade Organization(WTO) agreements, any member country should make sure that the same benefit be given to the citizens of the other member countries as is given to its own citizens. However, reality shows that this is not always the case. We often observe that at passport control checkpoints, immigration officers of host nations deliberately keep foreign visitors waiting in a long line while their own citizens swiftly pass through.

However, Korea is a model country in terms of how it treats foreign visitors. According to the Airport Service Quality Survey, Incheon International Airport is the best airport in the world. Korea highly values foreign investors, exporters, and importers, including foreign tourists, so much so that they can get through passport control as swiftly as Korean citizens.

In addition to the national treatment of foreigners, reciprocity often becomes an issue in international trade and investment. The reciprocity principle is based on social psychology or the norm that if someone attends my son's wedding ceremony, I feel obligated to do the same for him in return. The principle of reciprocity is applied in international relations and treaties. Reciprocity has been practiced in the relaxation of travel restrictions and visa requirements, the mutual recognition and enforcement of judgments, the reduction of tariffs and non-tariff barriers, etc. The reciprocity principle is used in the establishment of bilateral as well as multilateral trade agreements.

Reciprocity is exercised in an effort to liberalize international trade and investment. In this context, there are two forms of reciprocity. These are specific and diffuse reciprocity. The principle of specific reciprocity states that favors, benefits, or penalties that are granted by one country to the citizens of another, should be returned. Diffuse reciprocity refers to a situation in which countries do not seek immediate benefits but can act in confidence that cooperative actions between the two parties will be repaid sooner or later and both will be better off in the long run.

Recently a gentleman visited us in the Foreign Investment Ombudsman's Office. He represented the association of machinery-manufacturing companies in Germany and came with complaints. He explained that most high-tech machinery and equipment are produced by small-medium size companies in Germany and that they feel regretful about the Korean government's unreasonable non-tariff trade restrictions. According to Korea's regulations on safety certification, German exporters of machinery should get a safety certificate from a third-party inspector. But this will only increase the cost of imports thereby hurting both German producers and Korean consumers.

As I read about this situation, I believe that conformity on legal processes is sufficient. Safety issues shall be dealt with by market surveillance. Should an accident take place, it can be dealt with individually. Above all, Korean machinery exporters can get the same benefit in Germany in terms of not going through third-party inspections by following the principle of reciprocity between Germany and Korea. If we provide the same benefits to German businessmen on the reciprocity basis, we can jointly create further benefits in terms of promoting exports and FDIs for the two countries.

17. 상호주의를 통한 외국인직접투자(FDI) 증진

2016.3.29(화) | 코리아타임즈 신문 게재

최근 세계경제는 유례없는 저성장을 겪고 있다. 한국인들은 국가 성장 동력의 약화를 우려하고 있다. 그러나 지난해 한국의 거시경제 지표들이 예상보다 좋았다는 사실에 다소 위안으로 삼을 수 있다. 2015년 한국의 명목 GDP규모는 약 1조 4천억 달러로 세계 13위를 차지했다. 소비자물가지수(CPI) 상승률은 1.1% 오르는 데 그쳤으며, 300억 달러의 무역흑자를 기록했다. 한국은 세계 7위의 수출국으로 수출액이 5,722억 달러에 달했다. 무역이 GDP에서 차지하는 비율이 0.8로, 다른 대부분 국가들보다 무역 의존도가 상당히 높은 수준이다.

정부의 규제개혁과 산업 구조조정 노력이 지속적으로 성과를 거둔다면, 한국의 중장기 성장 잠재력은 건전하고 굳건할 것으로 예상된다. 성장 잠재력은 많은 부분이 무역자유화와 세계화에 달려 있다. 1962년 한국의 1인당 명목 GDP는 103.9달러에 불과했으나 2015년에는 구매력평가지수(PPP) 기준 35,500달러로 신장되었다. 이러한 성과는 자유시장경제와 민간자산 보호, 무역 자유화를 추진한 덕이 크다.

세계무역기구(WTO) 협정에 따르면, 회원국은 내국민에게 제공하는 것과 동일한 혜택을 외국인에게도 제공해야 한다. 이것이 '내국민대우'의 원칙이다. 그러나 현실은 늘 그렇지 않다. 종종 공항 여권 심사대에서 출입국 관리가 내국민 처리는 신속히 하면서 외국인은 굳이 길게 줄을 세우는 장면을 본 적이 있을 것이다.

그러나 한국은 외국인 대우에서 모범적인 국가이다. 세계 공항서비스평가(ASQ)에서 인천국제공항은 1위를 차지했다. 한국은 외국인 관광객을 포함한 외국인투자자, 수출업자, 수입업자를 상당히 우대하며, 여권 심사도 내국민과 마찬가지로 빠르게 처리한다.

외국인에 대한 내국민대우 원칙 외에도, '상호주의'원칙 또한 국제무역과 투자에서 종종 문제가 된다. 상호주의는 사회적 심리나 규범에 기반을 둔다. 예를 들어, 자기 아들의 결혼식에 참석한 사람에게 똑같이 보답해야 한다는 마음이 드는 것과 같다. 상호주의는 국제관계와 조약에 적용된다. 여행 제한 및 비자 요건의 완화, 판결의 상호 인정과 집행, 관세 및 비관세 장벽의 완화 등에 적용되어 왔다. 또한, 상호주의는 양자 및 다자간 무역협정 체결에도 이용된다.

상호주의는 국제무역과 투자를 자유화하기 위한 노력의 일환으로 추진된다. 이런 맥락에서 상호주의는 두 가지 형태, 즉 구체적 상호주의(specific reciprocity)와 포괄적 상호주의(diffuse reciprocity)로 나뉜다. 구체적 상호주의는 한 국가가 다른 국가의 국민에게 베푼 특혜나 이익, 불이익이 있을 경우 이를 그대로 되돌려주는 것이다. 포괄적 상호주의는 국가들이 즉각적 이익을 추구하는 대신, 양자 간의 협력적 행동이 조만간 이익이 되며 장기적으로 더 나은 상황을 이끌 것이라는 믿음 하에 행동하는 것을 의미한다.

최근 한 외국인이 외국인투자 옴부즈만 사무소를 찾았다. 독일 기계생산자협회의 대표를 맡고 있는 그는 불만사항을 전하고자 온 것이다. 독일에서는 대부분의 첨단 기계와 장비를 중소기업이 생산하고 있다며, 한국 정부의 과도한 비관세 무역장벽에 유감을 표했다. 한국의 안전인증 규정에 따르면, 독일 기계 수출업체들은 제3의 검사기관에서 안전인증서를 받아야 한다. 그러나 이는 수입비용을 증가시켜 결국 독일 제조업체와 한국 소비자 모두에게 손해를 입힐 뿐이다.

이 상황을 접하면서 법적 절차의 준수만으로 충분하다고 생각한다. 안전 문제는 시장에서의 감시로 해결될 수 있다. 혹시라도 사고가 발생하면 당사자끼리 개별적으로 처리하면 된다. 현재 한국의 대독 기계 수출업체들은 독일에서 제3의 안전검사기관을 거치지 않아도 된다. 우리가 상호주의에 입각해 독일 기업인에게 동일한 탈규제의 혜택을 제공한다면, 한독 양국은 수출 및 외국인직접투자(FDI) 증진 측면에서 공동으로 더 큰 이익을 창출할 수 있을 것이다.

18. 'Hope manufacturers' wanted

April 12, 2016 (Tue) I THE KOREA TIMES

Almost the entire world is suffering low growth and high unemployment. The political leaders seriously worry about the non-declining trend of high unemployment, especially youth unemployment. In 2015 Spain had the worst youth unemployment problem at 49.9 %, while Britain is below the EU average of 15.7 % and Germany at the bottom level of 7.2 %. To name a few more, they are Greece 49.7%, Italy 42.7 %, and France 24.5%.

Korea is not an exception. Its youth unemployment rate soared to an all-time record 12.5% in February 2016, up 1.4% year-on-year. This figure represents that roughly 560,000 15-29 year olds remained unemployed after college graduation. Although this number is somewhat below the EU average, Korean people feel much more frustrated than Europeans because they seem to have less hope about the future economy of their economy. Compared to other major countries, however, Korea has been doing better and Korean investors should have more confidence in their economy.

To reduce the unemployment rate, the following measures have been suggested: (1) make the labor market flexible and its information be readily available, (2) provide more channels through which job seekers and labor seekers can meet each other, and (3) provide training centers where job seekers obtain the knowledge and skills the companies need.

One critical factor that impedes the creation of new jobs is the lack of investor confidence in the future of the economy. Their pessimistic view is self-fulfilling. The businessmen with the expectation of a weaker future economy tend to invest less now. Then this leads to less production, less income, and less consumption, which in turn leads to less investment again. To help increase new jobs, this self-fulfilling cycle must be stopped.

Unfortunately, cases of self-fulfilling or self-defeating expectations are numerous. For example, peoples' expectations of future inflation lead them to spend more today and demand higher nominal interest rates for their savings because they expect that prices will be rising. This demand for higher interest rates and increased spending in the present, in turn create inflationary pressure and can cause inflation now even if expectations of future inflation are groundless. So the key to breaking the path of self-fulfilling is to correct the wrong assumptions on which the original expectations were based.

The trend of a low growth is sustained by peoples' self-fulfilling expectations of global and domestic recessions. This is equivalent to the "bank run effect". A bank run occurs when customers start taking their money out of a bank because they are afraid their money is not secure. This fear spreads and other customers also start wondering whether they might lose their money, panic ensues and masses of account holders withdraw their funds. Although a bank run is usually the result of panic and its snowball effect, instead of a true insolvency, the psychological factor must not be ignored. Likewise, a pessimistic expectation of global economy by one country can quickly spread to neighboring countries and global investors start reducing their investments. In this way global recession is self- fulfilled.

Under these circumstances, the world economy needs not only aggressive investors and manufacturers but also hope-manufacturers as well. Prominent scholars and respected teachers of individual countries can play that role. They can change peoples' beliefs, values, and attitudes in their society by correctly explaining the current situation and make a positive projection of the global economy based on the assumptions of implementation of the right policies. If they publicly point out the fact that the peoples' expectations of global recession and high unemployment are not correct because their expectations are based on the false assumptions, then people may correct their initial assumptions and change their behavior.

In addition, policy analysts and senior economists of the international organizations such as the IMF, the World Bank, and the World Trade Organization can play a greater role in changing the mindset of the opinion leaders of the member countries and, in turn, affect the behavior of businessmen including international investors. In this connection, the political leaders of the G20 need to play the expected role as we do need hope-manufacturers more than any other time in the past. With more hope-makers playing their role, more jobs can be created.

18. '희망 제조家' 구함

2016.4.12(화) | 코리아타임즈 신문 게재

전 세계 곳곳이 낮은 경제성장률과 높은 실업률로 신음하고 있다. 정치 지도자들은 꺾일 줄 모르는 높은 실업률, 특히 높은 청년실업률에 대해 심각하게 우려하고 있다. 2015년에 스페인은 49.9%라는 최악의 청년실업률을 경험했고, 영국은 EU 평균치보다 낮은 15.7%, 독일은 가장 낮은 7.2%를 기록했다. 그리스, 이탈리아, 프랑스의 청년실업률도 각각 49.7%, 42.7%, 24.5%에 달했다.

한국도 예외는 아니다. 한국의 2016년 2월 청년실업률은 전년 대비 1.4% 증가한 12.5%로 사상 최악의 수준을 기록했다. 이는 학교를 졸업한 후에도 취직하지 못한 15~29세 청년실업자 수가 약 56만 명에 이른다는 의미이다. 이 수치가 EU 평균보다 조금 낮기는 하지만, 경제의 미래를 좀 더 비관적으로 보는 한국민에게 훨씬 더 큰 절망감을 안겨준다. 하지만 한국의 상황이 다른 주요국보다 나은 편이므로 한국 투자자들은 한국 경제를 좀 더 신뢰해야 할 것이다.

실업률을 낮추는 방안으로는 첫째, 노동시장 유연화와 관련 정보의 원활한 제공, 둘째, 구직자와 구인기업 간 연결 통로 확대, 그리고 셋째로 기업이 원하는 지식과 기술을 습득할 수 있도록 구직자 대상 훈련센터 운영

등이 제안되었다.

경제의 미래에 대한 투자자들의 회의는 고용창출을 저해하는 중요한 요소 중 하나다. 이들의 비관적 견해는 자기실현적이다. 앞으로의 경제를 비관적으로 보는 기업가는 당장의 투자를 줄이는 경향이 있다. 이는 생산 감소, 소득 감소, 소비 감소로 이어지고, 결국 다시 투자 감소를 낳는다. 고용창출을 늘리려면 이러한 자기실현적 고리를 반드시 끊어내야 한다.

안타깝게도 자기실현적 혹은 자멸적 기대는 이 밖에도 많다. 예를 들어, 인플레이션이 닥칠 것이라고 예상하면 사람들은 앞으로 오를 물가에 대비해 현재의 지출을 늘리고 예금의 명목이자율이 더 높아지기를 바란다. 예금 이자율 인상 요구와 지출 확대는 물가상승 압력을 낳고, 결국 인플레이션에 대한 예상이 근거 없는 것이었더라도 인플레이션이 일어날 수 있다. 따라서 자기실현적 위기로 치닫는 것을 막는 방법은 당초 예상의 토대가 된 그릇된 가정을 바로잡는 것이다.

저성장 추세의 기저에는 세계와 국내 경기가 침체될 것이라는 사람들의 자기실현적 기대가 있다. 이는 '뱅크런 효과'와 같은 것이다. 뱅크런은 예금한 자신의 돈이 안전하지 않다고 걱정하는 사람들이 은행예금을 인출하기 시작하면서 발생한다. 이러한 공포가 퍼져나가 다른 고객들도 돈을 잃을지 모른다고 생각하면서 공황상태가 발생하고, 고객들이 대거 예금을 인출하기에 이른다. 뱅크런은 실제로 지급불능 상황이 아니라 극심한 공포와 눈덩이 효과로 인해 발생하기에, 심리적 요인을 절대 무시할 수 없다. 마찬가지로, 한 나라가 세계 경제를 비관적으로 보면 금세 이웃 나라로 번져 글로벌 투자자들이 투자를 축소하기 시작한다. 이렇게 해서 자기실현적으로 글로벌 경기침체가 일어나는 것이다.

이러한 상황에서 세계 경제에는 공격적인 투자자와 기업은 물론, 희망을 만들어 낼 사람이 필요하다. 각국의 저명한 학자와 인정받는 교사들이 이 역할을 할 수 있다. 이들은 현 상황을 제대로 설명해주면서 사람들의 생각과 가치관, 태도를 변화시키고, 올바른 정책 실행을 전제로 글로벌 경제를 낙관적으로 전망하게 만들 수 있다. 만약 이들이 공개 석상에서 글로벌 경기침체나 높은 실업률에 대한 예상이 그릇된 가정에 기반을 두었으므로 틀렸다고 지적한다면, 사람들은 당초의 가정을 바로잡고 행동을 다르게 할 것이다.

또한 IMF, 세계은행, 세계무역기구 같은 국제기구의 정책분석가와 선임 경제연구원들은 회원국 오피니언 리더들의 인식을 바꾸는 데 더 큰 역할을 할 수 있으며, 이를 통해 국제투자자 등 기업가들의 행동에 영향을 미칠 수 있다. 이러한 맥락에서 과거 어느 때보다도 진정한 '희망제조가'가 절실히 필요한 지금, G20 정상들은 자신들에게 기대되는 역할을 충실히 해낼 필요가 있다. 진정한 희망을 제시할 수 있는 사람들이 자신의 역할을 더 잘 해낼수록, 더 많은 고용이 창출될 것이다.

19. Honest policies generate more jobs

April 26, 2016 (Tue) I THE KOREA TIMES

The results of Korea's April 13 general elections have taken the world by surprise. Polls ahead of the election had indicated that the ruling party was on course to secure a substantial majority of seats in the national assembly. But that was not true. The seemingly left-wing opposition Minjoo Party of Korea (MPK) defeated the ruling party by one seat. Critics say that Korea will experience "a hung parliament" which means that no single political party has an absolute majority of seats.

The ruling conservative Saenuri Party won 122 out of 300 seats while the opposition MPK took 123 seats and the centrist People's Party gained 30 seats. In votes for party lists, however, MPK came third behind Saenuri Party in first place and the new People's Party in second.

The people on the conservative side are concerned that the Korean economy has a bumpy road lying ahead. Their concern may be justified because of the presumption that under a hung parliament, or put differently under no overall control in the national assembly, the ruling party would have a great difficulty in implementing a high-growth policy because the allied opposition parties would strongly oppose it.

However, the situation can get even worse if every major political party will try to influence the citizens by proposing policies that are attractive to some people but not desirable for the country as a whole. Moreover, if party leaders try to artificially generate a political business cycle to their own benefit, the economy may immediately run into a crisis.

The concept of political business cycles developed in the 1960s. There are two types of political business cycles — 'Opportunistic' and 'Partisan'. The opportunistic cycle can be generated by the gimmick of political leaders. By using the simple-minded Phillips Curve showing a negative relationship between inflation and unemployment, they take tightening and easing policies alternately.

Voters compare the economic performance of the first year and of the year right before the election. If they find that the economy has improved significantly during the cycle, they will vote for the incumbent president to be reelected.

The partisan political business cycle refers to fluctuations in macroeconomic variables over or between the electoral cycles from leaders with different policy objectives. The partisan political business cycle is induced by ideological differences among the parties. Both the opportune and partisan business cycles are theoretical concepts and are subject to empirical testing. So far the evidence for the existence of the two cycles is mixed. It varies by country. For Korea there is no significant empirical evidence supporting the two types of business cycles. The two theoretical cycles depend on the assumption that on average, people are shortsighted and their expectations irrational. This assumption may be valid for some countries but not for other countries.

Scholars who belong to the school of rational expectations refute the political business cycle theory. University of Chicago professor Robert

Lucas who won the Nobel Prize in 1995 criticized the conventional model of macroeconomic policy which assumes the public's backward-looking expectations. He argued that macroeconomic policy would not be effective if the public is rational and forward-looking. Political leaders may fool some people sometimes but not all people all the time. He warned that the policy taken with the assumption that the public systematically misunderstands its own interest is likely to fail.

In deciding on investments today, investors need to decide whether tomorrow will be more or less productive than today. To make tomorrow more productive is the politicians' job. To select good and right policies is the government's job. An interesting situation is now developing. The leaders of the opposition parties give out a signal that they are changing their attitudes a bit toward economic ideology. They've started advocating business-friendly policies and structural reforms to embrace the people on the right wing.

So long as good policies are concerned, there should not be a wide gap between the ruling and opposition parties. No party should manipulate economic policies for political reasons. Good policies for Korea now are honest policies that aim to reduce unemployment, increase labor and business productivity and implement structural reforms regardless of partisan politics.

19. 정직한 정책이 더 많은 일자리를 만든다

2016.4.26(화) | 코리아타임즈 신문 게재

지난 4월 13일 치러진 한국의 총선은 예상을 뒤엎는 결과를 보였다. 총선 실시 전 여론조사에서는 여당의 압승이 예상되었으나, 막상 뚜껑을 열어보니 결과는 달랐다. 좌익 성향의 야당인 더불어민주당이 한 석 차이로 여당을 앞지른 것이다. 전문가들은 대한민국 국회가 소위 '헝 의회(hung parliament)', 즉 어느 정당도 절대 과반수 의석을 차지하지 못하는 의회 교착상태가 될 것이라고 내다보고 있다.

보수 여당인 새누리당은 전체 의석 300석 중 122석을 얻었고, 야당인 더불어민주당이 123석, 중도 성향의 국민의당이 30석을 차지했다. 그러나, 정당투표에서는 새누리당이 가장 많은 표를 얻었고, 국민의당이 2위, 더불어민주당은 3위에 그쳤다.

보수 성향의 국민들은 대한민국 경제의 앞날이 험난하다고 우려한다. 절대 다수당이 없는 이른바 '헝 의회'의 등장으로 여당이 고성장 정책을 추진할 때 야당이 연합하여 강력히 반대할 경우, 많은 어려움을 겪을 것이라는 관측을 놓고 보면 이러한 우려는 일견 타당한 측면이 있는 것도 사실이다.

게다가 주요 정당들이 국가 전체에 바람직한 정책이 아닌, 일부 대중의 인기에 영합하는 정책을 제각각 제안하며 영향력을 행사하려 한다면 상황은 더욱 악화될 수 있다. 또한, 각 당의 지도자들이 선심성 공약을 남발하여 이른바 '정치적 경기순환'을 인위적으로 만든다면, 경제는 이내 위기 상황으로 곤두박질칠 수도 있다.

'정치적 경기순환' 개념은 1960년대에 형성되었다. 정치적 경기순환 이론 모형은 '기회주의적' 모형과 '정파적' 모형으로 나뉘는데, 기회주의적 경기순환은 정치 지도자들의 정치적 술책으로 발생할 수 있다. 물가상승과 실업률 간 상충관계(역의 상관관계)를 보여주는 필립스 곡선상에서 단순히 긴축과 완화 정책을 번갈아가며 취하는 것이다. 유권자들은 과거 선거 당시의 연도와 금번 선거 직전의 연도와의 경제상황을 비교한다. 만약 이 주기 동안 경기가 크게 나아졌다고 판단하면 이들은 현 대통령의 재선 쪽으로 투표한다.

반면, 정파적 경기순환은 지도자들의 정책 목표 차이로 인해 선거주기에 걸쳐 혹은 선거주기 간 거시경제 변수가 변동하는 것을 일컫는다. 정파적 경기순환은 정당 간 이념적 차이에 의해 발생된다. 기회주의적 경기순환과 정파적 경기순환 모형은 모두 이론적 개념이며, 실증적 검증이 필요하다. 지금까지 이러한 두 형태의 순환주기가 존재한다는 증거도 확실하지 않다. 각 나라마다 상황이 다르기 때문이다. 한국의 경우 두 유형의 경기순환이 존재한다는 뚜렷한 실증적 증거가 없다. 이 두 가지 모형은 사람들이 평균적으로 근시안적이며, 비합리적인 기대를 한다는 가정에 근거를 둔다. 이러한 가정이 일부 국가에는 타당할지 모르겠으나, 적용되지 않는 국가가 존재할 수도 있다.

합리적 기대가설에 속하는 경제학자들은 정치적 경기순환 이론을 반박한다. 1995년 노벨상을 수상한 미국 시카고대학교의 로버트 루카스(Robert Lucas) 교수는 대중들의 기대가 과거지향적이라는 가정에 기반한 기존의 거시경제 모델을 비판했다. 그는 사람들의 기대가 합리적이고 미래

지향적일 경우, 거시경제 정책이 효과를 거두지 못할 것이라고 주장했다. 정치 지도자들은 일부 사람들을 가끔 속일 수 있을지는 몰라도 모든 사람들을 항상 속일 수는 없기 때문이다. 사람들이 체계적으로 자신의 이익을 오판한다는 가정 하에 취해진 정책은 실패할 가능성이 높다고 그는 경고한다.

투자 결정을 내려야 하는 투자자들은 내일의 생산성이 오늘보다 더 높을지 낮을지 고민 후 결정해야 한다. 내일의 생산성을 향상시키는 것은 정치인들의 몫이다. 그리고, 좋고 올바른 정책을 선택하는 것은 정부의 몫이다. 현재의 상황이 흥미롭게 전개되고 있는데, 야당 지도자들이 경제 이념에 대한 태도를 다소 수정하는 신호를 보내고 있기 때문이다. 우익 성향의 국민을 포용하는 기업 친화적 정책과 구조개혁을 옹호하기 시작한 것이다.

좋은 정책 앞에서는 여당과 야당의 견해 차이가 커서는 안 된다. 그리고, 그 어떤 정당도 정치적인 이유로 경제 정책을 조작해서는 안 된다. 지금 대한민국은 당리당략을 떠나 실업률을 낮추고, 노동 및 기업 생산성을 제고하며, 구조개혁을 추진하는 정직한 정책만이 필요한 때다.

20. 'Home doctors' for foreign investors

May 10, 2016 (Tue) | THE KOREA TIMES

Recently I visited Brazil and Chile at the invitation of the Inter-American Development Bank. The bank informed us that Korea's foreign investment ombudsman system was well known to many countries and they wanted to adopt the Korean ombudsman system.

Foreign direct investment (FDI) has been considered one of the most effective elements that brings industrialization and growth and was welcomed by developing and emerging countries. Along with the increasing trend of FDI, however, the business grievances of foreign investors have also increased in the host countries. Moreover, people realize that inserting the clause of the ombudsman's role in a free trade framework would make the free trade negotiating process a lot easier. Consequently countries try to benchmark the Korean ombudsman system.

Korea has been effectively running the foreign investment ombudsman system since its adoption in 1999. Thanks to its successful operation, the system was adopted for the Korea-China free trade agreement (FTA). After this, a handful of countries including Vietnam, Russia, Uzbekistan, Malaysia, Mongolia, Brazil, and Chile have been trying to emulate the Korean ombudsman system.

Strictly speaking, the foreign investment ombudsman institute does not belong to any government organization or agency. Because of its legal background, the institute is politically and financially independent. The budget for running the ombudsman institute comes from the central government.

The foreign investment ombudsman system was created by the Foreign Investment Promotion Act. The foreign investment ombudsman is selected through multiple processes. The ombudsman is appointed by the nation's President on the recommendation of the Minister of Trade, Industry and Energy through deliberation by the foreign investment committee. This committee mostly consists of vice ministers of various ministries. In this manner, the ombudsman's professional authority and personal integrity are thoroughly examined. By tradition, this appointment is a three-year term and can be renewed a few times.

Under the leadership of the foreign investment ombudsman are three units — administration, an advisory group of officials and the ombudsman's assisting staffs. Several staff are deployed from the Korea Trade-Investment Promotion Agency (KOTRA) to provide administrative support, 22 officials are dispatched from the local and central government agencies to deliver consulting service to foreign investors and 10 "home doctors" give special treatment to foreign-invested companies which are suffering business grievances. KOTRA maintains a very effective global network by running 123 Korea Business Centers covering 83 countries. The ombudsman can fully utilize KOTRA's resources.

Among the three units in the ombudsman's institute, the home doctors unit is worth explaining. The ombudsman alone cannot resolve all grievances. The ombudsman's tailored service for foreign investors is possible because of support by the professional staff. Their previous occupations include accountants, lawyers, labor dispute specialists and financial executives. In the foreign investment ombudsman office, they are called "home doctors."

Home doctor may be synonymous with the term, "family doctor" who knows a patient's chronic illnesses like a family member in order to provide preventive care and health education to patients. The family doctor keeps the patient's illness confidential unless the patient says otherwise. Likewise the home doctors in the foreign investment institute are supposed to provide foreign investors with needed services. They give information on tax exemption, visa extensions, labor disputes, bookkeeping, location support, cash subsidies, etc. They even check the validity of the existing rules and regulations.

However, home doctors can be a two-edged sword. Currently each home doctor has 30-50 foreign companies in mind for continued care. When they register as foreign-invested company, they are assigned to a relevant home doctor and receive necessary assistance and guides. When they bring the case of grievances to the ombudsman's office, they are assigned to a single home doctor or a team of home doctors depending on the seriousness of the matter.

Home doctors are the first contact point for foreign investors. If the home doctor fails to be kind, attentive or sincere from the beginning, he cannot be considered trustworthy. Then they will never call back again and the grievance will not be resolved. If this prevails for some time, the entire ombudsman system may collapse. So the appropriate incentives should be provided for the home doctors. They need to receive training on customer-oriented attitudes periodically.

20. 외국인투자가를 위한 홈닥터

2016.5.10(화) ㅣ 코리아타임즈 신문 게재

 필자는 최근 미주개발은행(IDB)의 초청으로 브라질과 칠레를 방문한 바 있다. IDB는 한국의 외국인투자 옴부즈만 제도가 여러 국가에 널리 알려졌으며, 한국의 옴부즈만 제도를 채택하고자 하는 나라 또한 많다고 전했다.

 외국인직접투자(FDI)는 산업화와 경제성장을 위한 가장 효과적인 수단으로 평가받으며, 개발도상국과 신흥국에서 큰 호응을 얻고 있다. 하지만 FDI의 증가와 더불어 투자유치국에 대한 외국인투자가의 비즈니스 불만도 증가하는 추세다. 게다가 자유무역 기본협정에 옴부즈만의 역할에 관한 투자조항을 추가하면, 자유무역의 협상 과정이 훨씬 수월해지리라는 것을 많은 이들이 인식하고 있다. 그러므로 한국의 옴부즈만 제도는 여러 국가의 벤치마킹 대상이 되고 있다.

 한국은 1999년 외국인투자 옴부즈만 제도를 도입한 이래 이 제도를 효과적으로 운영해왔다. 성공적인 운영에 힘입어 외국인투자 옴부즈만 제도는 한중 자유무역협정(FTA)에 채택되기도 했다. 이후 베트남, 러시아, 우즈베키스탄, 말레이시아, 몽골, 브라질, 칠레 등의 국가들이 한국의 옴부즈만 제도를 국제적 모범사례로서 도입하는 방안을 적극적으로 검토하고 있다.

엄밀히 말하면, 외국인투자 옴부즈만 기구는 어떠한 정부조직이나 기관에도 속하지 않는다. 법률적인 배경 때문에 정치적으로나 재정적으로나 독립적이다. 옴부즈만 기구의 운영 예산은 중앙정부에서 나온다.

외국인투자 옴부즈만 제도는 외국인투자촉진법에 의거하여 설립되었다. 외국인투자 옴부즈만은 여러 과정을 통해 임명되는데, 산업통상자원부장관의 제청과 외국인투자위원회의 심의를 거쳐 대통령이 위촉한다. 외국인투자위원회는 주로 여러 정부 부처의 차관급 인사로 구성된다. 이러한 방식으로 옴부즈만의 전문성과 도덕성은 철저한 검증을 거치게 된다. 일반적으로 옴부즈만의 임기는 3년이며 몇 차례 연임이 가능하다.

외국인투자 옴부즈만 사무소는 외국인투자 옴부즈만을 필두로 관리직, 전담관으로 구성된 자문 그룹, 옴부즈만의 직무를 지원하는 부서, 이렇게 세 개의 단위 조직을 두고 있다. 행정 지원을 위해 대한무역투자진흥공사(KOTRA)의 일부 직원이 배치되고, 지방정부와 중앙정부 기관에서 22명의 공무원이 파견되어 외국인투자자들에게 컨설팅 서비스를 제공한다. 또한, 10명의 '홈닥터'가 외투기업들의 사업 관련 고충을 특별히 처리한다. KOTRA는 83개국에서 123개의 한국 무역관을 설치 및 운영하면서, 글로벌 네트워크를 매우 효과적으로 유지하고 있다. 옴부즈만은 이러한 KOTRA의 자원을 얼마든지 활용할 수 있다.

옴부즈만 기구의 3개 단위 조직 중 홈닥터에 관해 설명이 필요할 것으로 보인다. 옴부즈만 혼자서 모든 고충을 다 처리하는 것은 불가능하다. 외국인투자자를 위한 옴부즈만의 맞춤 서비스는 전문성을 갖춘 전담 인력의 도움이 뒷받침될 때 가능하다. 전직 회계사와 변호사, 노동분쟁 전문가와 재무 임원 등으로 이루어진 분야별 전문위원들은 외국인투자 옴부즈만 사무소에서 '홈닥터'로 불린다.

홈닥터는 예방 치료와 건강 교육을 제공하기 위해 환자의 만성 질환을 가족처럼 잘 알고 있는 '가정의' 또는 주치의와 같다고 할 수 있다. 가정의는 환자가 달리 밝히지 않는 한 환자의 질환을 비밀로 해야 한다. 마찬가지로 외국인투자 옴부즈만 사무소의 홈닥터들도 외국인투자가들에게 필요한 전담 서비스를 제공한다. 홈닥터는 면세, 비자 연장, 노동 분쟁, 회계, 장소 지원 그리고 현금 보조금 지원 등에 관한 정보를 제공한다. 이들은 기존 법규의 유효성조차 검토한다.

하지만 홈닥터는 '양날의 검'이 될 수도 있다. 현재 홈닥터들은 지속적 지원을 위해 각각 30~50개의 외국 기업을 염두에 두고 있다. 이 기업들이 외투기업으로 등록되면 담당 홈닥터를 배정받아 필요한 지원과 지침을 받을 수 있다. 외투기업이 고충 사례를 옴부즈만 사무소에 제출하면, 사안의 중요도에 따라 개별 홈닥터 또는 홈닥터 팀의 배정이 이루어진다.

홈닥터는 외국인투자가와의 첫 번째 접점이다. 홈닥터가 애초에 주의를 기울이지 않은 채 친절함과 성실함을 보여주지 못한다면, 신뢰를 얻을 수 없다. 외국인투자가들은 홈닥터를 다시 찾지 않을 테고 불만도 해결되기 어렵다. 이런 사태가 한동안 계속되면 옴부즈만 제도 전체가 무너질 수밖에 없다. 그러므로 홈닥터에게 적절한 인센티브가 주어져야 한다. 홈닥터를 대상으로 고객 지향적 태도에 대한 교육도 정기적으로 실시해야 할 것이다.

21. Corporate credit cards induce FDI

June 14, 2016 (Tue) | THE KOREA TIMES

Foreign investors must be heroes. To start a business in a new country, they have to go through so many hurdles and hazards and confront challenging tasks and numerous inconveniences. One can easily make an adventurous and bizarre story out of their experiences in the early settlement period. It could be like a story from the "Indiana Jones" movie series. In addition to struggling with seemingly endless paper work to get approval from the central and local governments, finding locations for the head office, factories, residence, and schools for their children is a daunting task.

One of the most intolerable inconveniences that foreign investors experience during their settlement period is that their credit card issued in their own country is seldom accepted in the host country. In order to receive a credit card for either personal or corporate purposes, they have to wait at least a couple of years because they are required to present their annual business report, the names of references, etc. The bank officers conduct a thorough examination of the credit status of the card applicants.

Foreign investors bring a huge amount of money to Korea for investment. The one-time transfer of their money into a Korean bank for investment is easy, but getting a credit card to settle business transactions and to make payments for living expenses is difficult. There must be something to this. For years they have been complaining about this, but the monetary authorities and the banks have not taken their complaints seriously.

In fact, the Korean people have bitter memories of the credit card crisis and the horrible leakage of card holders' information. The credit card crisis occurred in 2003 when many credit card issuers went bankrupt. To quickly escape from the economic disaster after the 1998 Asian financial crisis, the Korean government encouraged people to use their credit cards to borrow and spend. During 1999-2002 the number of credit cards tripled from 39 million to 105 million while the volume of total credit card transactions expanded more than six times. This policy could not last long unless there was increased expansion and productivity, thus the massive credit card lending boom was followed by a miserable bust.

The scary theft of card information became known to the public in early 2014. Consumer data such as card numbers, expiration dates, email addresses and salaries of the card holders were stolen. Fortunately, however, the PIN numbers and card-verification codes were not included in the stolen data. The managers of two marketing companies were charged with buying the stolen records. The heads of three big Korean credit card firms apologized and resigned. The government set up a taskforce to overhaul the data protection rules and to toughen penalties.

Having gone through these experiences, the financial authorities and credit card firms have become cautious in issuing new credit cards. They have been overly reluctant to issue credit cards to foreign investors.

Now, things are beginning to change. The monetary authorities and banks have become compassionate to foreign investors and more accommodating to the requests and complaints of foreign-invested companies. Only recently have they allowed foreign investors to open bank accounts in Korean currency and use debit cards. This is progress but only a little.

Recently, however, commercial banks have started issuing corporate credit cards to foreign-invested companies by easing up some procedural requirements. If the certificate of registration of a foreign-invested enterprise is presented, the bank issues a corporate credit card to the corporate representative and executive members although the maximum credit line is to be expanded according to their business performance.

Once they open the gate to the use of corporate credit cards by foreign investors, extensive use of the individual credit card will also be allowed very soon.

A credit card is like an automobile. It makes people's lives much easier and more convenient, but it can turn into a deadly weapon killing or seriously hurting people. Sound use of credit cards by the card holders and thorough management of card information by the banks cannot be emphasized too much.

21. FDI를 위한 법인카드 발급요건 완화

2016.6.14(화) | 코리아타임즈 신문 게재

외국인투자자들은 영웅이 되지 않으면 안 된다. 새 투자 대상국에서 사업을 시작할 때, 이들은 수많은 장애물과 위험을 거치고 간단치 않은 일과 적잖은 불편을 겪는다. 초기 정착기에 이들이 겪는 경험담으로 마치 영화 「인디아나 존스」와 같은 기이한 모험 스토리를 엮을 수 있을 정도다. 중앙정부와 지자체로부터 인허가를 취득하고자 끝도 없어 보이는 서류 작성으로 씨름하는 일은 물론이고, 본사 위치와 공장부지 선정, 주택과 자녀들의 학교를 정하는 문제도 만만치 않은 일이다.

외국인투자자들이 진출 초기에 겪는 가장 큰 불편사항으로는 모국의 신용카드가 투자유치국인 한국에서 인정되는 경우가 드물다는 점이다. 개인신용카드나 법인신용카드를 발급받으려면 연매출 실적 보고서, 신원보증인 명단 등을 제출해야 하므로 최소 수년을 기다려야 한다. 신용카드 발급은행은 카드 신청인의 신용 상태를 철저히 조사한다.

외국인투자자들은 한국에 거액을 투자한다. 투자자금을 한국의 은행으로 단번에 이체하는 일은 쉬운 반면, 사업 거래와 생활비 결제에 이용하는 신용카드를 발급받기는 어렵다. 이에 대해서는 모종의 조치가 필요하다. 오래 전부터 이와 관련된 불만이 제기되고 있는데도 금융당국과 은행은 아직 외국인투자자들의 불만을 진지하게 받아들이고 있지 않다.

사실, 한국인들은 신용카드 대란과 카드 소지자의 개인정보 유출이라는 뼈아픈 기억을 갖고 있다. 2003년에 발생한 신용카드 대란으로 당시 다수의 카드사들이 파산했다. 1998년 아시아 금융위기 이후 경제난에서 속히 벗어나기 위해, 한국정부는 국민들의 대출과 소비 촉진을 위한 신용카드 사용 장려책을 실시하였다. 1999년부터 2002년까지, 발급된 신용카드 수는 3,900만 장에서 1억 500만 장으로 3배 늘어났고 총 신용카드 거래량은 6배 이상 불어났다. 이러한 정책은 경제의 확장과 생산성 증대가 따르지 않으면 오래 지속될 수 없었다. 따라서 엄청난 신용카드 대출 붐은 비참한 불황으로 이어졌다.

2014년 초에는 카드 정보 도용이라는 오싹한 사실이 국민들에게 알려졌다. 카드 소지자의 카드 번호, 만료일, 이메일 주소와 급여 등 소비자의 개인정보가 도난당한 것이다. 하지만 다행히도 비밀번호와 본인인증코드(CVC)는 유출되지 않았다. 마케팅 회사 두 곳의 책임자들이 도난 데이터를 사들인 혐의로 기소되었고, 한국의 3대 신용카드사 대표들은 사과문을 발표하고 사임했다. 정부는 데이터 보호 규정을 정밀하게 재정비하고 처벌 강화를 위한 전담팀을 조직했다.

이러한 일을 겪으면서 금융당국과 신용카드사들은 신용카드의 신규 발급에 엄격해졌고, 외국인투자자들에게 신용카드를 발급하는 일을 지나칠 정도로 꺼리게 된 것이다.

그러나 이제 상황이 바뀌고 있다. 금융당국과 은행들은 외국인투자기업들의 요청과 불만의 목소리를 수용하고 이들을 배려하기 시작했다. 외국인투자자들은 최근에야 원화로 은행 계좌를 개설하고 직불카드를 사용할 수 있게 되었다. 이는 과거에 비해 개선되었다고 할 수 있지만 아직은 미흡하다.

하지만 최근 시중은행들은 일부 절차상 요건을 완화하여 외국인투자기업에 법인신용카드를 발급하기 시작했다. 외국인투자기업이 사업자등록증을 제출하면 은행은 기업 대표와 임원들에게 법인신용카드를 발급한다. 다만, 신용카드 최대 한도 증액은 외국인투자기업의 기업 실적에 따라 상향 조정된다.

외국인투자자들이 법인신용카드를 사용할 수 있도록 은행들이 문호를 개방하면, 조만간 개인신용카드 사용도 폭넓게 허용될 것이다.

신용카드는 자동차와 같다. 사람들의 생활을 더욱 쉽고 편리하게 하지만 상해를 입히는 무서운 흉기가 될 수도 있다. 그렇기에 카드 소지자의 건전한 카드 사용과 은행권의 철저한 카드 정보 관리는 아무리 강조해도 지나치지 않는다.

22. Foreign investors can change old laws

June 28, 2016 (Tue) I THE KOREA TIMES

Our life has become extremely convenient thanks to developments in transportation and telecommunication technology, invention of smartphones and the internet. People are overcoming constraints on their time and seeing increased mobility.

In the eyes of foreign visitors, the majority of Koreans carry smartphones and Korean businesses are adept at using new technology. Korea was the first country to start providing foreign investors with the opportunity to give opinions on regulatory bills proposed by the government and the National Assembly. They can influence Korea's law making if laws are outdated.

Last July, the government launched a new online regulatory information service initiative for foreign-invested companies. According to this initiative, not only can foreign investors access the regulatory information portal in English provided by the Ministry of Legislation but they can also submit opinions on regulatory bills to the relevant ministry through the portal.

The President, called the nation's 'regulation warrior,' has eliminated a tremendous amount of outdated and unnecessary laws and regulations. Yet she has expressed regrets over the fact that new regulations pop up immediately after old regulations have been eliminated. At a presidential directive, the Office for Government

Policy Coordination set up an online website for foreign investors and the Foreign Investment Ombudsman took charge of operating this system. Newly drafted laws and regulations are introduced in this regulatory portal site and foreign investors can submit suggestions for deregulation.

Although Korea is a member country of the OECD, it still has many of the attributes of a developing country such as income polarization, insufficient social trust, rent seeking (seeking profit in excess of what one deserves) and a legacy of favoritism.

People in a country with these characteristics tend to blame others for their own failings. Under these circumstances, their ethical and moral standards tend to be at a level below that of other advanced countries. This induces politicians to competitively enact new regulations trying to solicit maximum political support from their electorate.

The foreign investment ombudsman has recently invited a group of foreigners including diplomats, leaders of foreign chambers of commerce and industry, and other business representatives to KOTRA (Korea Trade-Investment Promotion Agency) and demonstrated how foreign investors can access the ombudsman's portal site and submit their opinions to the relevant ministries.

Foreign-invested companies can visit the ombudsman's regulatory information portal by typing in either http://www.i-ombudsman. or.kr or http://ombudsman.kotra.or.kr. Foreign investors can suggest their opinions on legislation under three categories of regulations – new, strengthened, and existing regulations. The new or strengthened regulations are proposed by either the government or the National Assembly. If foreign-invested companies submit opinions within the deadline, the submitted opinions are delivered to the relevant ministries and the National Assembly.

The ombudsman's demonstration was followed by a Q&A session. Many questions and issues were raised. Among them were: (1) possible penalty or mistreatment after submission of their opinions; (2) the unpredictable submission deadline; and (3) timeliness of feedback from the relevant authority after submitting comments on the existing regulations.

As to these issues, the following responses have been provided. To ensure the anonymity of the opinion senders, they are advised to enter the name of their organization instead of their company name in the submission process.

Regarding the second issue, they were concerned about the irregularity of the deadlines, especially the unpredictability of the deadline for bills proposed by the National Assembly. To resolve this problem, the submission procedure was redesigned and they can submit their opinions on the portal or through the ombudsman's office up to 30 days after the deadline.

Regarding the third issue, once they submit opinions on the existing regulations, the relevant authority will reply within 14 days as to whether the opinion is accepted or not. If the opinion is accepted, the regulation will be duly corrected or eliminated in due course. The online regulatory reform service has been around for a year now. We hope this service will be utilized by many more foreign investors.

22. 외투기업도 규제입법과정에 참여

2016.6.28(화) | 코리아타임즈 신문 게재

교통과 통신 기술의 발달, 스마트폰 및 인터넷의 발명 덕분에 우리의 생활은 매우 편리해졌다. 사람들은 시간상의 제약을 극복하고 향상된 이동성을 누리고 있다.

외국인 방문객의 시각으로 보면, 한국인 대다수는 스마트폰을 휴대하고 있고 한국 기업들은 신기술 이용에 능하다. 한국은 정부와 국회 발의 법률안에 의한 규제 입법 과정에서 외국인투자가들에게 의견 개진 기회를 부여한 최초의 국가가 되었다. 이는 외국인투자가들이 시대에 뒤떨어지는 법안의 입법에 영향을 끼칠 수 있게 되었음을 의미한다.

정부는 작년 7월 외국인투자기업(외투기업)을 대상으로 한 신규 온라인 규제정보 서비스를 본격 가동했다. 이 서비스를 통해 외국인투자가들은 법제처가 제공하는 영문 규제정보포탈에 접속할 수 있을 뿐만 아니라 규제 법안에 대한 의견을 소관 부처에 제출할 수 있다.

한국의 '규제개혁 전도사'로 불리는 박근혜 대통령은 어마어마한 양의 기존의 불필요한 법과 제도를 철폐했다. 그럼에도 불구하고 기존 규제가 철폐되자마자 새로운 규제가 우후죽순으로 생겨나는 현실에 대해서 유감을 표했다. 박 대통령 지시로 국무조정실 주도하에 외국인투자가를 위한 온라인 관련 포탈 구축 작업이 진행됐으며, 포탈의 운영은 외국인투자 옴부즈만 사무소에서 담당하였다. 신규 법과 제도가 규제정보포탈사이트에 게재되고 있으며 외국인투자자들은 규제완화 관련 건의사항을 개진할 수 있다.

한국은 경제협력개발기구(OECD) 회원국이지만, 소득 양극화, 사회의 신뢰 부족, 지대(地代)추구(rent-seeking: 제 몫 이상 챙기기) 및 정실주의 등 개발도상국의 특성이 여전히 남아있다.

개도국의 특징이 잔존하는 나라에서 사람들은 자신의 실패를 남의 탓으로 돌리는 경향이 있다. 이러한 상황에서 국민의 윤리 · 도덕적 기준은 여타 선진국에 비해 낮을 수 있다. 정치인들이 유권자들의 정치적 지지를 최대한 얻어내기 위해 새로운 규정을 경쟁적으로 제정하는 것도 바로 이런 맥락에서 비롯된다 할 수 있다.

옴부즈만은 최근 주한외교사절, 주한외국상의 및 외투기업 대표들을 KOTRA(대한무역투자진흥공사)에 초빙하여 옴부즈만 포탈사이트 이용 및 관련 부처에 의견을 제시하는 방법을 직접 시연했다.

외투기업들은 웹사이트 주소 두 곳에서 옴부즈만 규제정보포탈에 접속할 수 있다. 하나는 http://www.i-ombudsman.or.kr이며, 다른 하나는 http://ombudsman.kotra.or.kr이다.

외국인투자자들은 신설 법안, 강화 법안 그리고 기존 규제 관련 법안에 한해서 의견을 제시할 수 있다. 특히 정부입법과 의원입법이라는 웹사이트 서브메뉴를 통해 신설 · 강화 입법에 대해 의견을 개진할 수 있으며, 외투기업이 마감시한 내에 의견을 제시하면 관련 부처와 국회에 제출된 의견이 전달된다.

옴부즈만의 포탈 시연 이후 이어진 질의응답 세션에서 많은 질문과 고충사항이 제기되었다. 몇 가지 예를 들자면, 의견 개진 후 불이익이나 부당한 대우를 받을 가능성, 마감시한의 예측가능성 부족, 그리고 기존 규제 관련 건의 시 관련 부처의 적시 답변 여부 등이다.

먼저 첫 번째 고충사항과 관련하여 의견 게시자의 익명이 보장되도록 의견 제출 시 소속 업체명 대신 소속된 기관명을 기입하도록 권고하였다.

그리고 의견제출 마감시한이 일정하지 않다는 두 번째 고충의 경우 특히 의원입법에 대한 의견 제출 시한 예측이 어렵다는 점을 들었다. 이 고충을 해결하기 위해 제출 절차를 수정하였고, 외국인투자가들이 마감시한이 지나도 최대 30일 이내에 포탈이나 옴부즈만 사무소를 통해 의견을 제시할 수 있다.

세 번째 고충과 관련하여, 소관 부처는 기존 규제에 대한 접수 시 14일 이내에 해당 건의 수용 여부를 답변해야 한다. 해당 의견이 수락되면 규제 법령은 정식으로 수정되거나 적시에 철폐된다. 온라인 규제개혁 서비스가 시행된 지 이제 1년이 지났다. 많은 외국인투자가들이 규제 포탈을 활용하길 기대해 본다.

23. FDI -- key to sustained growth

July 12, 2016 (Tue) I THE KOREA TIMES

The entire world was shocked by the breaking news that the U.K. voted for an exit from the EU. As a result, European economies are now facing great uncertainties and high economic risk. Emerging market economies including China, Russia, India, and other countries in South America are likely to experience slower GDP growth and exports.

To stop the spreading adverse effects of the Brexit to neighboring regions of the world, some measures must be done properly and quickly. Not only will individual governments have to undertake necessary action but also global organizations such as the IMF and the World Bank should make concerted efforts to prevent an international economic disaster from happening.

Last week I attended the 91st Annual Conference of Western Economic Association International held in Portland Oregon with a group of about 20 Korean scholars. The conference was attended by more than 1,200 economists from around the world. I was invited to chair a session on the Asian economy. Also I presented a paper on macroeconomic policies including exchange rate policy for emerging market economies, and discussed other papers presented.

I was particularly interested in one paper coauthored by Agbola and Liu. The purpose of the paper was to investigate the relationship between foreign direct investment (FDI) and trade. The authors tried to figure out whether FDI was a substitution for or complementary to exports. If the correlation is statistically positive, it means that FDI and exports move in the same direction. In other words, FDI is complementary to exports. They examined China's FDI flows and exports for 2003 to 2013 and found evidence that FDI had a positive influence on China's exports. This is an interesting finding. According to existing economic literature, FDI can be either complementary to or a substitution for exports depending on the type.

Economists in the early period argued that trade and factor movements were perfect substitutes in the long run. This argument is based on the premise that the international movement of production factors such as capital and labor would lead to an abatement of the differences in resource endowment. This then leads to the identical endowment ratio factor for the two countries, which means that there will be little trade. But this is a very hypothetical statement.

In a real sense, FDI is one example of international movement factors. FDI is a controlling ownership in a business enterprise in the host country by an entity based in the home country. In a broad sense, FDI includes (1) building new factories and facilities; (2) reinvesting profits earned from overseas operations; (3) merger and acquisitions (M&A); and (4) loans from the mother company in the home country to affiliated companies in the host country. FDI involves participation in management, joint-ventures, transfer of technology and expertise. It also provides on-the-job training for workers.

Actually the relationship between FDI and exports depends on the type of FDI. If the foreign-invested companies produce the same product they used to export to the host country, then the home country's exports fall. So the relationship is negative. If they produce intermediate goods in the host country and send them back to their home country for production of export products, then the home country's outbound FDI contributes to export expansion.

From the standpoint of the host country, it does not matter if the foreign-invested companies produce the final product or the intermediate goods. It can be argued that if whatever the foreign companies produce in the host country is exported back to the home country or to a third country, inbound FDI expands the export volume of the host country. This argument certainly applies to Korea.

For Korea, its exports have slowed these years although it has been running a moderate trade surplus. Fortunately, however, Korea is doing well in FDI attraction. As of end of June this year, Korea's inbound FDI hit a record high of $10.5 billion. This figure is almost the half the annual FDI target for 2016. Furthermore, FDI brings with it non-economic benefits as well. Foreign investors while living in the host country can exert a positive influence on cultural, diplomatic, and security relationships. FDI is the key to sustained exports and growth.

23. FDI, 지속성장의 첩경

2016.7.12(화) | 코리아타임즈 신문 게재

영국의 유럽연합(EU) 탈퇴 국민투표 속보에 전 세계는 충격에 휩싸였다. 브렉시트(Brexit: 영국의 EU 이탈) 여파로 현재 여러 유럽국가에서 불확실성이 커지고, 경제적 위험이 증대되고 있다. 중국을 비롯한 러시아, 인도 및 기타 남미국가 등 신흥경제국의 경우, GDP와 수출 증가 둔화가 가중될 가능성이 있다.

브렉시트의 부정적인 영향이 전 세계 이웃 국가로 퍼지는 것을 막기 위하여, 적절하고 신속한 조치를 취해야 한다. 각국 정부에서 필요한 조치를 취해야 할 뿐만 아니라 IMF와 세계은행 등 국제기구 역시 또 다른 글로벌 경제위기가 발생하는 것을 막기 위해 공조해야 할 것이다.

필자는 지난주 미국 오레곤 주 포틀랜드에서 개최된 '91회 서구국제경제연합회(Western Economic Association International) 연례회의'에 참석한 바 있다. 본 회의에 20여 명의 한국 경제학자들과 동행하였고, 전 세계의 1,200명 이상의 경제학자들도 참석하였다. 필자는 주최 측의 초청으로, '아시아 경제'세션의 의장을 맡아 신흥경제국 환율 정책을 포함한 거시경제 정책에 대한 논문을 발표하였으며, 다른 발표 논문에 대한 토론에도 참여하였다.

특히 Agobola와 Liu 두 학자가 공저한 논문은 매우 흥미로웠다. 외국인 직접투자(FDI)와 무역 간 관계를 조사하기 위한 목적으로, 공동저자는 FDI 의 수출 대체효과 대 보완 효과를 파악하는 데 주력했다. FDI와 수출 간 에 통계적으로 유의한 정(正)의 관계가 있다면, FDI와 수출은 같은 방향으 로 이동함을 의미한다. 즉, FDI는 수출을 보완하는 작용을 한다. 공동저자 는 2003년에서 2013년까지의 FDI 유출입과 수출에 대한 연구를 수행하 여 FDI는 중국의 수출에 긍정적인 영향을 미친다는 증거를 찾아냈다. 이 결과는 매우 흥미롭다. 기존의 경제 연구자료에 따르면 FDI 유형에 따라 FDI는 수출을 보완하거나 대체할 수 있다고 보고 있다.

경제학자들의 초기 이론에 따르면 무역과 요소 이동은 장기적인 관점에 서 완벽히 대체 관계가 있다는 것이었다. 이는 자본과 노동 등의 생산요소 가 국제적으로 자유로이 이동하면, 국가 간 부존자원의 차이는 감소된다 는 전제에 기반을 둔 것이며, 이로써 양 국가 간에 요소부존도가 궁극적으 로 균등하게 된다는 것이다. 다시 말해, 양국 간 상품교역은 거의 발생하 지 않음을 의미하는데, 그러나 이는 매우 이론적인 주장이다.

실질적으로 FDI는 국제 이동요소의 한 예이다. FDI의 정의를 살펴보자 면, 외국인투자기업의 해외모기업(법인 외국투자가)가 투자유치국에서 투자 대상 회사의 경영권행사에 대해 실질적인 영향력을 갖고 있음을 의미한다. 넓은 의미에서 FDI는 신축 공장 및 시설 증설, 해외 경영에서 발생한 이윤 재투자, 인수·합병(M&A), 그리고 해외모기업이 투자유치국 자회사에 차 관을 대부하는 것을 포함한다. 더 나아가 FDI는 외국인투자가의 경영참가, 합작투자(joint-ventures), 기술과 경영 노하우의 이전, 그리고 직원 수습교 육까지 포괄하는 개념이다.

실제로 FDI와 수출 간의 관계는 FDI의 유형에 따라 결정된다. 외국인투 자기업(이하 외투기업)이 기존에 수출했던 동일 제품을 투자유치국에서 생산 한다면, 해외모기업 모국의 수출은 감소한다. 그러므로 FDI와 수출 간의 부정적인 관계가 형성된다.

외투기업이 투자유치국에서 중간재를 생산하여, 수출용 완제품 생산을 위해 다시 모국으로 보낼 경우, 모국의 해외투자(Outbound FDI)는 수출 증대에 기여한다.

투자유치국의 관점에서 보면, 외투기업에서 생산하는 제품이 상품(최종재)인지 중간재 형태인지는 중요하지 않다. 외투기업이 투자유치국에서 생산하는 제품이 무엇이든지 간에 모국 및 제3국 시장에 수출한다면, 외국인직접투자(inbound FDI)는 투자유치국의 수출량 증대를 촉진한다. 이러한 논지는 분명 한국에 적용되는 것이다.

한국의 경우, 양호한 무역 흑자 기조를 이어가고 있기는 해도 지난 몇 년간 수출은 둔화하고 있다. 그럼에도 불구하고, 한국의 FDI 유치 실적이 좋은 소식은 다행스러운 일이다. 올해 6월 말 기준으로 한국의 외국인직접투자(inbound FDI)는 105억 달러로 사상 최고치를 기록했다. 동 실적은 2016년 연간 FDI 목표의 거의 절반에 이르는 수치이다. FDI는 비(非)경제적 혜택을 동반하는 효과도 있다. 외국인투자가는 투자유치국에 상주하면서 문화적, 외교적, 그리고 안보 관계에 긍정적 영향력을 행사할 수 있다. 이러한 점에서 FDI는 지속적 수출과 경제성장의 첩경이다.

24. Korean xenophobia disappears

July 26, 2016 (Tue) I THE KOREA TIMES

If the country as a whole suffers from the symptom of xenophobia, that can be a major stumbling block to attracting inbound FDI. "Xenophobia" means an unreasonable fear of strangers or foreigners in Greek. "Xeno" refers to foreigner and "phobia" means an unreasonable fear. Psychologists and psychiatrists say that there are many different factors that lead to the development of a mental disorder. Those who went through family tragedy or war atrocities are likely to suffer traumatic stress disorder. Many American soldiers who fought in the Vietnam War returned home with a significantly large proportion of them suffering from various mental disorders.

Medical doctors claim that a person's xenophobic symptom can be healed by proper medical treatment. The patient meets with their therapist regularly. They partake in a specially-designed treatment program so that they gain confidence to overcome negative emotions like fear, and anxiety. Medication can help to some extent.

However, if the entire country suffers from a xenophobic symptom, it would be extremely hard to be cured. Historically many countries tend to experience the symptom of xenophobia when they are economically and militarily weak.

Chinese people were xenophobic for a long period of time. The Mongols invaded China and established the Yuan Dynasty (1271-

154 Foreign Direct Investment & Korean Economy Policies

1368). This was the first time in history that the entirety of China was conquered and ruled by a foreign people. A few centuries later, the Manchus invaded China in 1644 and founded the Qing Dynasty which lasted until 1912.

China's fear of the Western countries developed in the 19th century, when the Western powers and Japan forced it to open its economy. In 1898 the UK coerced China into leasing the New Territories — a large agricultural area that would help support Hong Kong for 99 years. The UK's encroachments encouraged other powers to follow its lead. France, Germany, Belgium, Russia, and the US all forced China to provide their governments with special rights and privileges. These actions by foreign powers helped foster xenophobia in many Chinese people. These days, however, very few people would believe that the Chinese are xenophobic.

Japanese people were also xenophobic for some periods of time. The Mongols attacked Japan twice. The first attack was in 1274 and the second one in 1281. Japan maintained a policy of isolationism until Western countries started demanding that Japan open up in the 16th century. In 1543 the Portuguese approached Japan to open a trade route linking Goa, India to Nagasaki, Japan. In 1844 William II of the Netherlands urged Japan to open, but was rejected. On July 8, 1853 the US Navy steamed four warships into the bay at Edo and demanded, under threat, that Japan open its economy.

On August 6, 1945, during World War II (1939-45), an American B-29 bomber dropped the world's first deployed atomic bomb over Hiroshima. The explosion devastated the city and killed more than 80,000. Three days later, a second B-29 dropped another A-bomb on Nagasaki and this caused about 40,000 casualties. Finally Japan' s Emperor Hirohito announced on August 15 his unconditional surrender. He described the A-bomb as the most devastating and cruel weapon. But today few people would believe that the Japanese are xenophobic towards Americans.

Likewise there are many reasons why the Korean people used to be cited as xenophobic until the late 20th century. The Mongols invaded Korea several times during 1231-1259. Subsequently Korea became a vassal state of the Mongol Yuan Dynasty which lasted about 80 years.

Japan invaded Korea twice. The first invasion was in 1592 and the second in 1597. During the two war periods, the Korean peninsula was thoroughly devastated. Massive killings occurred. During 1950-53 Korea broke down into civil war. The North invaded the South. North Korea had military support from China and Russia.

Now one may ask "Are the Korean people xenophobic?" People would answer, "Yes, they were but not now." These days, foreigners will find many Koreans outgoing and friendly toward foreigners. This has a lot to do with Korea's economic prosperity. Korea is now the world's 11th largest economy. Korea has changed from a foreign-aid receiver to an ODA provider. Psychologists argue that xenophobia tends to persist. But the average Korean is not xenophobic. Korea heartily welcomes FDI.

24. 사라지는 한국인의 외국인 공포증

2016.7.26(화) | 코리아타임즈 신문 게재

나라 전체가 외국인 공포증(Xenophobia)을 앓고 있다면, 이는 외국인직접투자(inbound FDI) 유치의 최대 장애물로 작용할 가능성이 있다.

'제노포비아(Xenophobia)'란 외국인 혹은 이방인 집단에 대해 이유 없이 공포를 느끼는 현상을 의미한다. 이는 그리스어로 외국인이라는 의미의 '제노(Xeno)'와 비합리적인 공포를 의미하는 '포비아(Phobia)'가 합성된 말이다. 심리학자와 정신과 의사에 따르면, 정신질환이 진행되는 데에는 여러 요인이 있다고 한다. 가족 비극이나 전쟁에서 만행을 경험한 사람들은 외상 후 스트레스 장애를 겪을 가능성이 있다. 전쟁터에서 살아 돌아온 베트남 참전 미군의 경우 대다수는 각종 정신 장애로 고통받고 있는 것이 현실이다.

한 개인이 겪는 외국인 공포증은 적절한 의료 치료를 통해 치유될 수 있다고 의사들은 보고 있다. 환자는 정기적으로 상담치료사들에게 상담을 받거나, 특별 심리치료 프로그램에 참여하여 두려움과 불안함 등의 부정적 감정을 극복하는 데 자신감을 얻기도 한다. 약물치료도 어느 정도 효과가 있을 수 있다.

그러나 나라 전체가 외국인 공포증으로 몸살을 앓는다면, 치료하기는 무척 어려울 것이다. 많은 국가의 경우 경제, 군사적 영향력이 쇠퇴했을 때, 외국인 공포증을 보이는 역사적 사례가 있다.

중국의 경우, 오랜 기간 동안 외국인 공포증이 발현되었다. 몽골은 중국을 침입하여 원(元)나라(1271-1368)를 세웠다. 중국 전역이 이민족의 지배를 받은 역사상 최초의 시기였다. 몇 세기가 지난 후 1644년, 만주족은 중국을 침입하여 청(淸)나라를 건국하였으며, 국가는 1912년까지 존속했다.

서방 열강과 일본이 중국에 대해 경제 개방을 강요했던 19세기, 서방 국가에 대한 중국인의 혐오는 무르익었다. 1898년 영국은 중국에 대해 신계지(New Territories: 홍콩을 보호하기 위해 필요한 것으로 여기던 광활한 농경지)를 99년간 임대하도록 강요하였다. 영국의 중국 침략이 도화선이 되어 다른 서방 강대국들도 이에 동참하게 되었다. 프랑스, 독일, 벨기에, 러시아 및 미국 등 서방 국가는 중국으로 하여금 각국 정부에 특별한 권리와 특혜를 부여하도록 강제하였다. 이러한 외세의 침략은 많은 중국인들의 외국인 공포증을 촉진시킨 계기가 되었다. 그러나 오늘날 중국인들이 외국인을 두려워한다고 하면 이를 믿는 사람은 거의 없을 것이다.

또 다른 예로 일본인들도 일정 기간 동안 외국인 공포증을 드러냈다. 몽골은 두 차례(1274, 1281년)에 걸쳐 일본을 침략했다. 16세기 서방 세계가 일본의 문호 개방을 요구하기 시작했을 때까지, 일본은 고립주의 정책을 고수했다. 1543년 포르투갈인이 일본에 접근한 것을 계기로 인도의 고아와 일본 나가사키를 연결하는 무역 항로가 개항하였다. 1844년 네덜란드 왕 윌리엄 2세는 일본의 문호 개방을 종용했으나 거절당했다. 1853년 7월 8일, 미 해군의 함선 4척은 일본 에도 만에 내항하여 일본을 협박하면서 일본의 경제 문호 개방을 요구했다.

1945년 8월 6일, 제2차 세계대전 당시(1939-45), 미국의 B-29 전략 폭격기는 히로시마에 세계 최초로 원자폭탄을 투하했다. 원자폭탄 폭발로 일본 도시는 초토화되었고 8만 명 이상이 사망했다. 사흘 후에 두 번째

B-29 폭격기가 나가사키에 원폭을 투하했고, 이로 인해 약 4만 명의 사상자가 발생했다. 1945년 8월 15일 당시 히로히토 일본 천황이 무조건 항복을 선언하며, 원자폭탄은 가장 파괴적이고 잔인한 무기라고 묘사했다. 그러나 오늘날 일본인들이 미국인들에 대해 공포를 드러낸다고 하면 이를 믿는 사람은 거의 없을 것이다.

마찬가지로, 20세기 후반까지 한국인들이 외국인에 대해 공포를 느꼈다고 인용되는 데에는 많은 이유가 있다. 1231년부터 1259년까지 몽골은 수차례 고려를 침략했으며, 이로 인해 고려는 약 80년간 원(元)나라의 속국이 되었다.

일본의 경우, 한국을 두 차례 침략했다. 첫 번째 침입은 1592년, 두 번째 침입은 1597년에 일어났다. 전쟁 기간을 두 차례 거치며 한반도는 완전히 초토화되었으며, 대량 살상이 발생했다. 1950년부터 1953년까지 한국 전쟁이 발발했다. 6 · 25전쟁은 중국과 러시아의 군사적 지원을 받아 북한이 남한을 침략하면서 시작되었다.

현재 누가 "한국인들은 외국인 공포증을 가지고 있습니까?"라는 질문을 한다고 해보자. 그러면 사람들은 아마도 "네, 과거에는 그랬지만 지금은 아닙니다."라고 대답할 것이다. 오늘날 많은 한국인들이 활동적이고 외국인들에게 친절하다는 것을 외국인들도 금세 알게 될 것이다. 이는 한국의 경제번영과 관계가 있다. 한국은 현재 세계 11대 경제 대국이며 '원조 수혜국'에서 '공여국'으로 전환한 유일한 국가이다. 심리학자들의 주장에 따르면 외국인 공포증은 지속되는 경향이 있다고 한다. 그러나 평균적인 한국인들은 외국인 공포증을 가지고 있지 않다. 한국은 외국인직접투자(FDI)를 진심으로 환영하는 나라이다.

25. Proper FDI incentives needed

August 9, 2016 (Tue) | THE KOREA TIMES

In the U.K. referendum on Brexit, the Leave group beat Remain by 1.27 million votes and the British government will have to go through tough negotiations with the European Commission before the U.K. officially leaves the EU.

While many people say that Brexit is not a matter of good or bad from the standpoint of the U.K.'s welfare, a great number of people fear that a strong wind of trade protectionism will blow over the world. Some people even raise objections to the provision of incentives to inbound FDI. From the standpoint of the entire world's welfare, however, a global reversal to trade protectionism and denial of FDI incentives would be one of the greatest mistakes in human history.

We may learn a lesson from the Brexit experience, "How difficult it is to maintain a regional currency union, regional monetary integration and regional political unification!" However, we should also learn the lesson from the world's economic history that if countries reverse trade protectionism and engage in trade wars, they will all lose.

Economists argue that freer trade brings about mutual benefits.

This argument has been proven true. Historically numerous countries — whether developed, developing or emerging economies — have gained from trade and have become richer. Even socialist China has become very wealthy after opening its economy to the West. The Chinese economy has expanded enormously since it became the 143rd member of the World Trade Organization (WTO) in 2001.

Nevertheless, many global leaders raise their voices that trade liberalization efforts have failed and they have lost confidence in providing preferential treatment to foreign investors. But they need to be convinced again of the miracle of free trade on a global basis. People with no formal education would know by common sense that an island economy cannot prosper without visitors from the mainland.

Trade theories have evolved from the model of two products with the same technology to that of multiple products with different technologies. Cross-border trade takes place whenever there is a significant difference in product prices between two countries. The price differential occurs when the two countries differ significantly either in factor endowment, consumption preference or technology level.

The model of factor intensities in the two-product world in terms of labor intensity and capital intensity well explains the direction and benefits of trade. Differences in manufacturing technology in the multi-product world can better explain trade flow of not only the final products but also the technology-intensive intermediate goods. Foreign investors try to produce technology-intensive products including the investment goods in the host country where they can make the maximum profit.

Korea is seeking FDI by offering proper incentives for the following reasons:

(1) FDI leads to continued exports and sustained GDP growth, which is why international organizations such as the World Bank and UNCTAD strongly recommend FDI to developing countries.

(2) FDI helps exports of high-value products and the international markets for foreign investment are highly competitive. Therefore, a country has to offer the best feasible incentives that it can provide.

(3) FDI tends to bring with it brand new technologies which can be transferable to the host country. These years they use a new conversion technology that integrates telecommunication technologies with the services sector. This leads to the creation of new products which can capture a major proportion in the new market.

(4) On equity grounds, proper incentives need to be offered to win the competition for FDI. Due to limited access to market information, lack of social networking and language barriers, foreign firms cannot compete with domestic firms in the host country. Unless the foreign firms are sufficiently compensated, they would not come to a foreign country for a longer-term investment. The argument that domestic firms are unjustly discriminated against in favor of foreign firms is almost groundless.

(5) Although Korea stands high in credit ranking and provides a huge amount of ODA for poor countries every year, the government is struggling to induce a rational labor movement and keep peace on the Korean Peninsula. All in all, appropriate incentives are absolutely needed for attraction of FDI.

25. 적절한 FDI 인센티브의 필요성

2016.8.9(화) | 코리아타임즈 신문 게재

영국의 유럽연합(EU) 탈퇴(브렉시트 · Brexit) 국민투표 결과, 탈퇴 진영이 잔류 진영을 127만 표 차로 넘어섰다. 영국의 공식적인 EU 탈퇴 전, 영국 정부는 앞으로 EU 집행위원회(European Commission)와 힘겨운 탈퇴협상을 이행해야 할 것이다.

영국의 후생 관점에서 브렉시트는 좋고 나쁨의 문제가 아니라고 많은 이들이 주장할 수 있으나, '보호무역주의'의 강풍이 지구촌을 강타할 것을 우려하는 사람도 많이 있다. 일각에선 외국인투자유치(inbound FDI)의 인센티브 제공에 대한 반론도 만만치 않다.

그러나 전 세계의 경제적 후생 측면에서, 보호무역주의의 세계 흐름을 역행하고 외국인직접투자(FDI) 인센티브를 부정한다면 인류 역사상 또 다른 대 실수를 저지르는 것과 다름없는 일이다.

'역내 화폐통합, 통화 통합, 그리고 정치적 통일 유지의 어려움'을 브렉시트 경험에서 교훈을 얻을 수도 있다. 그러나 세계 경제 역사에서 증명하듯, '국가가 무역보호주의를 거스르고 무역전쟁에 가담한다면 모두 패배할 것'이라는 교훈 역시 얻어야 할 것이다.

경제학자의 주장에 따르면 자유 무역이 촉진되면 상호 이익을 증진한다

고 한다. 이 주장은 역사로 증명된 것으로 많은 국가(선진국, 개발도상국, 신흥
경제국)는 무역으로 이득을 얻고 있고 더욱 부유해져 왔다. 사회주의 국가
인 중국조차 서방에 대한 경제 개방 이후 한층 부유해진 양상이다. 2001
년 중국이 세계무역기구(WTO)에 143번째 회원국이 된 이후 중국 경제는
괄목할 정도로 확대되었다.

그럼에도 불구하고 많은 세계 지도자들은 자유 무역화 노력은 실패했으
며, 외국인 투자가들에게 특별 대우를 제공하는 데 신뢰를 상실했다며 한
목소리를 내고 있다. 그러나 이들 지도자들은 세계적으로 이뤄지는 자유
무역의 기적에 대해 다시 한 번 납득할 필요가 있다. 본토로부터 방문자들
이 고립된 섬경제는 번성할 수 없다는 것쯤은 정규 교육을 받지 않은 이들
도 상식으로 알 것이다.

무역 이론의 경우 같은 기술을 가진 두 개의 제품 모델에서 다른 기술을
가진 다품목(multi-product) 모델로 발전해왔다. 양 국가 간의 제품가격 차
이가 클 때마다 국경 간 무역이 발생한다. 이 제품 가격차는 양국의 요소부
존도(factor endowment), 소비 선호도, 그리고 기술수준에서 큰 차이가 있
을 때 발생한다.

노동 집약도와 자본 집약도의 관점에서, 위 두 제품 세계의 요소 집약도
모델은 무역 방향과 이점을 잘 설명해준다. 특히 다품목 세계에서 제조 기
술의 차이는 완제품뿐만 아니라, 기술 집약적 중간재의 무역 흐름을 더 잘
설명해 줄 수 있다. 외국인 투자가들은 최대 이익을 얻을 수 있는 투자 유
치국에서 투자상품 등 기술 집약적 제품 생산에 노력을 기울인다.

한국이 적절한 인센티브 제공을 통해 FDI를 추구하는 이유는 다음과 같
다.

(1) FDI는 지속적 수출과 GDP 성장을 촉진한다. 이는 세계은행(World
Bank)과 유엔무역개발회의(UNCTAD)가 개발도상국에 FDI를 적극적으로 권
고하는 이유이다.

(2) FDI는 고부가 제품의 수출을 도모한다. 외국인투자 유치를 위한 국제 시장의 경쟁이 치열하다는 점에서 국가는 실현 가능한 최고의 인센티브를 제공해야 한다.

(3) FDI는 투자유치국에 신기술 이전이 가능하므로 신기술 동반 효과가 있다. 최근 몇 년간 투자유치국은 원거리 통신 기술과 서비스 분야를 통합하는 융합 신기술을 사용하고 있다. 그 결과, 신흥 시장 점유율을 확보할 수 있는 창의적 신상품 제조가 가능해진다.

(4) 형평성 측면에서 FDI 경쟁에서 이기기 위해 적절한 인센티브 제공이 필요하다. 시장 정보 접근의 한계성, 인맥의 부재, 그리고 언어 장벽으로 인해 투자유치국에서 외국기업은 국내기업과 제대로 경쟁할 수 없다. 외국 기업에 충분한 보상이 따르지 않는 한, 이들은 외국의 투자대상국에 장기 투자를 하러 오지 않을 것이다. 외국기업에 비해 국내기업이 부당한 차별대우를 받는다는 말은 어불성설에 가깝다.

(5) 한국의 신용등급이 높고, 매년 빈국에 막대한 규모의 공적개발원조(ODA)를 제공하고 있기는 하지만 한국정부는 합리적 노동운동을 유도하고, 한반도의 평화를 유지하려고 애쓰고 있다. 이와 같이 전반적인 상황을 볼 때, FDI 유치를 위해 적절한 인센티브 제공이 절대적으로 필요하다.

26. Economic fruits of FDI

August 23, 2016 (Tue) I THE KOREA TIMES

Aesop's Fables have been widely used for the teaching of ethics and scruples to children all around the world for over 2,000 years. Korean children grow up reading famous folk tales and fables including Aesop's Fable of "The Fox and the Crane." These fables are fictitious but useful in life and true to nature.

In order to explain the economic fruits of FDI, I would like to tell readers a fictitious business story in the Korean context. During the period of the Joseon Kingdom, there lived two merchants in a small village. They were selling a traditional alcoholic beverage called makgeolli which is made by fermenting rice.

In order to expand their sales volume, the two sellers decided to set up their tables at a rest area near the top of a hill from where people could have a scenic view of two villages. They expected that travelers would drink makgeolli to quench their thirst while climbing the hill from each village.

On the first day of their business on the hill, however, no people were seen until midday. One seller came up with a brilliant idea. He offered to buy a drink of makgeolli from his rival to start off the day's business on the condition that his rival should reciprocate. But the problem was that they kept on drinking each other's makgeolli until sunset. Consequently their transactions record went high but no one earned money and both became severely drunk.

This hypothetical episode applies to the macroeconomic workings of today's world. A country's economic growth is unthinkable without trading with other countries. Focusing on domestic consumption only cannot bring about new employment or sustained GDP growth.

For inter-country comparisons either GDP or GNP is often quoted. GDP is a measure of the money value of all final goods and services produced in a year by residents as well as nonresidents working in the domestic economy. GDP does not include net factor income earned from abroad whereas GNP does. There are three ways to measure the GDP of a nation: the money value of all final goods and services; the money value of all incomes _ wages, rents, interest and profits; and the money value of all expenditures _ household consumption (C), private firm investment (I), government spending (G) and net exports (X-M). Of these three, the third one is the most familiar to students of economics.

Although C, I, G, and X-M are all important components of GDP, focusing on a particular component or two for policy purposes requires special judgment. Each component has different qualities and different policy implications. For example, if the domestic market is saturated, sellers should explore overseas markets. If household consumption and private investment are weak, government spending is required to sustain GDP. If private investment is hopeless, then stimulation of household consumption is desirable. However, this cannot be pursued on a longer-term basis because it would miss out on promising investment opportunities.

As for private firms' investments, some secrets are hidden. Domestic private firms spend money on purchasing equipment and facilities, building factories and advancing technologies. These activities are far better than household consumption of perishable goods from the standpoint of long-term growth. Firms' investments can enlarge their production capacity and enhance growth potential.

On top of this, information on FDI is also hidden in the component of private investment. FDI with new and better technology contributes to increasing GDP for the current year as well as future GDP. When domestic firms' investments are weak, the government can make more efforts to induce FDI.

In Korea's case, FDI has made significant contributions to trade expansion and labor employment. During the period of 2012-14, foreign-invested companies accounted for about 20% of Korea's total exports and hired nearly 10% of the total employees in the manufacturing sector. Also the value added by the foreign-invested companies constituted around 15% of Korea's total value added in the manufacturing sector. With all this, the economic fruits of FDI in Korea are the envy of people the world over.

26. FDI의 경제적 성과

2016.8.23(화) | 코리아타임즈 신문 게재

2,000년이 넘는 세월 동안 전해 내려온 〈이솝우화〉는 전 세계적으로 아이들에게 윤리적, 도덕적 덕목과 삶의 교훈을 선사하고 있다. 한국의 어린이들은 유명 전래동화와 이솝우화에 나오는 '여우와 두루미' 이야기 등을 읽으며 어린 시절을 보냈다. 우화는 허구적 이야기이긴 해도 삶의 교훈과 자연의 이치가 담긴 내용을 담고 있다.

한국 내 FDI의 경제적 성과를 설명하기 위해, 필자는 먼저 장사를 주제로 한 한국의 설화 한 편을 독자들에게 전하고 싶다. 조선시대에 두 명의 상인이 조그만 마을에 살았다. 이들은 쌀을 발효시켜 만든 전통주 막걸리를 판매하고 있었다.

두 상인은 매출을 늘리기 위해 마을 두 곳의 멋진 경치가 한 눈에 내려다보이는 언덕 꼭대기 근처 쉼터에 막걸리 판매업소를 설치하기로 결정했다. 두 마을의 여행객들이 언덕을 오르다가 목을 축이려고 막걸리를 마시지 않을까 하는 심산에서였다.

장사 첫날, 하루 반나절이 되도록 언덕에 손님이 한 명도 보이지 않아 상인 한 명이 매출증대를 위한 묘안을 짜내었다. 하루 장사를 시작하기 위해 이 상인은 자신의 경쟁 상인한테 막걸리 한잔을 사주는 것을 제안했고 경쟁자도 나중에 똑같이 호의를 베풀어주는 조건을 제시한 것이었다. 그러나 두 상인이 해 질 녘까지 주거니 받거니 하며 판매용 막걸리를 마셨다는 점이 바로 문제였다. 그 결과, 두 상인의 거래내역은 증가했지만 돈을 번 사람은 아무도 없었다. 곤드레만드레 취한 두 상인만 유일하게 남게 되었다.

이 가상의 이야기 한 편은 오늘날 거시경제의 개념에도 적용된다. 다른 국가와의 교역 없이는 한 국가의 경제 성장은 상상할 수도 없는 일이다. 국내 소비에만 집중하다 보면 신규 고용과 지속적인 GDP의 증가를 이끌어낼 수 없다.

GDP(국내총생산)와 GNP(국민총생산) 모두 국내 경제활동 비교 시 자주 인용하는 경제성장 지표이다. GDP는 한 해 동안 국내에서 거주자 및 비거주자가 생산한 최종 생산물(재화·용역)을 화폐가치로 평가한 총액이다. 외국에서 얻은 순요소소득은 GNP에는 계상되지만 GDP에는 포함되지 않는다. 한 국가의 GDP를 산출하는 데에는 다음 세 가지 방식이 있다.

1) 모든 최종 생산물(재화·용역)의 화폐가치

2) 총 소득의 화폐가치: 임금, 임대료, 이자 및 이윤 모두 소득에 포함된다.

3) 총 지출의 화폐가치: 가계소비(C), 민간기업 투자(I), 정부지출(G) 및 순수출(Net Export: NX= 수출에서 수입을 뺀 것) 등의 모든 지출요소를 포함한다.

소비(C), 투자(I), 지출(G) 및 순수출(X-M)이 GDP의 핵심요소이기는 해도 정책 수립을 위해 한 가지 특정요소 혹은 두 가지 요소에만 중점을 둘 때는 신중을 기해 판단해야 한다. 각 요소마다 다른 특성이 있고 정책 효과도 천차만별이기 때문이다. 예컨대, 국내시장이 포화 상태인 경우, 판매자는 해외 시장 개척에 나서야 한다. 가계소비와 민간투자가 부진하다면 지속적인 GDP를 유지하기 위해 정부지출이 필요하다. 민간투자가 절망적인 상태라면 가계소비를 활성화하는 것이 바람직하다. 그러나 이로 말미암아

유망한 투자 기회를 놓칠 수 있다는 점에서 이 조치를 장기적으로 지향할 수 없을 것이다.

민간기업 투자에는 중요한 정보가 숨어 있다. 국내 민간기업은 시설·설비 구입, 공장건립 및 기술개발을 위해 투자하는데, 장기성장의 관점에서 볼 때 이런 기업활동은 가계에서 부패하기 쉬운 제품을 소비하는 것보다 더 나은 정책이다. 기업투자로 기업의 생산능력 확대 및 잠재성장률 증대가 가능해진다.

무엇보다도, GDP 구성요소인 민간투자에는 외국인직접투자(FDI) 정보가 내재되어 있다. 고도의 신기술을 동반하는 FDI는 당해 연도 및 미래의 GDP 증가에 기여한다. 민간기업 투자가 부진한 경우, 정부는 FDI를 유도하기 위한 노력에 힘을 더 기울일 수 있다.

한국의 경우, FDI는 무역을 증대하고 근로자를 고용하는 데 눈부신 기여를 해왔다. 외국인투자기업(외투기업)의 수출은 2012년부터 2014년 동안 한국의 총 수출의 약 20%를 차지하였으며, 제조 분야 전체 직원의 약 10%를 이들 외투기업이 고용하였다. 외투기업이 창출한 부가가치는 한국의 제조 분야 총 부가가치의 15% 정도를 차지하였다. 이런 점에서 세계인은 한국의 FDI 경제적 성과를 많이 부러워하고 있다.

27. New graft law FDI-friendly

September 6, 2016 (Tue) I THE KOREA TIMES

Korea's new anti-bribery law, the Improper Solicitation and Graft Act, will take effect Sept. 28. The purpose of this act is to secure public confidence in public institutions by forbidding the bribery of government officials and other relevant people including journalists and teachers.

The most controversial part of the new act, first proposed in August 2012 by former chief of the Anti-Corruption and Civil Rights Commission Kim Young-ran, was to limit the value of meals, gifts and congratulatory or condolence money. Under this act, if people in power or of social influence receive meals priced higher than 30,000 won, gifts valued above 50,000 won or marriage or funeral money beyond 100,000 won (about $90 US dollars), they will be indicted for bribery even though there was no quid pro quo. There has been hot debate on this law. Some say it is too harsh and others say it is still not enough to stop bribery.

Amid the voices of pros and cons, the new anti-bribery law has been through various stages. First, the Kim Young-ran bill was approved in the National Assembly on March 3, 2015. President Park promulgated the new law on March 26, 2015, and Korea's Constitutional Court ruled on July 28 this year that the new law was constitutional, allowing the controversial law to take effect as scheduled. On August 29, the ordinances of the anti-bribery law including the limits of 30,000 won, 50,000 won and 100,000 won were critically reviewed at a vice ministerial meeting. It was finalized at the Cabinet meeting.

The Kim Young-ran Act will apply to domestic citizens as well as foreign nationals by the principle of national treatment. Foreign businesspeople have shown much interest in Korea's new anti-graft law. Foreign investors may fear that the Kim Young-ran Act would impede their business significantly.

Bribery has been a part of human society since the oldest of times. A bribe is money or a favor given in order to influence the decision of someone who is in a position of political power or social influence. The anti-corruption laws in many Western countries are much stricter than in Korea.

Giving or taking bribes has a long history. The Bible is clear that giving or receiving a bribe is sin. God's law given to Moses for the people of Israel forbade the taking of bribes: "Do not accept a bribe, for a bribe blinds those who see and twists the words of the innocent." (Exodus 23:8) Also in the New Testament, the most atrocious case of a bribe was Judas' betrayal of his teacher, Jesus, for 30 pieces of silver. A direct result of Judas's treachery was that Jesus was arrested and crucified. (Matthew 27)

However, religious leaders point out that many times God's people suffer under unjust decision-makers or lazy clerks, and in such situations God's compassion and wisdom are found in His not forbidding a bribe.

Along this line, the U.S. and other Western countries had been lenient toward the offer of bribes to foreign officials by their businessmen until the late 1990s. When operating a business in less developed countries, they often see bribes as greasing the wheels. But this practice had to be stopped after the occurrences of huge bribery scandals committed by multinational companies including Lockheed Martin. In November 1997, the U.S. Congress enacted the FCPA (Foreign Corrupt Practices Act) to stop the giving of bribes to foreign officials and to restore public confidence in the integrity of the American business system. After the U.S., other advanced countries in Europe followed suit and enacted strict anti-corruption laws one after another.

Under these circumstances, Korea's new anti-bribery law will help foreign-invested companies to become more competitive in the domestic as well as global markets. Now, the set of three numbers, 3-5-10 which symbolizes the budget limit for meal cost, gift price and congratulatory or condolence money, is the target for criticism. But these numbers will certainly change as inflation increases and the living standard advances. In any event, the Kim Young-ran Act is very likely to work in favor of foreign investors.

27. 새 뇌물금지법은 친FDI법

2016.9.6(화) | 코리아타임즈 신문 게재

새 뇌물금지법인 '부정청탁 및 금품수수 금지법'이 오는 9월 28일부터 본격 시행될 것이다. 법의 목적은 공직자, 언론인 및 교원에게 부정청탁 및 금품을 주는 것을 금지함으로써 공공 기관에 대한 국민의 신뢰를 회복하는 데에 있다.

일명 '김영란법'이라고 불리는 이 법은 2012년 8월 법안을 처음 제안한 김영란 전 국민권익위원장의 이름을 따서 붙인 법으로, 논란의 정점은 음식물·선물·경조사비 가액기준상한액을 정하는 문제에 있다. 고위공직자 및 사회적 영향력이 있는 사람이 식사비용 3만 원·선물 5만 원·경조사비 10만 원(미화 약 90달러) 상한을 초과하여 제공받는 경우, 대가성이 없더라도 뇌물죄로 구속 기소되어 처벌받게 된다는 게 골자다. 김영란법에 대한 논란은 여전히 거세다. 일각에서는 이 법이 너무 가혹하다는 의견과 또 다른 한편에서는 뇌물수수를 원천 차단하기에는 오히려 부족하다라는 의견이 첨예하게 대립되고 있다.

이 법은 팽팽한 찬반양론 속에, 법 시행을 위한 법적인 절차를 여러 차례 거쳐왔다. 김영란법은 어렵사리 2015년 3월 3일 국회 통과, 2015년 3월 27일 박근혜 대통령 공포 및 2016년 7월 28일 대법원의 합헌 결정을 내림으로써 위헌 논란에 마침표를 찍게 되었다. 이에 예정대로 법 시행에 들어간다. 지난 8월 29일 음식물·선물·경조사비 상한선에 초점을 둔 청탁금지법령에 대해 관련 차관회의에서 심도 있게 논의되었으며, 장관회의에서 김영란법 시행령이 확정되었다.

김영란법은 '내국민 대우 원칙'에 따라 내국인뿐만 아니라 외국인에게도 적용된다. 즉 한국 주재 외국인투자가들이 본국 혹은 한국에서 비즈니스 활동 시, 장소를 불문하고 이 법의 적용을 받게 된다. 이에 외국계 비즈니스맨들은 한국의 '청탁금지법' 시행에 많은 관심을 보이고 있다. 특히 이 청탁금지법으로 인해 한국 주재 외국인투자가들은 비즈니스 활동이 크게 저해되지는 않을까 우려하고 있는 듯하다.

뇌물을 주고 받는 행위는 오랫동안 인간 사회의 일부처럼 여겨진 관행으로 역사가 깊다. 뇌물을 정의하자면 정치력과 사회적 영향력이 있는 자의 의사결정 과정에 영향력을 행사하기 위해 제공하는 금전 혹은 접대를 말한다. 서방 국가들의 경우 반부패법은 한국보다 더 강력한 경우가 많다. 뇌물 수수의 역사는 참으로 오래되었다. 성경에도 "뇌물을 주고 받는 것은 죄악이다"라고 명시되어 있다. "너희는 뇌물을 받아서는 안 된다. 뇌물은 사람의 눈을 멀게 하고, 의로운 사람의 말을 왜곡시킨다."… 이렇게 하나님은 이스라엘 백성들에게 뇌물을 받지 말라고 말씀하셨다(출애굽기 23:8). 신약에서도 뇌물에 관한 가장 사악한 예를 엿볼 수 있다. 유다는 예수를 은 삼십 냥에 팔아먹으며 스승을 배신한다. 예수께서는 결국 유다의 배신으로 체포돼 십자가에서 돌아가셨다(마태복음 27).

성경의 뇌물 금지 규정이 있기는 하지만, "…하나님의 백성들은 부정한 의사결정자 및 태만한 성직자 치하에서 고통을 많이 받았으므로, 이런 억울한 상황에서 하나님은 약자의 뇌물 수수를 묵인하는 예외 조항을 두셨다. 여기서 하나님의 자비와 지혜를 엿볼 수 있다."고 종교 지도자들은 언급하고 있다.

미국 및 다른 서방국의 경우, 1990년대 후반까지 비즈니스맨들이 외국 관료에게 뇌물을 주는 것에 대해 관대한 입장을 취해온 것도 이런 맥락에서 비롯된다고 할 수 있다. 개발도상국에서 비즈니스를 수행할 때, 뇌물은 비즈니스를 원활히 수행하는 데 필요한 사회상규로 여겨진다는 것을 알게 된다. 다국적 기업이 저지르는 대형 뇌물 비리 사건(예: 미국 우주항공산업체 록히드 마틴 스캔들)이 연이어 일어난 이후, 특히 이런 불공정한 관행은 반드시 근절되어야 한다.

미국 의회는 1997년 11월, 외국인 관료에게 뇌물을 주는 것을 금지하고 미국 비즈니스 체계의 청렴도에 대한 국민의 신뢰를 회복하는 것을 취지로 해외부패방지법(Foreign Corrupt Practices Act, FCPA)을 제정하였다. 유럽의 다른 선진국들도 미국의 법 집행 노력에 동참하여 강도 높은 부패방지법을 속속들이 제정하여왔다.

이런 상황에 비춰볼 때, 한국의 새로운 뇌물금지법 시행으로 외국인투자기업들은 해외 시장에서뿐만 아니라 국내에서 국내업체와의 경쟁에서도 경쟁력이 있을 것으로 보인다. 현재, 3-5-10(식사 · 선물 · 경조사비 가액 기준 상한액을 각각 의미) 세 숫자 조합은 여론의 질타를 받고 있다. 그러나 물가가 인상되고, 국민의 생활수준이 향상됨에 따라 가액 기준도 변화할 것이 분명하다. 어찌 되었든, 김영란법은 외국인투자가들에게 매우 유리하게 작용할 것으로 보인다.

28. Foreign firms' growing CSR practices

September 20, 2016 (Tue) I THE KOREA TIMES

The concept of CSR (corporate social responsibility) is still new to many people. It can be defined as a company's sense of ethical and philanthropic responsibilities towards its community and environment. Ethical responsibilities refer to a corporate firm's actions to promote and pursue social goals that extend beyond their legal responsibilities. Philanthropic responsibilities encompass those corporate actions that are in response to society's expectations. Many businesses make donations for education, community improvement, arts and culture, and other pursuits.

There are two ways in which CSR practices occur. One is that companies voluntarily conduct CSR activities as part of their long-term business strategies. The other is that they engage in CSR practices at the request of their stakeholders such as customers, employees, suppliers, and community groups.

The roots of the social responsibility movement can be traced to the period of 1945-1960, the early years of the Cold War. During this period, the communist movement led by the Soviet Union was a great threat to the free-market capitalism of the Western countries. Donald David, Dean of the Harvard Business School first mentioned CSR engagement. In 1946, he urged MBA students to take heed of social responsibilities. He argued that companies had to think not just about profits but also about their employees, customers, and the public at large.

David and other advocates of CSR believed that CSR management would be used as a means to defend free-market capitalism. They argued that CSR engagement brings about other benefits. It can build a positive corporate image and trust among customers and maximize long-term profits. It can enhance the morale of employees and increase their long-term productivity. Also it can significantly reduce market uncertainty.

By contrast, there are traditional arguments against CSR practices. Most notably, in 1962, Milton Friedman discounted the value of CSR engagement. He argued that management has one responsibility, maximizing the profits of its owners or shareholders. He went on to say that social issues are not the concern of businesspeople and that these problems should be resolved by the unfettered workings of the free market system. If the free market cannot resolve social problems, it falls not upon business, but upon government and legislation to do the job.

Critics argue that managers do not have the necessary social skills for such engagement. They further argue that business already has enough power and they should not be given the opportunity to wield additional power. Pursuing CSR activities will make their businesses less competitive globally.

The arguments for and against CSR are both plausible. However, whether a company should engage in CSR depends on the economic, political, and social conditions of a country where the company is operating. It also depends on whether the country is a developed or developing country because their political and cultural differences are significantly conspicuous. The world is full of uncertainties, and the degree of uncertainties varies with the country.

A number of empirical studies have been conducted to investigate whether or not CSR practices by Korean firms are profitable. They try to find out whether the relationship between CSR and CFP (corporate financial performance) exists. In their studies CSR scores were employed to measure CSR activities. To measure corporate financial performance, return on assets and the ratio of equity market value to equity book value were examined. Due to various measurement difficulties, some studies report that the relationship between CSR and CFP is positive but other studies turned out to be ambiguous for Korean firms.

However, the experiences of foreign firms in Korea are different from those of Korean firms. Income inequality in Korea has increased as its middle-income class shrank dramatically after the 1997 financial crisis. Thanks to the nation's FDI inducement policy, about 17,000 foreign firms are currently operating in Korea. Under these circumstances, foreign firms' stakeholders want to see more CSR practices occurring in Korea. Having sensed this, many foreign companies have extended their CSR activities.

Along this line, the Office of the Foreign Investment Ombudsman is hosting a forum for foreign firms to publicly share their experiences of CSR activities. This forum will be held on Sept. 28 during the Foreign Investment Week. Foreign firms have actively engaged in CSR in recent years and are expected to further increase their CSR engagement.

28. 외국기업의 사회적 책임(CSR)활동 참여 확대

2016.9.20(화) | 코리아타임즈 신문 게재

기업의 사회적 책임(Corporate Social Responsibility—이하 CSR) 활동은 많은 이들에게 아직도 생소한 용어이다. CSR이란 지역사회와 환경에 대한 기업의 윤리적, 자선적 책임을 뜻하는 광범위한 개념이다. 다시 말해서, 윤리적 책임이란 법적 책무를 능가하는 사회적 책임이며, 사회적 목표를 지향하고 홍보하는 차원에서 기업이 행하는 활동을 의미한다. 자선적(philanthropic) 책임이란 기업에 대한 사회적 기대에 부응하여 기업이 수행하는 활동을 포괄하는 개념이다. 많은 기업의 경우, 교육, 지역사회 향상, 예술 및 문화 등 공공의 가치를 추구하며 사회공헌 활동을 한다.

기업의 CSR 활동은 두 가지 방법으로 일어난다. 첫째, 기업들이 장기적 비즈니스 전략의 일환으로 CSR 활동을 자발적으로 수행하는 것이다. 둘째, 기업의 고객, 직원, 공급자, 지역사회 등 기업을 둘러싼 이해당사자의 요청으로 CSR 활동에 참여하는 것이다.

CSR 운동의 근원은 1945-1960년 냉전 초창기로 거슬러 올라갈 수 있다. 이 시기에 구소련이 주도한 공산주의 운동은 서방국가의 자유시장 자본주의에 대위협이었다. 1946년 도널드 데이비드(Donald David) 하버드 경영대학원 학장은 CSR 참여를 처음 언급하며 MBA 학생들에게 기업의 사회적 책임을 강조하였다. 기업의 영리추구와 더불어 직원, 고객 및 일반대중까지 종합적으로 고려할 의무를 역설하며 기업의 역할을 재고하였다.

데이비드 학장을 포함한 기업의 CSR 옹호론자들의 경우, 자유시장 자본주의를 수호하는 수단으로 활용하는 것을 CSR 경영으로 보았다. CSR 활동 참여로 다양한 긍정적 효과가 수반된다고 주장했다. CSR 활동으로 인한 기업의 이미지 제고, 고객의 신뢰 구축, 그리고 장기 이윤추구 등의 장점이 있으며, 나아가 직원의 사기 진작 및 장기적 생산성 증대, 그리고 시장불안 대폭 감소현상 효과를 얻을 수 있음을 들었다.

이와 대조적으로, CSR 활동에 대해 전통적으로 반대 의견도 상당하다. 특히, 1962년 경제학자 밀턴 프리드먼은 CSR 참여 가치를 기업 비즈니스에 있어 부차적인 것으로 간주하였다. 프리드먼은 경영진의 유일한 책임은 기업 소유주와 주주의 이윤 극대화에 있다고 보았으며, 나아가 사회 문제는 기업인들의 문제가 아니라 자유시장 체제에 맡겨서 해결되어야 한다고 주장했다. 즉, 자유시장 체제로 사회 문제를 해결할 수 없다면 그 책임은 기업이 아니라 정부 또는 법에 있다고 보았다.

반대론자들에 따르면, 기업의 관리자는 CSR 활동에 필요한 비경영 분야의 전문적 기술이 없다는 문제점을 지적하고 있다. 기업의 영향력이 증대됨에 따라 또 다시 기업에게 영향력을 행사하는 기회를 제공하지 않아야 하며, CSR 활동을 추구하는 기업들은 결국 글로벌 경쟁력이 저하될 것이라는 주장을 펴고 있다.

CSR 활동의 찬반 의견 모두 일리가 있기는 하지만, 해당 기업 소속 국가의 경제, 정치, 그리고 사회적 상황에 따라서 기업의 CSR 활동 참여의 당위성이 달라질 수 있다. 이러한 당위성은 기업이 사업활동을 행하고 있는 국가가 선진국인지, 개발도상국인지에 따라 달라질 수 있다. 해당 국가의 정치 및 문화 차이가 현저히 나타나는 이유에서다. 세계는 지금 불확실성의 시대이며, 불확실성의 정도는 국가마다 다르다.

여러 실증연구를 통해 한국 기업의 CSR 활동이 기업의 수익성 제고로 연계될 수 있는지에 대한 조사가 수행되어 왔다. 이 연구는 CSR과 기업 재무성과(Corporate Financial Performance, CFP) 간의 영향 관계가 있는지를 규명하고자 하였다. CSR 측정지표로 CSR 점수가 사용되었으며, CFP 측정을 위해 총자산이익률과 시장가치 대 장부가치비율에 대한 조사가 수행되었다. 측정상의 갖가지 어려움으로 인해, 몇몇 연구결과에서 CSR과 CFP 간 정(+)의 영향 관계가 도출되었지만, 또 다른 연구에서는 국내 기업의 CSR 수행과 CFP의 관계가 모호하다는 점이 발견되기도 하였다.

그러나 국내 기업과는 달리, 외국기업의 CSR 수행 결과는 다르다. 1997년 IMF 불황 이후 한국의 중간소득 계층 급감에 따라 한국의 소득 불균형이 증가해왔다. 한국의 FDI(외국인직접투자) 유치 정책에 힘입어 현재 17,000여 개의 외국계 기업이 한국에서 운영되고 있다. 이러한 상황에서, 외국계 기업의 이해관계자들은 한국의 CSR 활동 확산을 바라고 있으며, CSR 활동의 중요성을 인식한 후 많은 외국계 기업들도 CSR 활동 참여를 확대하고 있다.

이러한 연장선상에서, 외국인투자 옴부즈만 사무소는 CSR 활동의 확산·전파를 위한 외국인투자기업 포럼을 개최할 예정이다. 2016 외국인투자주간(Foreign Investment Week: FIW)에 개최되는 '외투기업 CSR 포럼'은 9월 28일에 개최된다. 외국계 기업들은 최근 몇 년간 CSR 활동에 적극적으로 참여해왔으며, 앞으로 CSR 참여의 중요성이 점차 확대되기를 기대하고 있다.

29. Chaebol, foreign firms for dream team

October 4, 2016 (Tue) I THE KOREA TIMES

Foreign investors ask me various questions and express concerns at formal meetings. Among them is the incompatibility of chaebol and foreign firms. Chaebol refers to a business conglomerate. It is also called a large corporate group in Korea. There are 30 large corporate groups.

For now, a total of 17,000 foreign firms are doing business in Korea. They are small and medium in size although a large proportion of their mother companies may be sufficiently large. Many CEOs of these foreign firms fear that their business interests are potentially at odds with those of Chaebol.

Chaebol holds a multiple number of affiliated companies under one management. They have plunged into risky and heavy industries such as the petro-chemical industries with help from the government. They were able to mobilize industrial capital at low cost. Since the early 1970s, they have greatly extended the scope of their business activities by engaging in manufacturing, marketing, services, finances, R&D, etc. Samsung, Hyundai, LG, SK, and others are global players with high banners.

Due to differences in the language, culture, law, and local custom, foreign investors in Korea unexpectedly encounter numerous problems. Consequently they often bring their business difficulties and grievances to us at the Office of Foreign Investment Ombudsman for resolution. Some are concerned that the chaebol would eventually engulf all the foreign firms that challenge them by their humongous business power.

They tend to believe that Korea's large conglomerates exercise business monopoly power over small-scale suppliers and sub-contractors and they harshly cut the prices of intermediate goods or OEM products. What was worse, they used to delay their payment for no good reasons. The foreign-invested companies also believe that the chaebol capture the lion's share even in the MRO (maintenance, repair, and operation) markets. Because most of the foreign firms are small and medium size, they fear that they would soon be driven out of the industry. They may consider that chaebol is like a Cookie Monster to which they had been exposed when they were young children.

Cookie Monster is a muppet on the long-running children's TV show Seasame Street. This show started in the late 1960s. He has googly eyes and his manner is gruff. Most of all, he is best known for his voracious appetite. He eats just about anything. He even gobbles up inedible objects although his favorite food is chocolate chip cookies. Those who spent their youth during the 1970s remember this show well.

However, much of what is described above is no longer true. They have become the anecdotes of the past. Things have changed a lot. The relationship between the large corporate groups and SMEs has also changed a lot since the start of the new millennium.

Korea's six biggest chaebol make up more than 70 percent of Korean exports. But SMEs provide more than 80 percent of Korea's jobs. So the chaebol recognize the importance of the SMEs as key suppliers. Former presidents all have supported the SMEs. Consequently the relationship between chaebol and SMEs has also much improved.

Moreover, the Korean government has taken various measures to make things easier for SMEs under the slogan of 'shared growth.' While restricting the reckless expansion of the chaebol's business, the government provides the SMEs with a good variety of measures to promote their innovative work, R&D, and recruiting smart young people. Of course foreign firms in Korea are entitled to receiving equal treatment by the national treatment principle.

At present, Korea needs to create a large number of new jobs. The foreign firms can meet our needs by using their innovative work and high technology. In the meantime, chaebol have many things they can do. Chaebol need to sustain competitiveness in the global markets. To fight against the increasing risk and uncertainty in the global markets as well as in the domestic market, they need to form strategic partnerships with foreign firms.

Under these circumstances, small-sized foreign firms should not fear the chaebol. In fact, chaebols are willing to have partnerships with the foreign firms with new high technology. In this way the large corporate group and foreign firms can make a dream team.

29. 재벌과 외투기업, 드림팀이 될 수 있다

2016.10.4(화) | 코리아타임즈 신문 게재

외국인투자기업(외투기업) 간담회에서 외국인투자가들은 필자에게 질문을 많이 하며 적잖은 우려를 표하기도 한다. 그 대표적인 예가 재벌과 외투기업의 공존할 수 없는 관계이다. 재벌(財閥)이라는 용어는 복합기업을 지칭하며, 한국의 대기업 집단을 의미하는 개념으로서, 공식적으로 발표되는 대기업집단 수는 30개가 있다.

현재까지 국내에 진출하여 기업활동을 하는 외투기업은 총 17,000개사로 기업 규모 면에서 해외 모기업 중 상당수는 대기업이지만, 한국 내 외투기업은 중소기업이다. 외투기업의 최고경영자들은 외투기업과 재벌의 이해상충이 발생하는 경우에 대해 우려를 하고 있다.

재벌은 하나의 경영체제 아래 많은 계열사를 산하에 소유하고 있으며, 이 자회사들은 정부의 도움에 힘입어 석유화학 산업 등 위험부담이 높은 중공업 산업군에 진출했으며, 저비용으로 산업자본을 동원할 수 있었다. 1970년대 초반 이래로, 대기업 계열사들은 제조, 마케팅, 서비스, 금융, R&D(연구개발) 등 사업 영역을 다양하게 확대해 왔다. 삼성, 현대, LG, SK 등 굴지의 대기업들은 글로벌 강자로 세계에서 인정받고 있다.

언어, 문화, 법 그리고 현지 관습의 차이로 인해 한국 내 외국인투자가들은 비즈니스를 수행하면서 예기치 않은 수많은 난관에 봉착하게 된다. 이러한 경우에 외투기업은 비즈니스를 수행하면서 부딪치는 각종 애로사항과 고충을 외국인투자 옴부즈만 사무소에 호소한다. 일각에서는 거대경제세력인 재벌이 결국 외투기업들을 송두리째 장악할 것이라는 우려도 나온다.

한국의 대기업들은 중소 하청부품업체에 독단적인 영향력을 행사하여, 중간재 및 OEM(주문방식) 제품의 납품 단가를 일방적으로 깎거나 심하게는 정당한 사유 없이 제품의 대금 지불을 미루는 사례가 많다는 것이 외투기업들이 느끼는 현실이다. 또한 기업 소모성 자제(MRO, Maintenance Repair and Operating) 시장조차 대기업이 독식하고 있고, 중소 외투기업 대부분은 조만간 업계에서 퇴출될 것이라며 두려워하고 있다. 외투기업 입장에서 보면, 재벌은 마치 외국인투자자가들이 어렸을 때부터 친숙히 접했던 '쿠키 몬스터(Cookie Monster)'와 같다고 여길 수도 있을 것이다.

쿠키 몬스터는 현재까지 장기 방영중인 미국의 어린이용 TV 인형극「세서미 스트리트」에 출연하는 손으로 움직이는 인형(Muppet) 털복숭이 캐릭터이다. 세서미 스트리트는 1960년대 말 제작, 방영을 시작했다. 쿠키 몬스터는 마구 통방울눈이 있고, 낮고 걸걸한 목소리와 거친 매너의 소유자이다. 무엇보다도 쿠키 몬스터의 그칠 줄 모르는 식탐은 익히 알려져 있기도 하다. 말 그대로 뭐든 먹어 치우고, 초콜릿 칩 쿠키를 제일 좋아하지만 먹을 수 없는 물건까지도 무엇이든지 우걱우걱 먹는다. 1970년대에 유년기를 보낸 사람들은 이 TV쇼를 잘 기억하고 있을 것이다.

하지만 앞에서 기술한 이야기 대부분은 더 이상 사실이 아니며 이미 과거지사가 되어 버렸다. 현재 상황은 많이 바뀌었고, 뉴밀레니엄(새천년)의 도래 이후 대기업 집단과 중소기업(SME)의 관계 역시 변화하였다.

한국의 6대 재벌은 한국 수출의 70퍼센트 이상을 차지한다. 그러나 한국 일자리의 80퍼센트 이상은 중소기업들이 제공하고 있다. 그리하여 재벌의 경우, 주요 전략 산업으로서 중소 부품, 소재 산업의 중요성을 인지하고 있다. 역대 대통령 모두 중소기업 지원을 강조하였으며, 그 결과 재벌과 중소기업의 관계 또한 크게 향상되어 왔다.

이와 더불어, 한국 정부는 '상생'이라는 슬로건 아래 중소기업이 원활히 사업을 수행할 수 있도록 다양한 중소기업 육성정책을 펼쳐왔다. 정부는 재벌의 무분별한 사업 확장에는 제제를 가하는 반면, 중소기업의 혁신업무, 우수인력 채용 및 R&D 지원을 확대하는 등 각종 다양한 장려책을 중소기업에 제공해왔다. 내국민대우 원칙에 따라 한국 내 외국인투자자들도 내국민처럼 동등한 대우를 받을 자격이 있다는 것은 두말할 나위가 없다.

한국은 현재 대량의 신규 일자리를 창출할 필요가 있다. 외투기업들은 혁신적 업무와 첨단 기술을 사용하여 한국의 일자리 수요를 충족시킬 수 있다. 한편, 재벌의 경우에도 중요한 과제가 산저해 있다. 재벌은 세계 시장에서 경쟁력을 유지할 필요가 있다. 국내시장 및 세계 시장의 위험이 증대되고 불확실성이 심화되고 있는 가운데, 이러한 현실에서 경쟁하려면 대기업과 외투기업의 '전략적 동반자 관계' 구축이 절실하다.

이런 상황에서 소규모의 외투기업들은 재벌을 두려워해서는 안 된다. 재벌들이 첨단 신기술을 보유한 외투기업들과 전략적 동반자 관계를 맺을 의지가 있기 때문이다. 이렇게 함으로써, 대기업 집단과 외투기업은 오히려 궁합이 잘 맞는 드림팀이 될 수 있다.

30. New FDI prefers currency stability

October 18, 2016 (Tue) | THE KOREA TIMES

One of the critical determinants of foreign direct investment (FDI) is currency stability. A change in the value of the local currency immediately affects a foreign firm's production costs and business profits. In general, foreign direct investors focus on the longer-term trend of the currency but they dislike the unpredictability of future exchange rates. Recently, new FDI flows have conspicuously lessened internationally. This has a lot to do with the increased variability of the exchange rates.

Foreign investors feel uneasy about the increasing uncertainty in the value of the US dollar. Even though the US dollar is not convertible to gold, it has been considered the anchor currency of the global economy. Every country wants to keep a stable exchange rate with the US dollar.

However, their currency values have been unstable since the global financial crisis occurred in 2008-09. To escape the crisis, the Fed has been expanding the dollar supply on a massive scale under quantitative easing (QE). Also the EU and Japan have joined in inflating their currencies. Since 2013, the US Fed has been tapering off QE to raise its interest rates gradually. But the massive supply of euro and yen will continue for some time to come in the aftermath of Brexit. The prospect of global currency stability is gloomy.

Many people worry about the current situation where major reserve currency countries try to competitively lower their currency value. Some argue that currency wars have started and another financial crisis of mammoth scale is looming. Last week I attended an international conference on currency wars. I chaired the session and three panelists joined. One panelist was from the US, another from Japan, and another from China.

The panelists identified the essential features of the currency wars. The central banks of the US and Japan have expanded their money supplies hoping that money expansion would lower the interest rates and cheapen the currency. The US accuses China of currency manipulation. In turn, China criticizes the US for being the biggest currency manipulator. Japan is criticized because Abenomics is hurting many countries including Korea. The central banks of BRICS and other emerging countries try to cheapen their currencies by directly purchasing US dollars in the currency markets. These days every country manipulates its currency. One country calls it "manipulation," another "monetary policy."

Amid the tit-for-tat in the cheapening of their currency, China's renminbi officially became an SDR currency on October 1. This is considered a herald to the world. The SDR is a composite currency created by the IMF, consisting of a fixed quantity of U.S. dollars, the euro, renminbi, Japanese yen, and British pound. Due to the nature of the basket-currency peg, the variability of the SDR is less than that of the single-currency peg. The SDR is an international reserve asset traded only among the central banks.

As China's currency becomes an SDR currency, it can partly meet the world's increasing demand for international liquidity. To that extent, the US does not have to suffer trade deficits. In addition, the variability of the dollar value will be mitigated.

China became a G2 country in such a short period for three reasons—rapid accumulation of foreign currency earnings through continued trade surpluses; a slow opening up of its capital accounts; and keeping its currency stable under the basket currency system. Although the rest of the world kept feeling disappointed, China had been extremely strategic in managing its exchange rate and liberalizing their capital accounts.

Korea adopted the currency basket system during 1980-1990. During this period, exchange rates were stable. Currency and price stability laid a foundation for a high growth of 7-8 percent per year. Korea changed from a net debtor to a net creditor country beginning in 1986. For now, however, it faces low growth of 2-3 % and high unemployment. Rival countries often accuse the central bank of Korea of manipulating the won. If Korea returns to a multiple-currency peg system, the variability of the won will fall and new FDI inflows would increase significantly.

To curb the increasing trend of world-wide currency instability, the leaders of the G20 may seriously consider the adoption of the basket-currency system for emerging economies including Korea in the 2017 Hamburg summit.

30. 신규 FDI는 환율 안정성을 선호한다

2016.10.18(화) | 코리아타임즈 신문 게재

외국인직접투자(Foreign Direct Investment: FDI)의 가장 중요한 요인 중 히나는 환율 안정성이다. 헌지 화폐 가치의 변화는 외국계 기업의 생산비용과 비즈니스 이윤에 즉각적으로 영향을 끼친다. 전반적으로 볼 때, 외국인투자가들은 화폐가치의 장기 추이에 집중하지만 미래환율 예측이 불가능한 점은 기피하는 성향이 있다. 이런 현상의 이면에는 환율변동성 확대와 관련이 깊다. 최근 신규 FDI 유출입은 국제적으로 현저히 감소하는 추세이다.

외국인투자가들은 미국 달러 가치의 불확실성이 증대하고 있는 것에 대해 불편한 심기를 보이고 있다. 미 달러화의 금 태환성이 지금은 없어졌지만 그럼에도 불구하고 달러는 그동안 글로벌 경제의 기축 통화로 간주되어 왔다. 각 국가들은 달러를 보유하여 안정적인 환율을 유지하기를 바라고 있다.

하지만 2008년~2009년에 발생한 글로벌 금융위기 이후 화폐가치는 매우 불안정해졌다. 미국 연방준비제도이사회(Fed · 연준)는 대규모 달러 공급 확대라는 양적완화(Quantitative Easing:QE)조치를 통해 금융위기를 타개하고자 했다. 유럽연합(EU)과 일본도 대규모 통화공급 정책을 써왔다.

2013년 이후, 미 연준은 양적완화를 차츰 축소(테이퍼링)하여 이자율을 점진적으로 인상하였다. 그러나 브렉시트(Brexit: 영국의 EU 탈퇴) 이후 유로화와 엔화의 대량공급은 당분간 지속될 전망이다. 암울한 글로벌 통화 안정성 전망도 나오고 있다.

다른 주요 국가들이 경쟁적으로 자국의 통화가치를 의도적으로 평가절하하는 현 상황에 대해서 많은 이들이 우려하고 있다. 일각에서는 화폐전쟁은 이미 시작되었고, 또 한 차례의 매머드급 '금융위기'가 도래할 것이라는 관측도 나오고 있다.

지난 주 필자는 '화폐전쟁'을 주제로 열린 국제 컨퍼런스에 사회자로 참여한 바 있다. 미국, 일본, 중국 등 국적별로 저명한 전문가 세 명이 패널리스트로 참가하여 화폐전쟁의 본질적 특성을 규명하고자 하였다.

미국과 일본의 중앙은행들은 화폐 공급을 대폭 확대해왔다. 화폐 공급량을 확대함으로써 이자율이 인하되고 자국의 통화가치가 하락될 것이라는 바람으로 취한 조처였다. 미국은 중국의 환율 조작을 비판하는가 하면, 중국도 이에 맞서 미국이 가장 큰 '환율조작국'이라며 비난하고 있다. 일본도 비난을 받고 있는데, 그 원인으로는 아베노믹스가 한국을 포함한 많은 국가 경제에 타격을 입히고 있는 점을 들 수 있다. 브릭스(BRICs · 브라질, 러시아, 인도, 중국) 4개국과 다른 신흥경제국의 중앙은행은 통화시장에서 미국 달러를 직접 매입함으로써 자국의 통화가치를 인하하려고 노력한다. 오늘날 각국은 모두 어떤 형태로든 자국 통화를 조작한다는 의심을 받고 있다. 이를 두고, 한쪽에서는 '환율조작'이라고 부르지만 다른 한쪽에서는 '화폐정책'이라고 명명한다.

"눈에는 눈, 이에는 이"와 같은 국가별 환율전쟁이 심화되는 와중에 중국 위안화가 2016년 10월 1일 기준으로 SDR 바스켓 화폐가 되었다. 어쩌면 이것은 전 세계에 희소식으로 간주될 수 있다. SDR(특별인출권: Special Drawing Rights)은 IMF가 고안한 복수통화로서, 미국 달러, EU 유로, 일본

엔, 영국 파운드, 중국 위안화의 고정적인 양으로 구성되어 있다. 바스켓 통화 페그의 본질상, 단일통화페그 제도의 변동성에 비해 SDR의 변동성은 덜하다. SDR은 중앙은행들 사이에서만 거래되는 국제보유자산이다.

국제금융전문가들에 의하면 중국 위안화의 SDR 통화 바스켓 정식 편입은 현재의 국제 금융 시스템 강화에 도움이 될 것으로 보고 있다. 중국의 통화가 SDR 통화가 됨에 따라, 국제 유동성 증가의 글로벌 수요를 어느 정도 충족시킬 수 있을 것이다. 이렇게 되면 미국은 그만큼 무역 적자로 고통받을 필요가 없다. 아울러 미 달러 가치의 변동성도 그만큼 완화될 것이다.

중국이 빠른 기간 내에 세계 제2의 경제대국, 즉 G2 국가가 된 데에는 세가지 이유가 있다.

첫째, 지속적인 무역 흑자를 통한 외화 자금의 급격한 축적

둘째, 자본시장의 완만한 개방 정책

셋째, 바스켓 통화 제도 하에서 통화 안정 유지이다.

그동안 다른 국가들도 중국의 자본시장 개방을 최대한 지연시키는 정책에 크게 실망해 왔지만, 중국은 환율 시스템 관리와 자본시장의 개방에 관한 한 매우 전략적인 개방정책을 써온 것이다.

한국의 경우, 1980년부터 1990년 사이에 복수통화 바스켓 제도를 채택하였는데 당시 환율은 안정적이었다. 통화와 물가 안정은 매년 7-8퍼센트대의 고성장의 발판이 되었다. 1986년부터 한국은 순채무국에서 순채권국 지위를 유지해왔다. 그러나 한국은 현재 2-3퍼센트대 저성장과 높은 실업률 문제에 직면하고 있다. 한국의 경쟁국은 한국은행이 원화를 조작하고 있다고 비난하곤 한다. 한국이 복수통화 바스켓 페그제를 재도입한다면 원화 가치의 변동성은 크게 감소할 것이며, 신규 FDI 유입은 통계적으로 유의하게 증가할 것이다.

2017년 함부르크 정상회담에서 G20 정상들은 글로벌 통화의 불안정성

증대 추이를 제압하기 위해, 한국을 포함한 신흥경제국의 바스켓 통화 시스템 채택을 진지하게 재고할 수도 있을 것이다.

31. Jobseekers' zeal for foreign firms

November 1, 2016 (Tue) | THE KOREA TIMES

For senior college students, jobs and marriage are their top priority. Many Korean students believe that a job is more important than marriage. Their belief is based on the fact that if they can secure a job, it would be much easier for them to find a spouse in the marriage market. Such a belief may prevail not merely in Korea but almost everywhere in the world. Unfortunately, however, the whole world is now experiencing a record-high rate of youth unemployment. Many young people are suffering from anxiety caused of the increasing difficulty of getting a job.

According to the ILO's recent report, global unemployment is projected to rise in both 2016 and 2017. Although the unemployment rate for the US and some EU countries has decreased slightly, a greater increase in unemployment in emerging and developing economies is still expected to continue for some time to come. What is worse is the increasing youth unemployment rate for people aged 15-29.

The statistics for the global youth unemployment rate is extremely discouraging. The 2015 youth unemployment rates for major countries are: Spain (49.9%), Italy (42.7%), Portugal (32.6%), France (24.5%), Sweden (21.3%), the UK (15.7%), and Germany (7.2%). The youth unemployment rate for the US in September 2016 was 10.3% and 12.5% for Japan in January 2016.

In February 2016, Korea's youth unemployment rate was 12.5% with the number of jobless youths reaching 560,000. This is worrisome for Koreans, especially for Korean parents who have devoted a major portion of their lives to their children's education. Their agony can be partly soothed by 16,000 foreign-invested companies operating in Korea. They want to recruit smart young workers. Yet they have difficulty in finding talented people due to a lack of labor market information about foreign companies in the host country. So the Foreign Investment Ombudsman plays a role, matching global foreign firms with smart young people. Foreign firms are beneficial to the Korean economy as they contribute up to 6% of the nation's total employment.

Against this background, the Ombudsman's Office held a job fair for two days during October 17-18 at COEX. This year marked the 11th anniversary of the job fair. We invited 92 foreign-invested companies to meet the young job seekers. More than 14,000 people expressed their zeal for jobs at the Job Fair and about 12,000 people had on-site job interviews. This number indicates a 10% increase in job interviews over the past year. The huge interview hall of COEX was filled with heat and energy from excited job seekers.

Of the 92 foreign companies, about 30% were Fortune Magazine's global 500 corporate firms. Through the pre-arrangement by the Ombudsman's Office, the potential employers and job applicants had exchanged the required information before they came to the job fair. From the job fair this time, we have learned that a large proportion of foreign firms were looking for young people in the engineering field and they preferred job candidates with the characteristics of integrity, diligence, and creativity. In addition, they want new employees to quickly acquire team work skills.

In addition to the Job Fair, we conduct the Campus Recruiting Seminar four times a year at the grand auditorium of the local university so that students of other universities nearby may attend the seminar. This job seminar is aimed at students attending local colleges or universities. At this seminar, the H.R. managers of foreign companies introduce their company to the audience. We do this partly on the equity ground. The students in the provincial area have limited access to labor market information about foreign companies compared to the students at the universities in the metropolitan area.

To meet the pressing needs of both the employers and job seekers, we hold the job fair once a year in Seoul providing the venues and information. However, people raise concerns that holding the job fair only once a year in Seoul seems unfair. They suggest that it should also be done in a major city in the provincial area. So we may hold the job fair twice a year, once in Seoul and the second in a provincial city from next year onward.

31. 청년구직자, 외국계 기업 '구직열전'

2016.11.1(화) | 코리아타임즈 신문 게재

졸업을 앞둔 대학생들의 최대 우선순위는 취직과 결혼 문제이다. 한국 대학생들은 취직이 결혼보다 더 중요하다고 생각하는 경우가 많다. 이런 생각의 밑바탕에는 안정적인 일자리를 찾으면 결혼시장에서 배우자감을 찾기가 한결 수월해질 것이라는 믿음이 깔려 있다. 이런 인식은 한국에서 뿐 만 아니라 세계 곳곳에 널리 퍼져 있는 듯하다. 그럼에도 불구하고 세계 청년실업률이 최고치를 기록하고 있는 현실이 안타깝기 그지없다. 청년층은 심화된 구직난으로 인해 불안을 겪고 있다.

국제노동기구(ILO)는 최근 보고서를 통해, 2016~2017년 세계 실업률이 상승할 것으로 내다봤다. 미국과 일부 유럽연합(EU) 국가의 실업률은 소폭 감소한 것으로 나타났다. 반면 신흥국 및 개발도상국의 실업률이 큰 폭으로 증가세를 보이고 있는 현상은 앞으로도 지속될 전망이다. 세계 청년(15세~29세) 실업률이 증가하고 있는 것은 더 심각한 문제이다.

세계 청년실업률 수치를 보면 매우 절망적이다. 유럽 주요국의 2015년 청년실업률은 스페인(49.9%), 이탈리아(42.7%), 포르투갈(32.6%), 프랑스(24.5%), 스웨덴(21.3%), 영국(15.7%), 독일(7.2%) 순으로 높게 나타났다. 미국의 2016년 9월 청년실업률은 10.3%, 일본의 2016년 1월 청년실업률은 12.5%로 조사됐다.

한국의 청년실업률은 2016년 2월 12.5%로, 청년 실업자 수는 56만 명에 육박한 것으로 나타났다. 한국인들, 특히 자녀 교육에 '올인'하며 노심초사하는 한국 부모들에게 이런 현실은 더 걱정스럽다. 다행히도, 국내에서 활동하는 16,000개의 외국인투자기업(외투기업)이 청년실업 문제 해소에 부분적으로 기여할 수 있을 것으로 보인다. 외투기업은 청년 우수 인재 채용을 추구하지만, 투자유치국[국내]에서 외투기업에 대한 채용정보 부족으로 인한 인재 채용난을 겪고 있다. 이에 외국인투자 옴부즈만은 외투기업의 인력 채용난 및 청년 구직난을 동시에 해소하고자 글로벌 외국계 기업과 우리나라의 우수인재를 연결해주는 매개자(매치메이커)의 역할을 하고 있다. 외국계 기업은 우리나라 전체 고용의 약 6%를 차지하고 있어 국민경제에 기여하는 바가 크다.

이런 배경에서, KOTRA 외국인투자 옴부즈만 사무소 주관으로 10월 17, 18일 이틀간 서울 코엑스에서 '2016 외국인투자기업 채용박람회'를 개최하였다. 올해로 11회째를 맞이한 행사에 총 92개 외투기업을 초청하여 청년 구직자와의 면담을 주선했으며, 방문구직자 14,000명 이상이 일자리에 대한 열망을 나타냈다. 올해 현장면담건수는 12,000여 건으로 2015년 대비 면담건수는 10% 이상 증가하였다. 취업에 대한 청년 구직자들의 간절한 열망으로 코엑스홀 채용박람회 현장의 열기는 뜨거웠다.

참가기업은 총 92개사로, 참가기업 중 약 30%에 해당되는 '포춘 글로벌 500대 기업' 27개사가 금번 박람회에 참여하였다. 옴부즈만 사무소가 구축한 '사전면담신청' 온라인 등록 시스템을 통해, 참가기업과 구직자들 간에 채용 관련 필수정보를 사전에 공유하는 자리도 가졌다. 참가기업 인사 담당자를 대상으로 한 조사에 따르면 외투기업 가운데 상당수는 채용 분야로 엔지니어를 희망했다. 외투기업은 원하는 인재의 덕목으로 성실성, 근면, 창의성 등을 꼽았다. 신입 사원의 필수 자질로 팀워크라고 답했다.

채용박람회 이외에, 우리 사무소는 '지방소재 대학교 외투기업 채용설명회'를 개최하고 있다. 채용설명회는 지방소재 대학교 대강당에서 일 년에 네 차례 주요 권역별로 개최되며, 해당 대학 및 인근 지역의 대학생들에도 참가 기회를 제공하고 있다. 채용설명회 참가대상은 지방 대학생들이며, 외투기업의 인사담당자들은 청년 구직자들에게 생생한 기업 정보와 채용정보를 소개한다. 수도권 대학생들에 비해, 지방대생들은 외투기업에 대한 채용정보의 접근성이 제한되어 있는 것이 현실이다. 이를 감안해 형평성 차원에서 주요 권역별로 행사를 진행하고 있다.

외국인투자 옴부즈만 사무소는 외투기업과 구직자 양측의 필요(needs)를 충족시키려는 취지로, 채용박람회를 서울에서 일 년에 한 번 개최하여 양쪽 모두에게 채용 정보와 만남의 장을 제공하고 있다. 그럼에도 불구하고 서울에서만 채용박람회를 개최하는 것은 공평하지 않다고 불만을 제기하는 목소리도 높다. 이들은 수도권 외 지역에서 행사 개최를 제안하고 있다. 이에 부응하여 옴부즈만 사무소는 내년부터 채용박람회를 서울과 지방으로 나누어 일 년에 두 차례 행사를 개최할 예정이다.

32. World Bank's advice on FDI policy

November 15, 2016 (Tue) | THE KOREA TIMES

The World Bank is keen on the flow of FDI as it believes that this brings substantial benefits to bear on the world economy and particularly on the economies of developing countries. The benefits to the host country include easier access to world markets, transfer of capital, technology, and managerial skills. The World Bank was initially called the IBRD (the International Bank for Reconstruction and Development). The IBRD was founded in December 1945. Later it was expanded to the World Bank which consists of the IBRD and the IDA (International Development Association).

The World Bank has been further expanded to the World Bank Group(WBG) which accommodates three more organizations — the IFC(the International Finance Corporation), MIGA(the Multilateral Investment Guarantee Agency), and the ICSID(the International Centre for Settlement of Investment Disputes). As of May 2016 all of the 193 UN members and Kosovo are WBG members.

The World Bank has a multidisciplinary staff of more than 9,000 employees from more than 160 countries. The World Bank provides huge amounts of loans at preferential rates to developing countries. The Bank's headquarters is in Washington D.C.

Last month I visited Washington D.C. The World Bank invited me to attend its Investment Policy Forum, Enabling Investment Retention and

Expansion. The purpose of the Forum was to maximize the investment potential of international trade and investment agreements. To realize the maximum benefit of FDI, the World Bank believes, not merely should foreign investment stay on in the host country but its size should also be expanded. To make this task possible for their client countries, namely developing countries, the Bank is trying to design a coherent investment policy and promotion strategy that can be adopted by their client governments.

The World Bank highly recognizes the outstanding performance of Korea's Foreign Investment Ombudsman system in attracting and expanding FDI. The Bank wants its member countries to adopt the Korean ombudsman system. The Bank recommends that the economies of developing countries should emulate Korea's strategy to induce FDI and to continually expand it. The World Bank's specialists praise Korea's FDI policy that Korea Trade-Investment Promotion Agency (KOTRA) focuses on the attraction of FDI while the Ombudsman resolves the grievances of foreign investors in Korea.

According to the Bank's observations, many developing countries attract foreign-invested companies but many of them also leave the host countries after they realize that the various incentives promised by the host governments disappeared and that there was no place to go for consultation or appealing when they encounter unexpected problems and difficulties except that they need to go to the host country's court system by using expensive lawyer service. But the Bank people say that Korea is different. It has the ombudsman system which provides necessary service for foreign investors, the moment they start operating business in Korea. Very recently the World Bank has released an annual report on the ranking of "Doing business with ease" for member countries. Korea ranks fifth in the world.

It is true that the Ombudsman's Office provides after-care service for new foreign investors from the time they arrive at the airport. The Ombudsman's Office staff even makes trip to the airport to welcome them and take them to their hotel for check-in. This is called "a red carpet service." On top of this, the "home doctors" in the Ombudsman's Office provide the new foreign investors with needed information and resolve their problems and grievances. Pursuant to the foreign investment promotion act, the Ombudsman's Office makes recommendations to the government to change the outdated and unjustifiable laws and regulations that are hampering their business operations.

The World Bank's Forum was ended by reviewing the result of the Bank's recent research on the failures of FDI in developing countries. The research team points out that macroeconomic stability and political stability are two principal factors that foreign investors consider for investment in a developing country.

However, global economic conditions are expected to change significantly from next year when the world is to be affected by the leadership of the new US President, Mr. Trump.

Although Korea is not a developing country, it should take heed at this time that potential macroeconomic instability and political risk would not bring about an economic failure, not to mention an FDI failure.

32. 세계은행의 FDI 정책 제언

2016.11.15(화) | 코리아타임즈 신문 게재

세계은행에 따르면 외국인직접투자(FDI)는 글로벌 경제, 특히 개발도상국들의 경제에 상당한 이익을 가져온다고 주장하며 세계 FDI 흐름에 많은 관심을 기울이고 있다. 투자대상국에 가져오는 FDI의 장점은 세계 수출시장 접근성 증대, 자본유입, 기술이전 및 경영 노하우 전수 등이 포함된다. 세계은행(World Bank)은 초창기에 국제부흥개발은행(IBRD)으로 불렸다. 국제부흥개발은행은 1945년 12월에 설립되었고, 이후 국제부흥개발은행과 국제개발협회(IDA)의 두 기관으로 구성된 세계은행으로 확대되었다.

세계은행은 산하에 국제금융공사(IFC), 국제투자보증기구(MIGA), 국제투자분쟁해결본부(ICSID)의 세 기관을 추가하여 세계은행 그룹(WBG)으로 확대되었다. 2016년 5월 기준으로 193개국의 UN(유럽연합) 회원국과 코소보는 세계은행 그룹 회원국이 되었다.

세계은행은 160여 개국 전문분야별 직원 9,000여 명 이상이 일하고 있다. 세계은행은 개도국에 우대금리로 대부금을 제공하고 있으며, 본부는 미국 워싱턴 D.C.에 위치하고 있다.

필자는 세계은행의 초청으로 '투자 유지 및 확대 역량강화(Enabling Investment Retention and Expansion)의 주제로 열린 〈IPPF 투자 정책 포럼〉

참석 차 지난 달 워싱턴을 방문한 바 있다. 포럼의 목적은 국제 통상과 투자 협정의 투자 가능성을 최대화하기 위함이었다. FDI의 이익을 최대화하기 위하여, 세계은행은 투자대상국의 외국인투자 유지 및 투자 규모 확대를 주장하고 있다. 클라이언트 국가(개도국)의 투자 목표를 달성하기 위해, 세계은행은 일관성 있는 투자 정책 및 홍보 전략을 수립하여 클라이언트 정부가 이를 도입할 수 있는 정책적 노력을 경주하고 있다.

세계은행은 FDI 유치 및 확대 측면에서 한국의 외국인투자 옴부즈만 제도의 우수한 성과를 높이 평가하고 있다. 이에 회원국들이 한국의 옴부즈만 제도 도입을 희망하고 있다. 더 나아가 개도국들이 한국의 FDI 유치 및 지속적 확대 전략을 모범사례로 벤치마킹하도록 세계은행은 권장하고 있다. 세계은행 전문가들에 따르면 한국의 두 가지 FDI 정책 ― KOTRA의 FDI 유치와 옴부즈만의 외국인투자가 고충처리 ― 에 찬사를 보내고 있다.

세계은행의 조사에 따르면, 개도국들이 외국인투자기업(외투기업) 투자대상국에서 투자 유치에 성공한다 하더라도 이들 가운데 상당수 기업들은 영업을 철수하는 경우가 많다. 그 원인은 투자국에서 도입한 각종 인센티브 제도가 폐기되는 상황, 혹은 이들 외투기업이 예기치 않은 애로와 고충에 직면했을 경우, 상담을 받거나 호소할 곳이 마땅히 없고, 값비싼 변호사 비용을 감내하면서 투자국의 사법 시스템밖에 의존할 곳이 없기 때문이다. 그럼에도 불구하고, 한국의 경우는 개도국의 경우와 다르다고 세계은행 전문가들은 말하고 있다. 먼저 한국은 외국인투자가들에게 꼭 필요한 서비스를 제공하는 옴부즈만 제도가 제대로 정착되어 있는 국가이다. 이들은 한국에서 기업활동을 시작하는 순간부터 옴부즈만의 서비스를 받을 수 있다. 또한 세계은행이 최근 발표한 2016년 기업환경평가(Doing Business)에서 한국은 '기업하기 좋은 나라' 5위를 차지했다.

일례로, 신규 외국인투자가들이 공항에 도착하자마자 옴부즈만 사무소가 '사후관리 서비스'를 제공하고 있다. 외국인투자가들을 환영하고 호텔 체크인 수속에 도움을 주기 위해 옴부즈만 사무소 직원들이 공항까지 직접 마중을 나가는 서비스를 제공하는 것이다. 이런 서비스를 '레드 카펫 서비스'라고 일컫는다. 아울러 옴부즈만 사무소의 '홈닥터'(분야별 전문 컨설턴트)가 신규 외국인투자가들에게 필수 정보를 제공하고 이들의 고충과 애로사항을 해소하는 데 도움을 주고 있다. 외국인투자촉진법에 따라 옴부즈만 사무소는 외국인투자가들의 기업활동을 옥죄는 불합리하고 낡아빠진 법과 규제를 개선하도록 정부에 건의사항을 제출하고 있다.

세계은행이 최근 실시한 개도국의 FDI 실패에 관한 연구 결과 검토를 끝으로 포럼은 막을 내렸다. 외국인투자가들이 개발도상국에 투자할 때 고려하는 두 가지 중요 요인으로 거시경제 및 정치 안정성을 꼽는다고 연구진은 전하고 있다.

그러나 내년부터 도널드 트럼프 미국의 차기 대통령의 리더십이 전 세계에 큰 영향을 주게 될 것이므로, 글로벌 경제상황은 크나큰 변화가 일어날 것으로 전망되고 있다. 한국은 더 이상 개도국에 속하진 않더라도, 잠재적 거시경제의 불안정성과 정치적 위험요인으로 인해 FDI 실패는 물론, 한국 경제 전체가 위험에 빠지지 않도록 지금부터 촉각을 곤두세워야 한다.

33. System reforms improve ombudsman

November 29, 2016 (Tue) | THE KOREA TIMES

Last week a team of nine diplomatic officials from Thailand visited the Ombudsman's Office to ask for consultation on the FDI grievance resolution system. On October 13, King Bhumibol Adulyadej of Thailand died after ruling the country for over 70 years. The King received great respect from his people for having devoted himself to helping the country become stronger.

Thailand now needs to attract foreign investment. The country wants to invigorate its economy by attracting as many foreign investors as possible. They know what incentives they can provide for foreign investors but they know little about how to encourage foreign companies to stay on a longer-term basis. They want to know about the Korean ombudsman system which has a world-wide reputation for providing highly sophisticated after-care services for foreign investors.

There have been many other countries trying to emulate the Korean ombudsman system. As countries extend their economic territory by establishing FTA relationships with other countries, the ombudsman's role is becoming more important. The China-Korea FTA was the first FTA that adopted the role of the foreign investment ombudsman.

Article 12.19 of the FTA stipulates that the trade ministry of each government should designate contact points for resolving the grievances of foreign investors. These contact points include each country's investment promotion agency. For Korea the contact points are KOTRA(Korea Trade and Investment Promotion Agency) and the Foreign Investment Ombudsman Office, and for China, Investment Promotion Agency of the Ministry of Commerce.

Brazil has recently started the operation of its own ombudsman unit after consultation with us. Before establishing their ombudsman system, they asked us hundreds of questions. The key questions include: the legal status of the ombudsman, the political independence of the ombudsman, the organization of the ombudsman system, the ombudsman's relationship with KOTRA, the main activities of the ombudsman, and the scope of the ombudsman's legal authority and rights. The answers to these questions are all stated in the brochure and the booklets but they wanted to hear explanations directly from us.

The fact that we can now answer all their questions related to the Korean ombudsman system does not mean that our system was right and impeccable from the beginning. It has continuously changed and evolved since its foundation in 1999. It will continue to change as Korea's economic conditions and global economic environment change with time.

Very recently the Korean ombudsman system has gone through a couple of important reforms in operation and management. These specific operational reforms are seldom introduced in the published brochure. But it is very important and valuable information to share with the countries which have adopted the Korean ombudsman system.

One major reform is to change our grievance-collection system from 'passive call-awaiting' to 'proactive reaching out.' Previously nine professional counselors, called "home doctors," simply waited for emergency calls from 4,000 foreign-invested companies. But the home doctors seldom received emergency calls from them. Even when they did receive a call, it was too late. To prevent that from happening, we split the nine home doctors into a few groups and have them select larger firms and try to directly collect their grievances before the problems become critically serious. Each time the home doctors make a group visit to client companies, the Ombudsman leads the group.

Another operational reform is to use the super-high-level professional consulting service from outside. These days, foreign firms with high technology frequently suffer from grievances because of the complexity of the issues involved. For the same laws, decrees, and rules, different government agencies may have different interpretations. Consequently foreign investors get caught and end up being subject to heavy tax penalties and fines. Often they wrap up their investment and leave the country.

To prevent these unfortunate episodes, we have organized a senior advisory group consisting of renowned scholars or even retired professors and ex-government officials in various fields. The advisory group plays a major role in addressing complicated issues that go beyond the capacity of our internal consultants comprising of lawyers and accountants, and other specialists. When necessary, we convene an advisory group meeting by professional field.

With these two system reforms, we can collect and resolve foreign investors' complaints and grievances much earlier than before. In addition, we can provide higher-quality services for foreign investors at smaller expenses by utilizing the expertise and wisdom of the senior advisers.

33. 제도개선을 통한 옴부즈만서비스 제고

2016.11.29(화) | 코리아타임즈 신문 게재

태국 외교부 사절단 9명은 FDI 고충처리시스템에 대한 자문을 구하고자 지난 주 옴부즈만 사무소를 방문하였다. 사절단 방한은 태국 국왕의 서거 이후 애도 기간 중에 이뤄졌다. 70년간 재위했던 태국의 푸미폰 아둔야뎃(Bhumibol Adulyadej) 국왕이 10월 13일 서거했다. 강력한 통치력으로 태국의 구심점 역할을 해온 푸미폰 국왕은 태국 국민으로부터 깊은 존경을 받았던 인물이다.

태국은 외국인투자 유치 확대를 통한 국가경제활성화를 계획하고 있으며, 이를 실현하기 위한 외국인투자 유치가 절실한 시점이다. 이들은 외국인 투자유치 인센티브 제도를 잘 알고 있는 반면, 외국기업들에 대한 장기투자 장려책에 대해서는 잘 모르는 실정이다. 그리하여 태국 측에서 한국의 선진화된 투자 사후관리 제도인 옴부즈만 제도를 벤치마킹하려고 한다. 한국의 옴부즈만 제도는 외국인투자자에게 질 높은 원스톱, 밀착형 사후관리 서비스를 제공하는 중요한 제도적 장치로 세계적으로 인정받고 있다.

그간 한국의 옴부즈만 제도는 여러 나라에 외투기업에 대한 사후관리의 국제적 모범사례로 소개되어왔다. 국가 간 FTA 관계수립을 통해 경제영역 확대 경쟁이 치열해짐에 따라 옴부즈만 역할의 중요성 역시 증대하고 있다. 대표적 예로, 2015년 말에 체결된 한-중 FTA 협정문의 투자조항에서 외국인투자 옴부즈만의 역할이 최초로 도입되었다. 한-중 FTA 제12.19 조에 따르면, 양국 정부는 각 당사국 투자가의 애로 해결을 지원하기 위한 각각의 접촉선(contact points)을 지정해야 한다고 명시되어 있다. 이 조항에서 접촉선이란 양국 정부의 투자진흥기관을 포함하는 개념으로, 한국의 경우 KOTRA(KOTRA)와 외국인투자 옴부즈만 사무소를 의미하고, 중국의 경우 상무부 투자촉진사무국을 지칭한다.

또 다른 예로 브라질은 최근 옴부즈만 사무소의 자문을 거쳐 자국의 옴부즈만 부처 운영에 착수하였다. 브라질은 옴부즈만 제도 수립에 앞서 우리 사무소에 수백 건에 달하는 질문을 하기도 하였다. 주요 질문사항을 간추려보면 1) 옴부즈만의 법적 지위 2) 옴부즈만의 정치적 독립성 3) 옴부즈만 제도의 조직 4) KOTRA와 옴부즈만의 관계 5) 옴부즈만의 주요 활동 6) 옴부즈만의 법적 권한의 범위 등이다.

위 질문에 대한 답변은 옴부즈만 사무소 브로셔와 소개책자에 다 명시되어 있기는 하지만, 브라질 측은 우리에게 옴부즈만에 대한 직접 설명을 요청하였다.

우리가 한국의 옴부즈만 제도와 관련한 모든 질문에 대해 답변을 할 수 있다고 해서 애초부터 옴부즈만 제도가 바르고 완벽한 체계를 갖춘 것은 아니었다. 1999년 제도 구축 이래 옴부즈만 제도도 지속적인 변화를 거듭해왔다. 대내외 경제여건 변화에 따라 향후 옴부즈만 제도 역시 계속 변화할 것이다.

우리 사무소는 옴부즈만 제도의 운영과 관리에 있어 최근 몇 가지 중요한 개혁을 단행하기 시작했다. 제도 운영상 개선에 관한 세부사항은 브로셔에 아직 소개되지 않은 내용이다. 한국의 옴부즈만 제도를 도입한 여러 국가들과 이러한 핵심 정보를 공유하고자 한다.

첫 번째 주요 개혁은 옴부즈만 사무소의 고충접수·처리 시스템을 전화

오기만 기다리는 '수동적 대기모드'에서 고객을 직접 찾아가는 '선제적 서비스'로 전환한 것이다. 기존에는 '홈닥터'로 불리는 전문 컨설턴트 아홉 명이 외투기업 4,000개사의 긴급 전화를 기다리는 단계를 거쳤다. 그럼에도 불구하고 홈닥터들이 긴급 전화를 받은 경우는 드물었다. 설령 긴급 전화를 받는다고 해도 이미 조치하기에는 너무 늦은 경우가 부지기수였다. 이런 사태를 막기 위한 노력의 일환으로 홈닥터 아홉 명을 소그룹으로 나누어 담당 대기업을 선정하도록 한 후, 각 전담팀이 담당 기업의 고충을 사전에 직접 접수하여 해결하는 데 총력을 기울이고 있다. 이로써 외투기업의 고충이 심화되기 전에 선제적인 조치를 취하고 있다. 홈닥터들이 고객사를 방문할 때마다, 옴부즈만이 그룹의 수장으로 직접 나서서 고충해결을 진두지휘하고 있다.

또 다른 운영상의 개혁은 외부 전문가 그룹이 제공하는 고품격 컨설팅 서비스를 활용하는 것이다. 오늘날 경영 관련 사안이 갈수록 복잡해짐에 따라 첨단 기술을 보유한 외투기업들은 경영상의 갖은 애로와 고충에 시달린다. 동일한 법, 시행령, 규칙이라 하더라도 정부기관마다 각기 다른 상이한 해석을 내놓기도 한다. 그 결과, 외국인투자가들은 거액의 세금 과징금 등의 패널티를 부과받게 된다. 더 심한 경우 외국인투자가들이 투자를 철수하여 투자국을 떠나는 예도 빈번하다.

우리 사무소는 이런 참사를 미연에 방지하고자 외국인투자 옴부즈만 자문위원단을 조직하였다. 저명한 학자, 퇴직 교수, 그리고 전직 고위 정부관료 등으로 구성된 자문위원단은 옴부즈만 사무소 내부에 소속된 변호사, 회계사, 기타 전문가들의 역량을 벗어나는 어려운 문제를 해결하는 역할을 하고 있다. 언제든지 필요한 경우, 각 분야별 자문위원단 회의가 소집된다.

옴부즈만 사무소가 실행하는 이 두 가지 제도 개혁의 장점은 크게 두 가지로 요약된다. 먼저, 외국인투자가들의 고충·애로사항을 초기단계부터 접수하여 해결할 수 있는 점이다. 가장 큰 장점은 자문위원단의 전문성과 식견을 활용함으로써 많은 비용을 들이지 않고도 외국인투자가들에게 고품격 서비스를 제공할 수 있다.

34. Fast fashion yields many jobs for the young

December 13, 2016 (Tue) I THE KOREA TIMES

Until the late 1960s, factor-endowment trade theories were dominant. The conventional trade theories predict which country will export what product. They argued that in the model of two factors, capital and labor, two products, and two countries, the relatively labor-abundant country tends to export labor-intensive products to the capital-abundant country given the identical technology.

In the early 1970s, however, Harry Johnson of the University of Chicago and others argued that the assumption of the same technology for different countries must be dropped in order to make better predictions of trade flows among them.

Fast advancement in science and technology has greatly changed the modes of telecommunication and transportation. People have come to enjoy using the internet and smartphones. The pattern of production and the flow of trade and investment have changed. In the context of the international division of labor, a new trend of supply chain has emerged. Supply chain activities involve the transformation of natural resources, raw materials, and components into a finished product that is delivered to the end customer.

Along with these changes, a new industry, called the "fast fashion" industry has emerged. Fast fashion is a term to express that designs move quickly to capture current fashion trends. Several large retailers such as Primark, Peacocks, H&M, Uniqlo, and Zara are the leading fashion retailers in this industry.

These retail fashion companies absorb a huge amount of the young labor force. Primark is an Irish clothing retailer operating 325 stores in many countries and employs 57,000 people. Peacocks is a fashion retail chain based in Cardiff, Wales. It has more than 400 retail outlets in the UK and more than 200 stores in 12 other countries employing over 60,000 people. H&M is a Swedish multinational clothing-retail company. It operates in 62 countries with over 4,000 stores and as of 2015 employed around 132,000 people. Uniqlo is a Japanese fashion retailer and has over 30,000 employees. Zara is the leader in this industry with 150,000 employees and 7,000 stores.

Not only do they enjoy huge profits but they are very popular among lower-income people. Moreover they receive moral support from their government because they hire a great number of young employees.

However, not all these companies automatically become successful. There are four critical factors that lead them to success. They are overseas operation of fashion stores, supply of price-based multiple brands, quick response to the preferences of customers, and fast delivery by a highly efficient logistics system.

Last week I visited Paris, Madrid, Munich and Brussels in turn. These are the capitals of France, Spain, Germany and Belgium and each country has its own international and domestic airport terminals.

I had to go through the immigration stand at Charles de Gaulle International Airport of Paris which was the first country I visited among the four. But for other countries, I did not have to go through passport control. The other international airports were like domestic terminals.

Fast fashion retail companies started in Europe and later spread to other parts of the world. Once a fast fashion retail company launched in a country in Europe, it can immediately operate stores in other parts of Europe if the items have turned out popular. They can execute mass production of the popular items at low cost and deliver them fast using express air cargo carriers. Depending on the nature of the items, their mass production can occur not only in Europe but any country in the world.

The fast fashion company does not have to start from Europe. It can originate in other parts of the world. Uniqlo is a good example. It started in Japan and has now become an internationally competitive fast fashion retailer. Likewise any other country can start a fast fashion business if it has innovating entrepreneurs, creative designers and fast delivery carriers. Korea can certainly join in this competitive industry.

These years, Korea has been suffering from high unemployment, especially record-high youth unemployment. The fast fashion industry can absorb a huge portion of the young labor force. Korea has great potential to become another leader country in the fast fashion industry in Asia.

34. 청년 일자리를 창출하는 '패스트 패션'

2016.12.13(화) | 코리아타임즈 신문 게재

요소부존이론(Factor Endowment Theory)은 1960년대 말까지 지배적인 무역이론이었다. 전통적 무역이론에 따라 각 국가가 어떤 종류의 재화를 수출할지를 예측했다. 이 무역이론은 동일한 기술에 2개 상품, 2개 요소(노동과 자본), 2개 국가 상황에서 상대적으로 노동이 풍부한 국가가 자본이 풍부한 국가에 노동집약적 재화를 수출하여 무역이 발생한다고 보았다.

그러나 1970년대 초, 해리 존슨 시카고 대학교 교수와 다른 경제학자들은 견해를 달리하여, 2개 이상의 국가 간 무역흐름 예측을 더 잘하기 위해 국가 간 기술(생산성) 동일이라는 가정을 폐기해야 한다고 보았다.

과학·기술의 급격한 발달로 원거리 통신 및 운송수단의 대변화가 일어났으며, 사람들은 인터넷과 스마트폰을 향유하게 되었다. 이에 따라 생산 패턴, 무역흐름, 및 투자도 변화하였고, 국제노동분업의 측면에서는 공급연결망(supply chain)이라는 새로운 트렌드가 부상하였다. 공급연결망 관리(SCM) 활동의 개념은 천연자원·원재료·부품 공급업체에서 출발하여 최종 소비자에게 완제품이 전달되는 과정을 전체 프로세스로 보고 이를 최적화하고자 하는 기업의 혁신적 경영방식을 말한다.

이런 변화와 함께 일명 '패스트 패션' 산업이라고 불리는 신산업이 부상

외국인 직접투자와 한국의 경제정책 **219**

하고 있다. 패스트 패션(fast fashion)이란 전 세계적으로 유행하는 디자인을 상품에 재빠르게 반영하여 저렴하게 공급하는 형태를 말한다. 오늘날 업계의 선두주자로 프라이마크(Primark), 피콕(Peacocks), H&M, 유니클로(Uniqlo), 자라(Zara) 등이 꼽힌다.

글로벌 패스트 패션 기업의 특징은 청년 노동력을 흡수하여 청년 일자리 창출에 이바지한다는 점이다. 각 업계를 살펴보자면, 먼저 아일랜드의 저가 의류 체인인 프라이마크는 전 세계적으로 325개의 매장을 운영하고 총 고용수 57,000명을 보유하고 있다.

영국 웨일스 소재의 패션 유통체인 피콕은 영국에서 400여 개의 소매 아울렛이 있고, 12개국에 200여 개가 넘는 매장과 고용인원 6,000명을 보유하고 있다. H&M은 62개국에서 4,000개 이상의 매장이 운영되고 있고, 2015기준 고용인원 약 132,000명을 거느린 스웨덴의 다국적 소매 패션업체이다.

일본의 패션 소매업체 유니클로는 고용인원이 30,000명 이상이다. 패스트 패션업계의 선두주자인 자라는 고용인원수 150,000명과 7,000개 매장을 운영하고 있다.

글로벌 패스트 패션 기업은 막대한 수익을 창출하고 있을 뿐만 아니라 상대적으로 지갑이 얇은 소비층을 주력 타겟으로 해서 인기를 누리고 있다. 게다가 이들 업계는 젊은 직원들을 대대적으로 고용하여 자국 정부로부터 윤리적 기업으로 인정받아 대대적인 지원을 받는다.

그러나, 이 모든 패션 기업들이 저절로 성공을 누리게 된 것은 아니다. 패스트 패션업계의 성공요인은 크게 네 가지로 압축된다. 첫째, 패션 매장의 해외 운영, 둘째, 가격 대비 다양한 브랜드의 공급, 셋째, 소비자 구미에 맞게 즉각적으로 대처하는 신속대응(QR) 시스템, 넷째, 고효율의 물류 시스템을 이용한 신속한 유통이다.

필자는 지난 주, 파리(프랑스의 수도), 마드리드(스페인의 수도), 뮌헨(독일의 수도), 그리고 브뤼셀(벨기에의 수도)을 차례로 방문한 바 있다. 각국은 국내·국제 공항 터미널이 있는데, 방문 4개국 중 첫 방문국인 프랑스에서 파리 샤를 드 골 국제공항 이민 심사대를 통과해야 했다. 그러나 다른 국가들의 경우, 입국심사대를 통과해야 할 필요가 없었고 여러 국제공항이 국내선 터미널과 비슷한 느낌이 들었다.

유럽발 패스트 패션 소매기업들은 세계 각지로 사업을 확장해 나갔다. 유럽 국가에서 패스트 패션 사업을 론칭 후 패션 상품이 인기가 있을 경우, 유럽의 다른 지역에 즉시 매장을 운영할 수 있다. 저가에 유행제품을 대량 생산하여, 국제항공 특송업체를 통해 제품을 배송할 수 있는 것이다. 패션 품목의 특성에 따라, 유럽을 비롯한 세계 각지에 대량생산이 이루어질 수 있다.

패스트 패션 종주국인 유럽에서 사업을 시작할 필요는 없으며 세계 각지에서 패션 사업을 시작할 수 있다. 대표적 예가 유니클로이다. 유니클로는 일본 기업으로 현재는 글로벌 경쟁력이 있는 패스트 패션 산업의 새로운 강자로 등극하였다. 이처럼 어느 국가든 혁신적 기업가, 창의적인 디자이너, 특송업체가 뒷받침된다면, 패스트 패션 비즈니스를 시작할 수 있다. 이 세 요소를 충족한다면 한국도 글로벌 패스트 패션 경쟁에 합류할 수 있다고 믿는다.

요 몇 년 사이에 한국은 높은 실업률, 특히 역대 최고의 청년실업률로 몸살을 앓고 있다. 패스트 패션 산업은 청년 노동력을 흡수하여 일자리를 창출하므로 청년실업 해소에 상당한 기여를 할 수 있다. 아시아 거점 시장으로서 한국은 패스트 패션업계의 선두주자가 될 잠재력이 매우 크다고 본다.

35. Honesty prevents economic crisis

December 27, 2016 (Tue) I THE KOREA TIMES

I have often heard "Honesty is the best policy" since my childhood. According to a record, this proverb was first used by Benjamin Franklin (1705-1790). But honesty is greatly valued in many religious cultures as well. Honesty refers to such virtuous traits as integrity, truthfulness, and straightforwardness. It also means being fair and faithful.

At the individual level, honesty may not work at times. As an example, if someone honestly expresses a negative opinion of others at a party, he may be scolded for being naive and undisciplined. At the national level, however, honesty always pays.

Some foreign investors operating their businesses in Korea are concerned about Korea's current political situation. In their eyes the Korean economy seems to be losing its vitality and resilience under political instability. Many others, however, still have strong confidence in the longer-term viability of the Korean economy. They started their businesses in Korea not just for short-term profit, but for long-term business opportunities.

These days all countries are having a hard time dealing with political and economic uncertainties and risks except the US and a few countries in the world. Korea is not an exception. Foreign correspondents understand that Korea's current political instability is a cyclical phenomenon. It occurs every five years in Korea as the

222 Foreign Direct Investment & Korean Economy Policies

incumbent President becomes a "lame duck" starting about a year before the next presidential election. Nevertheless, many people are concerned this time about the severity of the political turbulence. In particular foreign investors are worried that Korea may end up in an economic crisis.

Economic crisis refers to a situation in which a country experiences shrinking GDP and sharp inflation. An economic crisis includes various crises such as a foreign currency crisis, foreign debt crisis, financial crises, and an unemployment crisis. A crisis seldom occurs if people can foresee it coming because they can prepare for it. A crisis comes unexpectedly like a thief.

An economic crisis in developing countries is usually triggered by a currency crisis. Under free capital mobility, short-term speculative capital funds move in and out of the country whenever profit conditions change. Their capital size is so huge that their move immediately affects the foreign currency markets in the host country. Sudden outflow of a huge amount of capital lowers the value of the local currency. If the supply of foreign currency is depleted, it will face a foreign currency crisis. If the debtor country fails to pay the payments of principal and interests, it will face a foreign debt crisis. But Korea is not going to have either a foreign currency crisis or a foreign debt crisis because it has been a trade surplus country for years and has consequently accumulated enough foreign currency reserve. Now it holds more than $370 billion.

According to a recent report released by government authorities, a financial crisis in advanced countries is not likely to occur because the commercial banks' financial status is sound. Thanks to the strict imposition of LTV (Loan to Value) ratio and DTI (Debt to Income) ratios, the banks' balance sheet looks good. In the eyes of loan officers in advanced countries, both LTV and DTI are important factors in determining their mortgage lending but they put even heavier weight on the borrower's personal credit score.

For Korea, however, the commercial banks have been strict in applying LTV and DTI. Every time the Korean housing market became overheated, the financial authorities immediately lowered the LTV and DTI ratio sufficiently. Both ratios used to be kept at a low level within the 40-60 percent range. In terms of the soundness of the balance sheet, the commercial banks are quite alright and the chances of financial crisis are slim. However, the government must take preemptive measures to keep the housing market stable.

Korea is undergoing political turbulence in the absence of presidential leadership. The nation-wide controversy over President Park's crimes seems to continue. The longer the controversy, the greater damage it will be to the economy. Honesty among the politicians will shorten the length of the controversy. They should be more honest with one another and should put a higher priority on economic stability. They should also encourage business people to make longer-term investments. The entire world is watching Korea with extreme interest. Let us show them we are overcoming the current hardship and the economy will prosper as ever.

35. 정직, 경제위기 예방책

2016.12.27(화) | 코리아타임즈 신문 게재

"정직이 최선의 방책이다"는 필자가 어릴 적부터 줄곧 들어왔다. 이 격언은 벤저민 프랭클린(1705-1790)이 처음 만들어 사용되었다고 전해진다. 여러 종교적 문화권에서도 정직은 귀중한 가치로 여겨지고 있다. '정직(honesty)'이란 성실성, 진실성, 솔직함 등의 덕목을 말하며, 공정성과 충실성을 의미하기도 한다.

개인적 차원에서 보면 정직이 통하지 않을 때도 있다. 일례로, 어떤 사람이 파티에서 상대방을 비방한다면 그는 순진하고 자제력이 없다고 비난받을 것이다. 그러나 국가적 차원에서 보면 정직은 훌륭한 전략이다.

한국에서 사업을 운영하는 외국인투자가들 중 일부는 한국의 현 정치 상황에 대해 많은 우려를 나타내고 있다. 외국인투자가의 입장에서 보면, 한국의 현재 정치 불안으로 경제가 기력을 잃고 있는 것으로 보여진다. 그러나 많은 투자가들은 장기적 관점에서 한국의 경제활력 회복에 깊은 확신을 가지고 있다.

미국과 일부 국가를 제외한 많은 국가들은 오늘날 정치·경제적 불확실성과 위험 해소에 어려움을 겪고 있다. 물론 한국도 예외가 아니다. 외신들은 한국의 현 정치 불안이 5년에 한 번씩 나타나는 주기적인 양상이라고 진단하고 있다. 즉, 현직 대통령의 임기 만료 1년 전부터 나타나는 '레임덕(임기말 권력누수현상)'이라는 것이다. 그럼에도 불구하고, 심각한 정국 혼란에 대한 우려의 목소리가 높아지고 있다. 외국인투자가들의 우려는 더욱절실하다. 이대로 가면 한국은 '제2의 경제위기'를 맞게 되는 것이 아니냐며 불안해한다.

사실, 경제위기란 한 국가의 GDP가 감소하고 급격한 물가상승이 진행되는 상황을 가리킨다. 경제위기는 유형별로 외환위기, 외채위기, 금융위기, 그리고 실업위기 등을 포함하는 개념이다. 국민들이 위기가 도래할 것을 예측한다면 미리 대처할 수 있으므로, 위기는 쉽사리 오지 않는다. 위기는 예고 없이 닥칠 수 있다는 점에서 도둑에 비유할 수도 있겠다.

개발도상국의 경제위기는 외환위기에서 시작되기 쉽다. '자본의 국가 간자유이동'이라는 배경 아래, 단기성 고수익 투기자본의 유출입이 과도하게발생한다. 천문학적 규모의 단기 투기자본이 급속히 유입·유출되면 투자국의 외환시장은 곧바로 타격을 입게 된다. 대규모 외국 자본의 급격한 유출은 현지 화폐가치를 감소시킨다. 결국 투자국에서 외환 공급 고갈 사태가 발생하면 외환위기를 맞게 되는 것이다. 채무국이 원금과 이자를 상환하지 못할 경우, 외채위기가 발생한다. 그러나 한국은 지난 수년간 경상수지 흑자기조를 유지해왔으며 충분한 외환보유액을 확보하고 있으므로 '제2의 외환·외채위기'는 오지 않을 것이다.

최근 정부당국이 발표한 보고서에 의하면, 시중은행들은 건전한 재정상태를 유지하고 있으므로 '제2의 금융위기'가 발발할 가능성은 거의 없다. 선진국에서는 주택담보인정비율(LTV)과 총부채상환비율(DTI) 규제가 엄격히 적용되어 왔으므로, 시중은행의 대차대조표(B/S) 및 건전성 지표는 양호한 양상을 띠고 있다. 선진국의 대출담당자들의 관점에서 보면, 모기지(주택담보) 대출을 결정하는 데 있어 LTV-DTI는 중요한 지표이지만, 사실상 대출자의 개인신용도에 더 큰 비중을 두고 있다.

그러나 한국의 시중은행들은 LTV와 DTI 규제를 엄격히 적용하고 있다. 과거 한국의 금융시장이 과열될 때마다, 금융당국은 LTV와 DTI 비율을 적정 수준으로 축소했다. LTV-DTI는 대략 40~60% 수준으로 사상 최저치를 기록하기도 하였다. 시중은행의 대차대조표 건전성은 상당히 양호한 점을 감안할 때, 금융위기의 가능성은 상당히 작다. 그렇다고 해도 정부는 주택시장 안정화를 위한 선제적 조치를 취해야 한다.

정치 지도력 부재로 인한 정국 혼란 속에서 박 대통령의 범죄 여부를 둘러싼 논쟁은 전국적으로 계속될 듯 보인다. 논쟁이 장기화될수록, 이로 인한 피해는 고스란히 한국 경제에 집중될 것이다. 현 정국 혼란을 극복하기 위해 여야 정치인들이 함께 머리를 맞대어 정직함을 보여준다면 이 같은 논란을 줄이고 경제위기를 막을 수 있을 것이다. 정치권이야말로 더욱 정직해야 하고 경제 안정화를 최대 우선순위로 삼아야 한다. 또한 기업도 긴장래를 보고 과감하게 장기투자를 하도록 유도해야 한다. 세계는 지금 한국 경제와 정치 상황을 유리알처럼 지켜보고 있다. 우리가 현 정국의 혼란을 슬기롭게 극복한다면 지속적 경제성장을 기대할 수 있다.

36. Caring attitude saves the economy

January 10, 2017 (Tue) | THE KOREA TIMES

I have watched the movie "Gandhi" with deep emotion. The film was released around the end of year 1982. It was nominated for Academy Awards in eleven categories, winning eight, including Best Picture. Ben Kingsley played the title role and won for Best Actor. The film dramatized the life of Mahatma Gandhi(1869-1948), the leader of India's non-violent independence movement against the UK rule during the 20th century. Gandhi led India to independence and inspired movements for civil rights and freedom across the world.

In the movie there were numerous scenes that touched me deep in my heart. Among them was one scene I still remember. One of Gandhi's men was killed by political enemies and his staff tried to avenge his death. But Gandhi stopped him by saying something like this, "If everyone revenges 'an eye for an eye', the whole world will be half blinded." Gandhi's men were unhappy not to avenge the death of their friend. Finally, however, their perseverance and non-violent and non-cooperative strategy worked and made India independent. He is called the Father of the Nation.

These days many Koreans are suffering from despair and anxiety. Several years of low growth and high unemployment have driven ordinary people to anger. Young people in particular feel the wrath and sorrow because of increasing competition for quality jobs. They often engage in brutal cut-throat competition amid the decreasing chances of getting married. Married people believe that they cannot afford to raise more than one child due to rising education expenses.

They get angry at political leaders, high-ranking officials, and business tycoons. Along this line they bitterly criticize the lack of presidential leadership. Candlelit rallies have been taking place throughout Korea every Saturday evening for the past two months. In particular the central plaza in front of Gwanghwamun near the Presidential residence has been fully packed with demonstrators. Some Saturdays the people rallied calling for Park to voluntarily resign. Other Saturdays they rallied urging the Constitutional Court to dismiss her impeachment. These rallies will continue for a while regardless of whether or not the Constitutional Court will dismiss Park from office. Unfortunately at the moment, national opinion is split in two. This itself poses as a serious matter in the eyes of foreign investors.

At this point, Korea is in a precarious position politically and economically. The fate of the nation is like a candle flickering in the wind. There is a signal that the nation's economy is shrinking with decreasing exports. The hatred ordinary people have for political and social leaders and for the government may be partially justified but not fully. It is because Korea has been under strong influence of North Korea's provocative actions and the global economic setback.

Young people even question the superiority of capitalism over socialism. However, they must be misguided if they believe that capitalism is to protect the capitalists only. Capitalism is a social system based on the recognition of individual rights including property rights. Politically it is a system of freedom. Legally it is a system of rule of law as opposed to rule of man. Economically it refers to the free-market system.

In the early period of capitalism, financial capital and physical labor were cited as major factors of production. Later 'human capital' and 'social capital' were developed and used as more important productive inputs. The importance of human capital has made people invest in higher education. Social capital is a form of economic and cultural capital in which social networks are central. This concept developed during the 1990s to explain the improved performance of business management and the value derived from strategic alliances, and the evolution of communities. In today's world, we cannot expect the active creation and utilization of our social capital. At any rate, the young people should not be obsessed by the wrong interpretation of capitalism.

The macroeconomic indicators show that the Korean economy is still doing alright. But Korea's social capital is being rapidly eroded as the Korean people increase their hatred and mistrust against one another. We should change our attitude from hatred to forgiveness and from hurting people to caring about people. Then we can save our economy out of the low-growth trap.

36. 저성장 시대의 해법, 상호배려

2017.1.10(화) | 코리아타임즈 신문 게재

　필자는 영화 〈간디〉를 감명 깊게 본 적이 있다. 1982년 말에 개봉한 이 영화는 아카데미상 11개 부문에 걸쳐 후보에 올라 작품상 등 주요 8개 부문을 석권했다. 벤 킹슬리는 주인공 '간디'역으로 아카데미 남우주연상을 수상하였다.

　영화는 마하트마 간디(1869~1948)의 생애를 전기적으로 다루고 있다. 간디는 20세기 동안 영국의 식민통치에 저항한 '비폭력·비협력 운동'을 주도하여 결국 인도의 독립을 이끌었다. 민권과 자유를 수호하기 위한 저항운동으로 세계인의 마음을 움직인 '위대한 영혼'의 지도자이다. 영화 속 감동적인 여러 장면 중 지금도 기억에 생생히 남는 대사가 있다. "모든 사람들이 '눈에는 눈' 식의 보복을 한다면, 온 세상 사람들은 외눈박이가 될 수 밖에 없지." 간디의 충신 중 한 명이 정적에게 암살되어 그의 부하가 복수를 계획하려 하자 간디가 그를 제지하며 한 대사였다. 간디의 부하들은 동료의 죽음에 복수하지 못해 불만이 많았다. 그러나 결국 그들의 인내와 비폭력, 비협동 전략은 성공했고 인도는 독립을 이루었다. 간디는 인도 건국의 아버지로 불리우고 있다.

　많은 한국인들은 요즘 정서불안에 시달리고 절망감에 빠져 있다. 수년에 걸친 저성장, 고실업 문제가 서민들을 분노하게 만들고 있다. 유독 청년층이 분노와 슬픔에 빠져 있는데, 이는 양질의 일자리를 놓고 경쟁이 점점 치열해지고 있기 때문이다. 혹독한 경쟁에 내몰리고 있는 젊은이들의 결혼가능성은 점점 줄어들고 있다. 결혼한 부부들은 치솟는 교육비로 인해 아이를 한 명 이상 낳아서 키울 형편이 안 된다고 말한다.

국민들은 정치지도자, 고위 관료, 재벌기업에 대해 분노를 표출한다. 이에 국정 리더십 부재를 맹비난하며 두 달 전부터 토요일 저녁마다 전국적인 촛불집회를 이어가고 있다. 특히 청와대 인근 광화문 광장에는 집회 참가자들로 발 디딜 틈이 없다. 매 토요 집회마다 대통령의 자발적 퇴진을 요구하는 측과 헌법재판소의 대통령 탄핵 기각을 주장하는 측이 팽팽히 대립하였다. 헌재의 탄핵 기각 여부에 상관없이 촛불집회는 한동안 지속될 듯이 보인다. 국론이 두 가지로 분열된 것은 안타까운 실정이다. 외국인투자가들의 관점에서 보면 작금의 촛불 시위는 매우 심각한 문제로 비춰진다.

한국의 현 정치와 경제 상황은 총체적 난국이다. 국가 운명은 '풍전등화'와 같다. 수출감소로 인한 경제 위축 조짐도 나타나고 있다. 정치, 사회 지도자 및 정부에 대한 서민들의 증오는 부분적으로 합리화될 수 있겠지만 전적으로 합리화할 수 없다. 이유인즉 한국은 그동안 북한의 도발행위와 글로벌 경제위기에 큰 영향을 받아왔기 때문이다.

젊은층은 사회주의에 비해 자본주의가 우월하다는 논리에 의구심까지 가질 것이다. 그러나 자본주의는 결국 자본주의자들만 보호한다고 믿는다면 이는 잘못 알고 있는 것이다. 자본주의란 사유재산권 등과 같은 개인의 권리를 인정하는 사회 시스템이다. 정치적인 측면에서 보면 자본주의는 자유주의 시스템이며 법적인 면에서는 '인치'에 반대되는 법치주의 시스템이다. 경제적인 의미에서 자본주의란 자유시장 시스템을 가리킨다.

자본주의 초기에 생산의 주요소는 금융자본과 물리적 노동력이 언급되었다. 이후 '인적자본'과 '사회적 자본'이 발달하여 더 중요한 생산요소로 사용되어왔다. 인적자본이 중요해짐에 따라 사람들은 고등교육에 투자를 해 왔다. 사회적 자본은 경제, 문화 자본의 형태로 소셜 네트워크가 중추적 역할을 한다. 사회적 자본의 개념은 1990년대에 발달하여 경영 성과개선 및 전략적 동맹에서 비롯된 가치, 그리고 커뮤니티의 발전 등을 설명하였다. 지금 상황에서 우리는 사회적 자본을 적극적으로 조성하고 활용하는 것을 기대할 수 없다. 어쨌든, 사람들은 자본주의의 잘못된 해석에 지나치게 골몰해서는 안 된다.

각종 거시경제 지표에 따르면 한국경제는 아직도 양호한 편이다. 그러나 국민들이 서로에 대한 불신과 증오를 키우고 있으므로 한국의 사회적 자본은 급격히 잠식되고 있다. 타인에 대한 증오를 용서로 바꾸고, 인신공격 대신에 '상호배려'로 마음가짐을 바꾸어야 한다. 그렇게 해야 우리 경제가 저성장 국면을 벗어날 수 있다.

37. Foreign investors' uniform voices

February 22, 2017 (Wed) | THE KOREA TIMES

Prominent international organizations such as the World Bank Group, the UNCTAD, and the OECD all recognize the importance of foreign direct investment (FDI) in economic growth for any country, developing or developed. FDI can bring significant benefits to host countries. These benefits include high-quality jobs, advanced production technology and sophisticated management skills, among others. These benefits are transferred through multinational enterprises (MNEs).

The OECD has pointed out additional benefits of FDI. MNEs can raise the quality of the jobs that domestic firms offer in the host country. Via knowledge spillovers, domestic firms can learn from foreign firms. Domestic firms can recruit workers who have experience in the foreign firms. In general foreign firms offer higher pay than their local counterparts. The wage differential may reflect the technology gap between the foreign and local firms.

In addition, it may also reflect the foreign firms' business strategy to prevent competent workers from transferring to other domestic firms. On this account, foreign-invested companies tend to have labor–dispute problems less often than domestic firms do. Nevertheless, numerous foreign firms around the world are inflicted more or less by radical labor union activities.

Korea has gained much benefit from inbound FDI, so the government is trying to resolve foreign investors' problems and grievances as fast as it can. At the macroeconomic level, FDI has made substantial contribution to economic growth and development. It accounts for about 6 percent of total employment and 18 percent of Korea's exports as of 2016.

Last week at a roundtable discussion meeting for foreign investors, acting President and Prime Minister Hwang Kyo-ahn heartily encouraged foreign investors, promising to greatly improve the investment environment in his opening remarks. In the grievance-listening session, the representatives of foreign firms addressed their challenges and troubles and the government officials answered their requests and provided solutions to many of their pending problems and grievances.

Naturally there exist perceptual differences in implementing the laws between regulators and business leaders. The regulators believe the laws in question are still valid because the underlying conditions have not changed whereas the businesspeople believe that the underlying conditions have changed and outdated laws should be eliminated.

Through the roundtable discussion, however, the perceptual differences between the regulators and foreign business investors were much reduced. The regulators tend to make a defense by saying many new regulations are swiftly made by politicians out of populism. They also point out that unlike developed countries, developing and newly emerging countries tend to have less transparent and less predictable policies. As far as regulatory policies, Korea is not that different from developing countries. In this sense, the Korean government makes great efforts to increase regulatory transparency and predictability.

The government is trying to make regulations and enforcement decrees more transparent and more predictable. In the meantime, the government is trying to seek additional incentives to relieve foreign investors' suffering, which arises in the course of business operations in Korea.

In spite of their perceptual differences, the regulators and business leaders agreed with each other on the following points: Korea has improved the investment environment a great deal for foreign investors but it needs to be improved further. They requested more efforts be made to improve transparency and global standards. The labor market needs to be more flexible. Capital market regulations should be eased up quite a bit.

Over the past two decades, both the National Tax Service and the Korea Customs Services have been improving levying practices but foreign investors are not satisfied. They want the tax authorities to be more predictable in tax administration. They fear tax authorities will send out tax levy notices without specific explanation and wait until they receive grievances from the taxpayers who do not agree with the tax authorities.

The business world of today is uncertain and unpredictable. Both the domestic and global markets are full of risks and are subject to price volatility. Many are concerned that market instability and business risks will be even greater in the future. They envision a coming era of new protectionism. Trumpism may have some negative impact on the world economy.

In closing the roundtable meeting, the government authorities promised that regardless of what will happen in the world arena, they would make strenuous efforts to improve the business environment for foreign investors in Korea. They will hold meetings more frequently to hear foreign investors' grievances and resolve them. Korea wants to attract as many new foreign investors as possible.

37. 외국인투자가의 한 목소리, 투자환경 개선 강조

2017.2.22(수) | 코리아타임즈 신문 게재

세계은행 그룹(World Bank Group), 유엔무역개발회의(UNCTAD) 및 경제협력개발기구(OECD) 등 유명한 국제기구는 선진국에서든, 개발도상국에서든 경제성장 과정에 있어 외국인직접투자(FDI)의 중요성을 높이 평가하고 있다. FDI가 투자대상국에 가져오는 경제적 이익으로는 양질의 일자리 창출, 첨단 제조기술 이전, 그리고 선진 경영기법 전수 효과 등이 있으며 그 장점은 실로 상당하다. FDI의 긍정적 효과는 다국적 기업(MNE)을 통해 확산된다.

OECD는 FDI의 장점을 다음과 같이 지적한다. 다국적 기업은 투자대상국에서 국내기업의 '일자리 질'을 제고하는 효과를 불러올 수 있다. 기업들 간에 지식파급(knowledge spillover) 효과가 발생함으로써, 국내기업은 다국적 기업으로부터 외국의 선진 기술과 노하우를 전수받을 수 있고 외국기업 경력을 쌓은 인재를 고용할 수도 있다. 국내기업에 비해 외국기업의 급여도 전반적으로 높다. 외국기업과 국내기업 간 기술력 차이는 임금격차의 요인이 되기도 한다.

국내기업으로의 인재 유출을 막으려는 외국기업의 경영전략도 임금격차를 불러오기도 한다. 이런 장점 때문에 외국기업은 국내기업에 비해 노동분쟁 발생 빈도가 낮다. 그러나 급진적인 노조활동으로 인하여 현재 외국계 기업의 상당수는 적잖은 타격을 받고 있는 실정이다.

한국은 외국인직접투자(inbound FDI)로 인한 경제적 효과를 크게 누려왔다. 이에 정부는 외국인투자자의 고충 및 애로사항을 신속히 해결하는 데 총력을 기울이고 있다. 거시경제의 측면에서 볼 때, FDI는 경제성장과 발전에 크게 이바지해왔다. 2016년 기준으로 FDI는 총 고용의 약 6%, 국내 수출의 18%를 차지하고 있다.

지난 주에 열린 2017년 외국인투자자 라운드테이블에 참석한 황교안 대통령 권한대행 국무총리는 개회사를 통해 외국인투자자를 치하하고 정부의 지속적인 투자환경의 개선을 약속했다. 이후 이어진 고충·애로사항 청취 세션에서 주한 외국기업 대표단이 경영상의 고충 및 애로사항을 제기하였고 이에 정부 관계자가 답변을 하고 고충 현안에 관해 해법을 제시하는 자리를 가졌다.

법 해석과 시행에 있어 규제 당국과 기업 대표 간의 인식 차이가 생기는 것은 자연스러운 일이다. 규제 여하의 논쟁이 발생하는 것은 정부의 경우, 법에 내재한 조건이 변경된 것이 아니므로 법의 효력이 여전히 있다고 보는 반면, 기업인들은 이런 법의 근본 조건은 이미 변경되었으며 시대에 뒤쳐진 법이므로 철폐되어야 한다고 보기 때문이다. 그럼에도 불구하고, 이번 라운드테이블에서 정부와 외투기업 간 인식 차이를 상당 부분 좁힌 계기가 마련되었다. 규제 당국은 "신설된 규제의 상당수는 정치인들의 포퓰리즘에서 비롯된 것"이라고 밝혔다. 또한 "선진국과는 달리 개발도상국과 신흥경제국의 경우, 정책의 투명성과 예측가능성이 상대적으로 떨어지는 측면이 있다"고 지적하였다. "규제에 관한 한 한국도 신흥국과 크게 차이가 없다. 이에 정부는 정책의 투명성 및 예측가능성 제고를 위해 힘쓰고 있다. 특히 각종 규제와 시행령의 투명성 및 예측가능성을 높이고, 외국인투자자가 겪는 기업 경영상의 고통을 덜어주기 위해 다양한 인센티브 제공을 추진하고 있다"는 점도 덧붙였다.

이런 입장 차이에도 불구하고, 정부와 외투기업은 다음과 같이 의견의 일치를 보았다. 그 중 예를 들면, 1) 향후 외국인 투자환경 개선의 지속적인 노력 필요 2) 투자환경의 투명성 제고 및 글로벌 스탠더드 적용 노력 강화 3) 노동시장의 유연성 증대 및 자본시장 규제완화 등이다.

지난 20년에 걸쳐 국세청과 관세청은 그동안의 과세 관행을 개선해왔지만 외국인투자가들은 불만을 보이고 있다. 이들은 세무행정의 예측가능성 제고를 바라고 있다. 과세에 대한 자세한 설명 없이 납부고지서를 보내고 차후 납세자들이 불만을 제기할 때까지 버티는 자세를 크게 우려한다.

오늘날 글로벌 경영환경은 불확실성과 예측 불가능성으로 설명될 수 있다. 대내외 시장은 각종 경영 리스크와 가격 변동성에 영향을 받고 있다. 앞으로 시장의 불안정성과 경영 리스크는 더 심화될지도 모른다는 우려의 목소리도 커지고 있다. 신보호주의의 도래 및 트럼프주의(Trumpism)에 따라 세계 경제에 부정적인 파급 영향이 예상된다.

결론적으로 이번 라운드테이블을 통해 정부는 세계 경제의 향방에 관계없이 외국인 투자환경 개선에 심혈을 기울이겠다고 약속했다. 또한 외국인투자가의 애로, 고충을 청취하고 해결하기 위해 외국인투자간담회를 자주 개최할 예정이라고 밝혔다. 한국은 더 많은 새로운 외국인투자자 유치를 진심으로 바라고 있다.

38. Betting on ROK's economic resilience

March 22, 2017 (Wed) | THE KOREA TIMES

The world is closely watching the development of the political and security situation on the Korean peninsula. On March 10, former President Park Geun-hye's impeachment was upheld. The Republic of Korea (ROK) will have a new president on May 10.

During the election campaign, there will be hot debates on policy promises among different candidates. The competition in the presidential election may be understood as fighting between right-wing conservatives and left-wing progressives. Many people are concerned that the Korean economy may lose its growth engine and fall into a low-growth trap that it can never get out of.

However, major foreign investors are not that pessimistic. We took a telephone survey asking how they felt about post-impeachment Korean economy. Surprisingly, they were calm and said that the Korean economy would be little affected by political uncertainty. Most of them have been operating their business in Korea for many years. They did not seem to dwell on what has happened in the past but rather they want to look to the future prospect of their business conditions. The leaders of foreign-invested companies had a basic understanding of the structure of the Korean economy and had strong confidence in Korea's post-election economy.

Foreign investors have various reasons why they are optimistic about the overall Korean economy. They include: (1) The Korean economy is resilient enough to sustain its competitive edge, (2) Korea is a highly industrialized economy producing high-value heavy and petro-chemical products, which brings about a lot of forward and backward linkage effects, (3) A large proportion of foreign firms is engaging in the production of intermediate products including precision equipment and machinery, (4) Most of their products are automatically delivered over to large companies, and (5) Compared to other countries, Korea belongs to a group of the five best countries for doing business.

Also foreign investors understand that their future business conditions largely depend on who will be the next president. They hope that the next leader will be the one to whom most Korean people can give trust. The next president does not have to be super smart in everything. The most desirable for the new head of state is to have the most competent and honest officials around that they can easily reach and talk with.

Last but not least, they hope that the new president will be one who believes in the working of free market capitalism. The World Bank Group and other international organizations greatly acknowledge that the ROK is an exemplary country that became an OECD member by adopting the free market system.

To become the nation's successful leader, next president's welfare policy must be successful. Welfare spending should not aim at radically reducing economic inequality. Welfare beneficiaries should be limited to those who cannot stand on their feet by themselves. Otherwise, welfare policy only wastes taxpayers' money.

To implement appropriate welfare policy, the new president should understand that political equality and economic equality are not compatible. Dr. Yaron Brook of the Ayn Rand Institute argues that economic inequality per se is neither good nor bad. Political equality can be understood as the view that the government should protect the equal individual rights of life, liberty and property ownership.

By the freedom of choice which comes under the category of political equality, some will choose to get less education than others and tolerate a low-paying job later. Some will choose to go into high-pressure and high-paying fields. Paradoxically, therefore, if the government emphasizes more economic equality, it can bring about greater political inequality. By similar reasoning, if the government aims at more political equality, it will raise economic inequality.

The argument for economic equality is based on the fixed-income assumption. Given society's fixed income, one person's gain necessarily comes at other people's expense. In reality, however, society's income increases due to innovative work. If the government discourages innovative work, economic inequality will be reduced. But poor people's welfare will be cut as society's total income shrinks. Consequently the government's policy to reduce economic inequality will only hurt poor people.

With the presidential election less than two months away, foreign investors are betting on Korea's economic resilience. If a new president distinguishes between political equality and economic equality and has a proper welfare policy, the business environment for foreign investors will improve significantly.

38. 외국인투자가, 한국경제 복원력에 확신

2017.3.22(수) | 코리아타임즈 신문 게재

세계는 한반도 정치·안보 상황의 전개 방향을 예의주시하고 있다. 3월 10일 박근혜 전 대통령 탄핵 심판이 인용으로 결론이 났다. 이로써 5월 10일 조기 대선이 치러지게 될 것이다.

선거 유세기간 동안, 정책 공약을 놓고 후보간 공방은 더욱 가열될 것이다. 대선경쟁은 보수·우파 진영과 진보·좌파 진영 간 양자 대결로 볼 수도 있을 것이다. 한국 경제가 성장 동력을 잃고 '저성장의 덫'에 빠질 수 있고 저성장 국면에서 벗어나긴 힘들 것이라는 우려의 목소리도 높다.

그럼에도 불구하고, 한국경제에 대한 유력 외국인투자가들의 시각은 그리 비관적이지 않다. 외국인투자가를 대상으로 한 최근 전화 설문조사를 통해 탄핵 이후 한국경제에 대한 입장을 물어봤다. 응답자 대다수는 한국경제는 정치적 불확실성에 크게 영향을 받지 않을 것이라고 하였다. 이런 침착한 반응은 매우 놀라웠다. 외국인투자가 대다수는 한국에서 수년간 사업을 운영해오고 있다. 이들은 과거지사에 연연하는 것 같지 않았으며, 향후 경영여건에 대해 전망하는 미래지향적인 모습을 보였다. 외국인투자기업 대표들은 한국경제의 근간이 탄탄하다는 점을 이해하고 있으며, 한국의 선거 후 경제에 대한 높은 신뢰를 표출하였다.

외국인투자자들이 한국경제 전반에 관해 낙관적인 견해를 표시하고 있는 데에는 다양한 이유가 있다. 첫째, 한국은 경쟁우위를 확실하게 보유하기 때문에 한국경제의 복원력(resilience)이 매우 높다. 둘째, 한국은 각종 전방·후방 연쇄효과를 동반하면서 부가가치가 높은 중화학·석유화학 제품을 생산하는 고도 산업국가이다.

셋째, 외국계기업의 경우 정밀 기계장비 등 중간재 생산활동을 하는 비중이 높다. 넷째, 외국계기업 생산제품의 대다수는 대기업에 자동적으로 납품된다. 다섯째, 한국은 다른 국가에 비해 '사업하기 좋은 나라' 5개국 대열에 속하는 국가이다.

한국의 차기 대통령이 누가 될지에 따라 외국인투자가의 향후 경영여건이 크게 좌우될 것이라고 외국인투자가들은 관측하고 있다. 이들이 바라는 차기 대통령의 조건은 모든 분야에 만능일 필요는 없지만, 한국 국민 대부분이 신뢰할 수 있는 대통령이다. 또한 외국인투자가들과 쉽게 소통할 수 있는 정직하고 유능한 인재를 두루 기용하는 것을 차기 대통령의 가장 바람직한 조건으로 보고 있다.

마지막으로, 외국인투자가들은 자유시장 자본주의 경제체제를 믿는 차기 대통령이 선출되기를 바라고 있다. 우리나라는 자유시장체제 도입으로 OECD 회원국이 되었고, 세계은행 그룹(World Bank Group) 및 여러 국제기구는 한국을 '자유시장체제의 모범국'으로 높이 평가하고 있다.

차기 대통령이 한국의 성공적인 지도자가 되기 위해서는 복지 정책 역시 성공적이어야 한다. 복지 지출에 있어 경제 불균등의 급격한 해소에 역점을 두어서는 안 된다. 복지 수혜자는 스스로 자립할 수 없는 계층에 국한되어야 한다. 왜냐하면 그렇게 되지 않을 경우, 복지 정책은 국민의 혈세를 낭비하는 것과 다름 없기 때문이다.

올바른 복지 정책을 실행하기 위해 차기 대통령은 정치적 균등과 경제적 균등이 양립하기 어렵다는 점을 이해해야 한다. 아인 랜드 연구소(Ayn

Rand Institute)의 야론 부르크(Yaron Brook) 박사에 따르면 경제적 불균등은 그 자체로는 좋지도 나쁘지도 않다고 한다. 정치적 균등이란 정부가 삶, 자유, 그리고 사유재산 소유에 있어 개인의 동등한 권리를 보호해야 한다는 견해로 풀이될 수 있다.

정치적 균등의 범주에서 수반되는 선택의 자유를 통해 일각에서는 다른 이들에 비해 교육을 덜 받고 낮은 보수의 일자리를 향후에 감내하는 것을 택하는 반면, 또 다른 일각에서는 높은 스트레스를 견디면서 고임금을 받는 분야를 택하기도 한다.

이러한 점에서 정부가 경제적 균등 확대를 강조할 경우, 정치적 불균등 확대가 수반될 수 있다는 점은 실로 역설적인 일이다. 동일한 추론을 해보자면, 정부가 정치적 균등의 확대를 지향한다면 경제적 불균등이 증대될 것이다.

경제적 균등에 관한 논증은 고정 소득 가설에 기반을 두고 있다. 사회의 고정 소득을 고려해볼 때, 한 사람의 소득은 반드시 다른 사람의 비용을 희생하여 발생하게 되어 있는 법이다. 하지만 사회의 소득증대 원인은 바로 혁신적 일에 있는 것이 현실이다. 정부가 혁신적 일을 억누르면 경제적 불균등은 해소될 것이다. 그러나 사회의 전체 소득이 감소되면서 이것이 저소득층의 복지삭감으로 연결되고 결과적으로 경제적 불균등을 해소하기 위한 정부정책으로 타격을 받는 쪽은 바로 저소득층이 될 것이다.

대선이 두 달도 채 안 남은 상황이지만, 외국인투자자가들은 강한 복원력을 갖춘 한국경제에 대해 확신하고 있다. 새로운 대통령이 정치적 균등과 경제적 균등의 차이점을 구별하여 이에 맞는 복지정책을 추진한다면, 외국인투자자가를 위한 비즈니스 환경은 크게 향상될 것이다.

39. Spotlighting road to ROK's prosperity

April 19, 2017 (Wed) I THE KOREA TIMES

Friedrich Hayek's book, "The Road to Serfdom" was published in 1944 and became a bestseller. In that book he argues that the abandonment of individualism and classical liberalism inevitably leads to a loss of freedom, the creation of an oppressive society, the tyranny of a dictator and the serfdom of the individual. Although he believes that government intervention in markets leads to a loss of individual freedom, he admits a limited role for government to perform tasks of which free markets are not capable of.

In April 1947, Hayek and Milton Friedman organized the Mont Pelerin Society (MPS). The founding members of the Society were 39 world-renowned scholars. The aims of the MPS were: (1) to facilitate an exchange of ideas between like-minded scholars; (2) to strengthen the principles and practice of a free society; and (3) to study the workings, virtues, and defects of a market-oriented economic system. The MPS has produced nine Nobel Prize winners. They are Friedrich Hayek, Milton Friedman, George Stigler, James Buchanan, Maurice Allais, Ronald Coase, Gary Becker, Vernon Smith and Mario Vargas Llosa.

The society has continued to meet regularly, the General Meeting every two years and the regional meetings annually. At times the society holds special meetings. In September 2014, the board members of the MPS unanimously voted for Korea's hosting of the 2017 MPS Regional meeting in Seoul during May 7-10.

The hosting of an MPS meeting in Korea is long overdue. Economic power countries in Asia have all hosted the MPS meetings except the Republic of Korea. Japan hosted the conference twice in 1988 and 2008. Hong Kong organized meetings twice in 1978 and 2014. Even Taiwan hosted the meeting two times in 1978 and 1988. Hosting an MPS conference requires two to three years of preparatory work. Inviting the speakers, deciding the venue, and funding the expenses are all challenging work.

Currently there are more than 600 MPS members. This time, about 300 will participate in the Seoul Conference. Among them are two Nobel Laureates, Prof. Peter Hansen of the University of Chicago and Prof. Vernon Smith of Chapman University. Many of them have long admired Korea's economic success. They are coming to Seoul with great excitement to see the remarkable progress Korea has made.

The theme of the MPS Seoul Meeting is "Economic Freedom: The Road to Prosperity." The speakers are bringing with them special messages to the Korean people. Their messages feature such issues as income inequality, entrepreneurs' innovation, productivity and employment, central banking in times of change and financial stability, welfare and taxation, and security on the Korean peninsula.

In the plenary sessions, the speakers and panelist will discuss various issues including the conceptual relationship between political inequality and income inequality. They argue that economic inequality per se is neither good nor bad and that if the government aims at more political equality, it will raise economic inequality.

Another issue that will catch the attention of the audience is the adoption of a new macroeconomic indicator, GO (Gross Output) or GDE (Gross Domestic Expenditure). The idea is to remedy the weakness of the conventional GDP (Gross Domestic Product) indicator which fails to measure entire business activities within a specified period. They argue that supporting business activities rather than household consumption would be a lot more effective in expanding jobs. They will specifically demonstrate how to construct a new times series for GO or GDE.

They will also provide new thoughts and guides in central banking. They emphasize the fundamental principles of central banking. They believe both price and financial stability are the key objectives of the central bank. The maintenance of such stability is the precondition for the attainment of sustainable growth.

The 2017 MPS Seoul Conference overlaps with Korea's presidential election. The participants understand that Korea is now at a crossroads. Depending on the result of the presidential election on May 9, the Korean economy may continue steady growth or unstably jump up and down under political uncertainties. Whoever becomes the next president, the MPS participants hope Korea will continue to prosper economically and they will try their best to help us. We hope that the MPS Seoul meetings will shed light on the road to Korea's continued prosperity.

39. 한국 '번영으로 가는 길' 집중조명

2017.4.19(수) | 코리아타임즈 신문 게재

프리드리히 하이에크의 저서 『노예의 길(The Road to Serfdom)』은 1944년 출판되어 베스트셀러에 올랐다. 하이에크는 이 책에서 개인주의와 고전적 자유주의를 포기하는 것은 필연적으로 자유의 상실, 억압적 사회 조성, 독재자의 횡포, 그리고 개인의 속박으로 귀결된다고 주창했다. 정부의 시장개입은 개인의 자유를 훼손시키며 시장을 대체할 수 없는 한계를 갖고 있다는 점을 인정하고 있다.

몽펠르랭 소사이어티(Mont Pelerin Society · MPS)는 하이에크와 밀턴 프리드먼의 주도로 1947년 4월에 출범했다. 창립 당시, 회원은 세계 정상급 석학 39명이었다. MPS의 목표는 다음과 같다. 첫째, 뜻이 맞는 석학 간의 학술적 상호 교류 촉진, 둘째, 자유사회의 원칙과 실천 강화, 그리고 셋째, 시장지향적 경제시스템의 작동원리 및 장단점 연구 등이다. MPS는 9명의 노벨경제학상 수상자를 배출해왔다. 역대 수상자로는 프리드리히 하이에크를 비롯해 밀턴 프리드먼, 조지 스티글러, 게리 베커, 제임스 뷰캐넌, 모리스 알레, 로널드 코스, 버넌 스미스, 마리오 바르가스 요사 등이 있다.

MPS 정기총회는 2년마다, 지역총회는 매년 개최한다. 특별총회를 개최하는 경우도 있다. 2014년 9월, MPS 이사회 회원은 '2017 MPS 서울총회' 개최를 만장일치로 결정하였으며, 올해 총회는 5월 7~10일 서울에서 열린다.

MPS 서울총회 개최는 한국의 오랜 숙원이 이뤄진다는 점에서 의의가 있다. 그동안 아시아 주요국에서 지역총회와 총회가 열린 적이 있지만 한국은 이번이 처음이다. 일본(1988년 및 2008년), 홍콩(1978년 및 2014년), 대만(1978년 및 1988년)은 각각 두 차례 총회를 개최한 바 있다. MPS 총회 개최 준비는 꼬박 2–3년이 소요된다. 연사 초청, 장소 선정, 행사 비용조달 등 모두 만만치 않은 일이다.

현재 MPS 회원은 600명 이상이며 이번 서울총회에 약 300명이 참석할 예정이다. 특히, 노벨경제학상 수상자 피터 핸슨 미국 시카고대 교수, 버넌 스미스 채프먼대 교수 2명이 참석한다. MPS 회원들은 한국경제 성공을 다들 부러워한다. 이들은 부푼 기대와 설렘을 가득 안고 방한하여 한국이 이룬 눈부신 발전을 직접 보게 될 예정이다.

'2017 MPS 서울총회'의 주제는 '경제적 자유: 번영으로 가는 길'이다. 초청 연사들은 한국인에게 특별 메시지를 전달할 예정이다. 주요 이슈로는 소득 불균등, 기업가 혁신, 생산성, 고용, 변화와 금융 안정이 필요한 시기의 중앙은행, 복지, 조세, 한반도 안보 등 매우 다양하다.

연사와 패널리스트는 총회 세션에서 정치적 불균등과 소득 불균등 간의 개념적 관계 등 다양한 이슈를 논의할 예정이다. 이들의 주장에 따르면, 경제적 불균등은 그 자체로 좋지도 나쁘지도 않으며, 정부가 정치적 균등 확대를 지향할 경우 경제적 불균등도 증대될 것이라고 지적하고 있다.

청중의 관심을 사로잡을 또 다른 이슈는 새로운 거시경제지표인 '총생산(GO:Gross Output)' 및 '국내총지출(GDE:Gross Domestic Expenditure)'의 도입이다. 기존 국내총생산(GDP)은 연간 총소득에 치중한 개념으로 일정 기간 여러 생산단계에 걸쳐 일어나는 기업의 총 경제활동을 파악하기 어렵다. GDP의 이런 단점을 보완하는 지표가 GO 및 GDE이다. 총 가계소비에 치중하지 않고 기업의 총생산활동에 중점을 두는 것이 고용증대 효과로 이어진다고 보는 것이다. 새로운 GO 및 GDE 구성을 산출하는 법도 상세하게 설명할 예정이다.

더 나아가 중앙은행에 대한 새로운 통찰력과 가이드도 제시할 계획이다. 특히 중앙은행의 기본원칙에 대해 주안점을 두고 있다. 물가안정 및 금융안정은 중앙은행의 핵심 목표이다. 물가안정과 금융안정을 도모하는 것이 지속 가능한 성장을 달성하는 선제조건이다.

'2017 MPS 서울총회'는 한국의 대선과 일정이 겹친다. 참가자들 사이에서 현재 한국은 변화의 기로에 서 있다고 보고 있다. 오는 5월 9일 대선 결과에 따라 한국경제는 성장을 지속하거나 또는 증대되는 정치적 불확실성으로 인해 불안정한 변동을 거듭할 것으로 전망된다.

차기 대통령이 누가 되든지 간에 MPS 참가자들은 한국의 경제번영이 지속되기를 바란다. 무엇보다도 이들은 한국 경제번영에 도움이 되기를 바란다. 우리도 이번 MPS 서울총회가 '지속적 번영으로 가는 길'을 집중 조명하는 기회가 되길 바라는 바이다.

40. Our FDI ombudsman copied

May 23, 2017 (Tue) | THE KOREA TIMES

Lately the number of high-ranking foreign officials visiting the Office of Foreign Investment Ombudsman has increased significantly. They want to adopt the Korean ombudsman system after witnessing the system working nicely. This has been reaffirmed by the World Bank Group, the UNCTAD, and the OECD. These international organizations analyzed the special features of Korea's FDI ombudsman system and highly recommend its adoption to their member countries. For this purpose, such countries as Brazil, Thailand, the Philippines, Paraguay, Tanzania, and Indonesia have visited us to adopt the Korean ombudsman system.

Among the various features of the Korean ombudsman system, foreign analysts point out the three most notable ones. They are: (1) the home doctors unit, (2) on-line regulatory information service, and (3) the ombudsman's mediating role.

The home doctors unit in the ombudsman's office carries out an important task. The ombudsman alone cannot resolve all grievances. The term "home doctor" is synonymous with "family doctor" who knows a patient's chronic illnesses like a family member. He provides preventive care and health education. The family doctor keeps the patient's illness confidential unless the patient says otherwise. Likewise the home doctors in the office of the foreign investment ombudsman provide foreign investors with needed services.

Currently there are about 4,000 foreign-invested companies that are under the ombudsman's special care and each home doctor takes care of 500 foreign-invested companies. The professional specialties of the home doctors are the lawyer, the CPA, the CPLA (Certified Public Labor Attorney), and more. They provide needed information on demand and they even proactively reach out to the foreign firms to identify their grievances.

The online regulatory information service for foreign companies is provided in Korea to curb the hasty production of unnecessary regulations. Foreign-invested companies can visit the ombudsman's regulatory information portal at http://www.i-ombudsman.or.kr and they can submit their opinions regarding the preannounced laws and regulations proposed by either the government or the national assembly. If the preannounced bills turn out to be unjustifiable, those bills tend to be dropped before enactment.

The mediating role of the foreign investment ombudsman draws world-wide attention. Korea's FDI ombudsman unit is a politically independent entity. The Korean FDI ombudsman system was established in 1999 according to Article 15-2 of the Foreign Investment Promotion Act. So it has legal authority to initiate a mediating role when a dispute arises between a government agency and a foreign-invested company.

Disputes can arise when there are differences in the interpretation of regulations between the relevant government agency and the foreign investor. The ombudsman's mediating role is greatly appreciated by both parties as it can prevent their initial dispute from developing into an ISD case. The dragging disputes are often settled when the ombudsman introduces their case to the public for the right answers through the media.

Despite the fact that Korea has a great ombudsman system, many foreign investors feel that too many regulations are unjustifiable. They uniformly say that Korea should reduce barriers to investment. Things have been somewhat eased off so far but still it is very difficult to start a new business in Korea.

On May 10, President Moon's government began. Foreign investors wonder what will be the overall economic policy, and particularly FDI policy of the new government. Although the new cabinet members have not been appointed yet, our rational expectation is that the new government will try to attain the typical five economic goals of high employment, price stability, stable growth, production efficiency, and equitable distribution. There may be slight changes in the weights to be assigned to among the five economic goals.

This expectation is based on the fact that senior economic advisers to President Moon are top-notch economists who have earned their PhD.s in economics at prestigious universities in the U.S. and Europe. They fully understand the merits of free trade and international investment. Furthermore they greatly appreciate foreign-invested companies which bring advanced manufacturing technology with them. So the new government's FDI policy would be the same and it would continually emphasize deregulation.

Under President Moon's leadership, Korea's FDI ombudsman system would continue to work well. Korea's home doctor system, the online regulatory information service, and the ombudsman's mediating role are all worthy of benchmarking. Most importantly, the customer-oriented mindset of the staff members may as well be benchmarked.

40. 한국 FDI '옴부즈만' 벤치마킹

2017.5.23(화) | 코리아타임즈 신문 게재

최근 외국인투자 옴부즈만 사무소를 방문하는 여러 국가의 외교사절단 수가 크게 증가하고 있다. 방한사절단은 옴부즈만 제도의 원활한 운영을 직접 보고 난 후에는 제도 도입을 희망한다.

세계은행그룹(World Bank Group), 유엔무역개발회의(UNCTAD) 및 경제협력개발기구(OECD)는 이러한 점을 재확인한 바 있다. 이 국제기구들은 한국의 FDI 옴부즈만 제도의 특성을 분석하여 제도 도입을 회원국들에게 적극 권장하고 있다. 옴부즈만 제도 벤치마킹 방한 사절단은 여러 국가(예: 브라질, 태국, 필리핀, 파라과이, 탄자니아, 인도네시아 등)에서 우리 사무소를 방문하고 있다.

한국의 옴부즈만 제도의 다양한 특징 중 외국 분석가들이 꼽는 세 가지 주요 특징은 첫째, 홈닥터 조직(unit), 둘째, 온라인 규제정보서비스, 그리고 셋째, 옴부즈만의 중재자 역할이다.

옴부즈만 사무소의 홈닥터 조직은 중요한 역할을 수행하고 있다. 옴부즈만 혼자서 온갖 고충을 다 해소할 수 없기 때문이다. '홈닥터'란 용어는 '주치의'와 동의어라고 볼 수 있다. 주치의는 환자의 만성질환을 식구처럼 속속들이 파악하기 때문이다. 주치의는 예방 치료와 보건 교육을 제공한다. 특별히 환자의 요구가 없는 한, 환자의 비밀을 유지할 의무가 있다. 마찬가지로, 외국인투자 옴부즈만 사무소의 홈닥터도 외국인투자가에게 필요한 서비스를 제공한다.

현재 옴부즈만 사무소에서 집중 관리하는 외국인투자기업은 4,000여 개사이다. 전담 홈닥터가 이들 기업 중 500개의 외투기업을 밀착 관리하고 있다. 홈닥터는 변호사, 공인회계사, 공인노무사 등 다양한 전문성을 보유하고 있다. 고객에게 맞춤정보를 제공하고, 직접 '고객을 찾아가는 서비스'를 통해 외국기업의 고충 파악에 힘을 쏟고 있다.

또한 불필요한 규제가 성급하게 만들어지는 것을 막기 위한 취지로 '외투기업을 위한 온라인 규제정보서비스'를 제공하고 있다. 서비스 이용방법은 매우 간단하다. 먼저, 규제정보포탈에 접속한다(http://www. i-ombudsman.or.kr). 그런 다음 정부·의회에서 발의한 입법예고 법령에 대한 의견을 제출한다. 입법예고 법안이 불합리하다고 판명되면 제정 전에 파기되는 경향이 있다.

외국인투자 옴부즈만의 '중재자' 역할도 세계인의 관심을 집중시키는 특징이다. 한국의 FDI 옴부즈만 조직(unit)은 정치적으로 독립적인 성격을 지니며, 외국투자진흥법 제15조-2에 근거하여 1999년에 설립되었다. 이에 따라, 정부 기관과 외투기업 간 분쟁 발생 시, 중재 역할을 단행할 법적 권한을 가지고 있다.

분쟁은 주로 해당 정부기관과 외국인투자자 간의 법 해석에 있어 의견 차가 생길 때 발생한다. 이런 상황에서 양자 간 옴부즈만의 중재자 역할은 높이 평가된다. 분쟁이 투자자-국가 간 소송(ISD)으로 가는 것을 사전에 예방하는 데 기여할 수 있기 때문이다. 옴부즈만이 분쟁에 대한 해결책을 언론을 통해 대중에게 제시할 때, 지지부진한 분쟁이 해결되는 경우가 많다.

한국 옴부즈만 제도의 우수성에도 불구하고, 불합리한 규제가 너무 많다고 외국인투자가들은 느끼고 있다. 이들은 한국의 외국인투자 장벽을 줄여야 한다고 한 목소리로 입을 모은다. 지금까지 상황은 다소 안정된 측면이 있으나, 외국인들이 한국에서 사업을 시작하는 데 어려운 점이 많은 것도 엄연한 사실이다.

5월 10일, 문재인 대통령의 새 정부가 출범했다. 새 정부의 전반적인 경제정책, 특히 새 정부의 FDI 정책방향은 외국인투자가들이 궁금해하는 사항이다. 새 정부 내각 구성원들이 아직 다 임명되지는 않았으나, 고용증대, 물가안정, 안정적 성장, 생산 효율성, 균등 분배의 5대 경제목표 달성을 위해 노력할 것이라고 합리적으로 기대할 수 있다. 5대 경제목표의 구체적인 타겟은 정책 우선순위에 따라 일부 달라질 수도 있다.

문 대통령의 고위 경제보좌관들이 저명한 경제학자들(미국과 유럽의 명문대 경제학 박사학위를 수료)이라는 점은 이런 합리적 기대의 근거가 된다. 이들은 자유무역과 국제투자의 장점을 완전히 이해하고 있다. 더 나아가, 고도제조기술을 수반하는 외투기업을 높이 평가한다. 그러므로 새 정부의 FDI 정책은 전과 크게 다르지 않을 것이며, 지속적인 규제완화를 강조할 것이다.

문 대통령의 리더십 하에서 한국의 FDI 옴부즈만 제도의 원활한 운영은 지속될 것이다. 한국의 홈닥터제도, 온라인 규제정보서비스, 그리고 옴부즈만의 중재자 역할 모두 벤치마킹할 가치가 높다. 무엇보다 중요한 사실은, 옴부즈만 사무소 직원들의 고객중심 마인드를 벤치마킹해야 한다는 점이다.

41. Secrets of FDI attraction and retention

June 19, 2017 (Mon) | THE KOREA TIMES

Last week I attended the 2017 Investment Promotion Agency (IPA) Best Practice Roundtable. The Roundtable was held in Washington, D.C., and was organized by SelectUSA. The participants shared their knowledge or experiences of FDI attraction and retention. At this meeting I explained the role of Korea's foreign investment ombudsman trying to retain foreign-invested companies by providing various after-care services.

SelectUSA helps companies of all sizes to find the necessary information and assists U.S. economic development organizations to compete globally for investments.

The striking lesson I have learned during the Roundtable was that not only the developing countries but also advanced countries desperately try to attract foreign business investment, including the U.S. But their strategy is a lot different than that of developing countries. Advanced countries try to emphasize the availability of factors conducive to investment regardless of whether they are local or foreign investors. By contrast, developing countries tend to provide discriminatory benefits or incentives for foreign companies.

Foreign business investors enter into a host country in various entities. For example, they come either as a multinational enterprise or a single-national company. From their standpoint, foreign business investors try to put their money in the most profitable place regardless of whether it is a developed or developing country.

Foreign companies choose a host country for various reasons. They want to make the most use of the favorable factors the host country has available. They include a huge consumer market, lower-cost production, access to abundant natural resources, profitable technology transfer, etc.

In general the regulatory environment in the advanced countries is conducive to starting and operating a business. More importantly their business culture encourages free enterprise and competition. More specific advantages that developed countries may have available are: a business-friendly climate, abundant natural resources, an expansive infrastructure network and efficient financial markets.

By contrast, developing countries tend to provide discriminatory incentives for foreign investors. They provide a variety of FDI incentives: (1) reduction or exemption of the local government's acquisition and property tax and of the central government's corporate tax; (2) cash grants provided to foreign businesses accompanying advanced technology; and (3) foreign investment zones designated to provide industrial site support. In spite of these incentives, however, their FDI policy is not always successful.

As part of the efforts to promote foreign investment from developed countries to developing countries and vice versa, the World Bank started publishing "Doing Business" annually 14 years ago. It ranks the ease of doing business for 190 countries. In "Doing Business 2017," New Zealand, Singapore, Denmark, Hong Kong, South Korea, Norway, the U.K., the U.S., Sweden and Macedonia are the top 10 countries. New Zealand ranks first and Macedonia 10th.

"Doing Business" measures aspects of regulations that enable or prevent private sector businesses from starting, operating and expanding. These regulations are measured using 11 indicator sets. They are: starting a business, dealing with construction permits, getting electricity, registering property, getting credit, protecting minority investors, paying taxes, trading across borders, enforcing contract, resolving insolvency and labor market regulations.

The 11 sets of "Doing Business" were determined by one of the World Bank's research teams. They used firm-level data gathered through extensive surveys. These surveys provided data regarding obstacles to business activities as reported by more than 130,000 firms in 139 economies.

While developed countries try to attract FDI by publicizing the various factors they can proudly present such as transparent and predictable legal standards, advanced technology and a pro-business environment, developing countries try to attract FDI by providing such incentives as tax support, cash grants and industrial site support.

In spite of all these incentives, however, foreign companies encounter numerous problems. These problems occur due to misunderstandings of the existing laws or misapplication of tax laws and environmental rules regardless of whether the host countries are advanced or developing. Foreign companies need after-care services so an ombudsman's service is needed in any country receiving FDI.

Nevertheless, every host government should bear in mind that pure business risks and market uncertainties always exist. It would be fair and just for investors to take on such risks and market uncertainties. So the host countries should not waste their resources by granting excessive benefits or incentives for foreign investment.

41. FDI 유치와 보유에 대한 비밀

2017.6.19(월) | 코리아타임즈 신문 게재

필자는 지난 주에 SelectUSA의 주관으로 워싱턴 D.C.에서 개최된 2017년 투자진흥기관 우수사례 토론회에 참석하였다. 참가자들은 FDI 유치와 유지에 대한 지식과 경험을 공유하였다. 필자는 이번 토론회에서 외국인투자기업을 유지하기 위해 다양한 사후 관리를 제공하는 한국의 외국인투자 옴부즈만의 역할에 대해 설명하였다.

SelectUSA는 모든 규모의 기업들이 필요한 정보를 찾을 수 있도록 돕고 있으며 미국의 경제개발기구들이 투자를 위해 국제적으로 경쟁할 수 있도록 지원하고 있다.

필자가 이번 회의를 통해서 배운 가장 놀라운 것은 개발도상국뿐만 아니라 미국을 포함한 선진국들도 외국인투자를 유치하기 위해 필사적으로 노력한다는 것이다. 그러나, 선진국들의 전략은 개발도상국 전략과는 많이 다르다. 선진국들은 국내 투자가든 외국인투자가든 상관없이 투자에 도움이 되는 요소들의 가능성을 강조하는 반면, 개발도상국들은 외국인기업에게 국내기업과는 차별적인 혜택 또는 인센티브를 제공하려는 경향이 있다.

외국인투자가들은 유치국에 다양한 기업 형태를 갖추어서, 예컨대, 다국적 기업 또는 단일 기업 형태로 진출한다. 외국인투자가들의 관점에서는 투자하는 국가가 선진국 또는 개발도상국인 것과는 상관없이 가장 수익이 높은 곳에 투자하려고 한다.

외국기업들이 투자 상대국을 결정하는 데는 다양한 이유들이 있다. 유치국이 제공할 수 있는 호의적인 요인들을 최대한 활용하기를 원한다. 그 요인들은 큰 소비시장, 저비용 생산, 풍부한 천연자원, 수익성 높은 기술이전 등이다.

일반적으로 선진국의 규제환경은 사업을 시작하고 운영함에 있어 도움이 되는 편이다. 더욱 중요한 것은 선진국의 사업문화가 자유형 기업과 경쟁을 장려한다는 것이다. 선진국이 제공할 수 있는 구체적인 장점들로 기업 친화적 환경, 풍부한 천연자원, 광대한 인프라 네트워크 및 효율적인 금융시장 등을 꼽을 수 있다.

반면에, 개발도상국은 외국인투자자에게 차별적이고 다양한 인센티브를 제공한다. 개발도상국의 FDI 인센티브는 (1) 지자체의 취득세, 재산세 감면 및 중앙정부의 법인세 감면 (2) 고도기술수반 기업을 위한 현금지원 (3) 산업부지 지원을 위한 외국인투자지역 지정 등이다. 그러나, 다양한 인센티브 제공에도 불구하고 개발도상국의 FDI 정책은 반드시 성공적이지는 않다.

선진국에서 개발도상국으로 그리고 개발도상국에서 선진국으로, 외국인직접투자를 증진하려는 노력의 일환으로, 세계은행은 14년 전부터 매년 기업환경평가서 "Doing Business"를 발간해오고 있으며, 190개국의 사업운영 용이성을 평가한다. 2017년 "Doing Business"에서는 뉴질랜드, 싱가포르, 덴마크, 홍콩, 대한민국, 노르웨이, 영국, 미국, 스웨덴 및 마케도니아가 탑 10 국가이며 뉴질랜드가 1위, 마케도니아가 10위이다.

"Doing Business"는 민간부문 창업, 사업운영, 및 사업 확대 가능성 또는 방지에 대한 규제 측면을 측정한다. 동 규제들은 11개 지표로 나뉘어 측정되며, 11개 지표는 창업, 건축 관련 인허가, 전력수급, 재산등록, 신용

획득, 소액투자자 보호, 납세, 국제교역, 계약이행, 도산처리, 노동시장 규제 등이다.

"Doing Business"의 11개 지표는 세계은행 연구팀이 개발하였다. 세계은행 연구팀은 회사 단위별로 설문조사를 통하여 수집한 방대한 자료를 사용하였다. 동 설문조사는 139개국의 130,000개 회사가 제출한 기업 활동 방해 요인들을 측정하였다.

선진국들은 FDI를 유치하기 위해 투명성, 예측 가능한 법률 기준, 고도 기술 및 기업 친화적 환경 등 다양한 요소들을 자랑스럽게 홍보하는 반면, 개발도상국들은 FDI 유치를 위해 세금지원, 현금지원, 및 산업부지 지원 등의 인센티브 제공을 홍보한다.

그러나, 이러한 인센티브가 있음에도 불구하고 외국인 기업들은 여러 가지 문제점들에 직면하게 된다. 이러한 문제점들은 유치국이 선진국이든, 개발도상국이든 관계없이 기존 법률에 대한 해석착오, 세법 및 환경 규제를 잘못 적용함으로써 발생한다. 이에 따라 FDI를 유치하는 국가는 옴부즈만 서비스와 같은 외국인기업들이 필요로 하는 사후관리 서비스 도입이 필요하다.

그럼에도 불구하고, 모든 유치국 정부에는 사업 리스크와 시장 불확실성 등이 항상 존재하고 있음을 염두에 두어야 한다. 투자가들은 이러한 리스크와 시장 불확실성을 받아들이는 것이 공정하고 정당하다. 따라서, 유치국들은 외국인 투자를 위해 과도한 혜택이나 인센티브를 부여하면서 자원을 낭비하지 않아야 한다.

42. Chemicals viewed as two-edged sword

July 18, 2017 (Mon) I THE KOREA TIMES

Chemical substances and chemical products affect people's everyday lives. Chemists have developed chemicals to use for sanitation, preserving food, curing diseases and creating multiplying crop yields. Wastewater treatment is an example of sanitation. Chlorine is used to kill bacteria and other microorganisms. Salt and vinegar were the first food preservatives and they inhibited the growth of microorganisms. Later, chemicals began to be used as food preservatives. Aspirin is another good example. Aspirin is a chemical which is frequently used as medicine. It treats diseases from the common cold to cancer. These chemicals are notable as providing great benefits to humans.

But other chemicals provide both benefits and risks to humans. Fertilizers, for example, can provide both benefits and risks. Fertilizers promote plant growth but the leaking of fertilizers into streams and ponds harms the ecosystem. Similarly, pesticides kill pest organisms and contribute to increasing crop production but some pesticides such as DDT have harmful effects on the organisms that need to be preserved.

Last week the Office of the Foreign Investment Ombudsman held the Conference for the Improvement of the Chemicals-related System. In that Conference more than 100 people participated. Most of them were representatives of foreign-invested companies doing business in

Korea. Also, several officials from the Ministry of Environment (MOE) and the Ministry of Trade, Industry and Energy (MOTIE) attended to listen to the foreign investors' problems and grievances.

At the conference, MOE officials kindly explained the draft revisions of chemicals regulations on the registration and evaluation of hazardous chemicals and on the safety management of household chemicals and biocides. The attendees raised a lot of questions about the newly proposed laws and enforcement decrees and the government officials tried to kindly answer them. Still, however, various issues were left to be clarified. This is because of perceptional differences inherently existing between those who regulate and those who are regulated.

The chief regulator, MOE, has been empowered by the National Assembly to maintain high standards in the protection of the environment and human health and they revise chemical regulations every time the necessity arises. To accomplish their tasks, the regulators focus on the following activities: (1) strengthen the safe management of hazardous chemicals so they may prevent and decrease accidents involving hazardous chemicals, and (2) regulate processes for notification and evaluation of new chemical substances.

MOTIE has been empowered by the National Assembly to keep the nation's chemicals industry as competitive as possible. To accomplish this task, MOTIE tries to eliminate obsolete or unnecessary regulations on chemicals, notifications processes, and safe management of toxic chemical substances.

However, the foreign-invested companies tend to be discontent with MOTIE for being late or not swift in taking necessary actions. And the foreign investors feel frustration for MOE being too restrictive.

Unfortunately, however, Korea has a bitter experience related to traumatic chemical accidents which resulted in many casualties and economic losses to consumers. Humidifier sterilizers caused over 100 deaths in 2011. The revelation of toxic substances in toothpaste products in 2016 shocked the Korean people again.

Under these circumstances, everybody seems to be unhappy. Periodically the officials of both MOE and MOTIE are summoned to the National Assembly and get severe criticism from the lawmakers that they are negligent in protecting the nation's environment and the people's health.

However, if the ministry officials, lawmakers, and foreign investors fully understand their own positions and other positions as well, the perception gaps among these four groups of stakeholders would decrease so they may come to an appropriate level of agreement.

Chemicals can be viewed as a double-edged sword. They can cause both advantages and problems. If chemicals are safely stored and used, they surely enrich our lives significantly. But if the chemical substances and chemical products are mistreated, they may turn into deadly weapons. If all stakeholders concerning the production, consumption, and the regulation of chemicals fully understand the issues involved and trust one another, they will all be the winners.

42. 양날의 칼, 화학물질

2017.7.18(월) | 코리아타임즈 신문 게재

화학물질과 화학제품들은 우리의 일상 생활에 영향을 준다. 화학자들은 위생, 저장음식, 질병치유 및 작물수확량 배가생산 등에 사용하기 위해서 화학물질을 개발하였다. 폐수처리는 위생의 예가 되고, 염소는 박테리아와 여타 미생물을 죽이는 데 사용되었다. 소금과 식초는 미생물 증식을 억제하여 최초의 음식물 방부제로 사용되었고. 이후에 화학물질이 음식물 방부제로 사용되기 시작했다. 아스피린도 좋은 예가 된다. 아스피린은 의약품으로 자주 쓰이는 화학물질로, 일반 감기에서 암에 이르기까지 다양한 질병들을 치료하는 데 사용된다. 이러한 화학물질들은 인간에게 큰 혜택을 제공하는 것으로 알려져 있다.

그러나 다른 화학물질들은 인간에게 혜택도 주지만 위험하기도 하다. 위험성을 모두 제공한다. 예를 들어, 비료는 이익이 될 수도, 위험할 수도 있다. 비료는 식물의 성장을 촉진하지만 개울과 연못으로 누출된다면 생태계에 해를 끼치게 된다. 농약도 해충을 퇴치하고 작물의 생산증대에 기여하지만 DDT와 같은 살충제는 보존해야 할 미생물에 해로운 영향을 미친다. 이렇게 좋고 나쁜 영향을 동시에 줄 수 있는 화학제품들이 많이 있다.

지난 주, 외국인투자 옴부즈만 사무소는 화학물질 관련 제도 개선을 위한 간담회를 개최하였다. 간담회에는 외국인투자기업에서 100여 명이 참석하였고, 환경부와 산업통상자원부 관계자들도 참석하여 외국인투자가들의 고충과 애로사항을 청취하였다.

이번 간담회에서는 환경부 관계자들이 유해 화학물질 등록 및 평가와 관련된 화학물질 규제 개정안과 가정용 화학물질 및 살생물제의 안전관리에 대해 발표하였다. 참석자와 정부 관계자들은 새롭게 제안된 법률과 시행령에 관하여 질의응답 시간을 가졌다. 그러나, 여전히 해결되어야 할 많은 과제들이 남아 있다. 이는 규제를 하는 자와 규제를 받는 자 간에 내재하는 인식의 차이 때문이다.

환경부는 환경과 국민건강 보호를 위해 화학물질 규제에 대한 높은 기준을 유지하도록 국회로부터 권한을 부여받았고, 필요할 때마다 규제를 재검토한다. 환경부는 주어진 과제를 달성하기 위해서 (1) 유해 화학물질 사고 예방과 감소를 위한 유해 화학물질안전관리 강화 (2) 신규 화학물질 등록 및 평가절차 규제 활동에 집중하고 있다.

산업통상자원부는 국가의 화학물질 산업을 최대한 경쟁력 있게 유지하도록 권한을 부여받았다. 산업통상자원부는 이 과업을 달성하기 위해서 화학물질, 등록절차 및 유해 화학물질 안전관리에 관한 낡고 불필요한 규제를 제거하기 위해 노력하고 있다.

그러나 외국인투자기업들은 산업통상자원부가 필요한 조치를 취함에 있어서 신속하지 못하고 지체하는 점에 대해 불만을 갖는 경향이 있으며 또한, 환경부가 지나치게 규제한다는 사실 때문에 불만을 갖는다.

불행하게도 한국은 매우 충격적인 화학물질 사고와 관련된 쓰라린 경험이 있다. 많은 사상자가 발생하였으며 다수 소비자가 경제적 손실을 입었다. 2011년에 발생한 가습기 살균제 사고로 100명이 사망하였고, 2016년에는 치약에서 유해성분이 검출되어 국민들은 한번 더 충격을 받았다.

이러한 상황 속에서, 모두가 불행한 것 같다. 환경부와 산업통상자원부

관계자들은 주기적으로 국회에 호출되었고 입법자들로부터 국가환경과 국민건강을 지킴에 있어 부주의하다는 심한 질책을 받았다.

그러나, 환경부 및 산업통상자원부 관계자, 입법자 그리고 외국인투자가들이 상호간의 입장을 이해한다면 네 개 집단의 이해관계자 간 인식의 격차가 줄어들 것이며 적절한 합의 수준을 도출할 수도 있을 것이다.

화학물질은 양날의 칼로 볼 수 있다. 이득이 될 수도, 문제가 될 수도 있기 때문이다. 화학물질이 안전하게 보관되고 사용된다면, 틀림없이 우리의 삶을 더욱 풍요롭게 하겠지만 이것들이 잘못 취급된다면 치명적인 무기가 될 수도 있다. 화학물질 생산, 소비 및 규제와 관련된 모든 이해관계자들이 서로의 사안을 충분히 이해하고 상호 신뢰를 구축하면 모두 승자가 될 것이다.

43. All nations desire FDI inflows

August 22, 2017 (Tue) | THE KOREA TIMES

Until a few years ago I had taught international economics including a subject about international trade and foreign direct investment (FDI) at Sungkyunkwan University. I remember this subject was very popular among the students, particularly foreign students. By the university's policy, I have lectured this course in English because a good number of foreign students were taking courses at the University under international exchange programs.

In the beginning the students were excited about the class. Later on, however, they became serious when analyzing the results of FDI flows from advanced countries to developing countries. They had some critical questions in mind such as "Will the host country get the expected benefits?" They became relieved when they learned that such countries as Singapore, Hong Kong, Taiwan, and Korea became success stories. They have all benefited from FDI.

Nevertheless, concerns about FDI still exist in the emerging and developing countries. Some people, especially younger people in those countries tend to worry that in the real world developing countries would not be able to benefit from FDI because the advanced countries dominate in the entire international markets.

Again their concerns have little foundation. There are so many industries that no single country will be dominant in every industry.

There are numerous industries where even developing countries have comparative advantage over developed countries. Moreover, with the acquired technology, the developing country can export higher-quality products to other developing countries.

The UNCTAD (United Nations Conference on Trade and Development) persistently recommends that the developing countries attract FDI from the advanced countries. This organization was established in 1964. Its primary objective is to formulate policies relating to all aspects of development, including trade, aid, transport, finance and technology.

It has produced numerous studies related to the support of the developing countries in many areas. They have pointed out that in addition to acquisition of high technology and export benefit, the host country can learn superior management skills, promote industrialization, and strengthen their global network through FDI.

The OECD (Organization for Economic Co-operation and Development) also endorses the merits of FDI. OECD was established in 1948 and its primary objective was to help the war-torn countries in Europe to promote trade and development. It is called the Club of Rich Countries. Korea joined the OECD in 1996.

The OECD acknowledges that in the multi-commodity world, there are many items that the developing countries can produce better than the developed countries. It also acknowledges that there are different income groups within the same nation. Then any nation can benefit from FDI by utilizing production advantage and consumer markets. On the production side, even a poor developing country can choose commodities in which it has a comparative advantage. On the consumption side, it can target the consumers in the relevant income group. All countries whether they are developing or developed, can take advantage of FDI.

Along these lines, Korea sent the Hyundai automobile company to the US to produce mid-size passenger cars. These cars are attractive to middle-income families in the US. Similarly France and the US have sent their automakers to Korea where they produce mid-size cars to attract Korean customers. Therefore, the direction of FDI is not always one way from the advanced to the developing country. The direction of FDI flows can change with time.

According to the OECD's recent publication, the amount of FDI flows into developing countries in Asia has been rising in recent years. In 2012 total amount of FDI was $410 billion and it has been increasing since then. The percentage increases in the following years are: 5.3% in 2013, 8.5% in 2014, and 15.6% in 2015.

A similar phenomenon has happened in the developed countries. Total amount of FDI inflows in the European Union in 2014 was about $250 billion and it increased by 93% in 2015 and 14% in 2016. In contrast, the total FDI flows into the OECD and G20 in 2014 were about $440 billion and it increased by 64% in 2015 and by 30% in 2016.

All nations desire FDI and competition for FDI will increase in the coming years. So the importance of FDI inflows for developing countries and for Korea must not be underrated for sustainable growth and increased employment.

43. 모든 국가들은 FDI 유입을 바란다

2017.8. 22(화) ㅣ 코리아타임즈 신문 게재

불과 몇 해 전까지 필자는 성균관대학교에서 국제 무역과 외국인직접투자(FDI)를 포함하여 국제 경제학을 가르쳤다. 이 과목은 학생들, 특히 외국인 학생들에게 인기가 많았던 것으로 기억한다. 필자는, 이 과목을 수강하는 학생의 상당수가 외국인 교환학생 프로그램을 통해 수강하는 외국인 학생들이었기에 교칙에 따라서 영어로 강의를 진행하였다.

처음에는 학생들이 수업에 대해 기대감으로 들떠 있었다. 그러나, 선진국에서 개도국으로의 FDI 흐름의 결과를 분석한 후에는 이 수업에 대해 신중한 태도를 취하기도 하였다. 학생들은 "투자유치국이 과연 기대하는 혜택을 얻을 것인가?"와 같은 몇 가지 중대한 질문에 대해 다소 회의감을 가지고 있었다. 그러나 싱가포르, 홍콩, 대만 그리고 한국과 같은 국가들이 성공 사례가 되었음을 알고 안심하였다. 우려와는 다르게 해당 국가들은 모두 FDI로부터 혜택을 받은 것이었다.

그럼에도 불구하고 FDI에 대한 우려는 여전히 신흥국과 개도국에 존재하고 있다. 이 국가들의 일부 국민들, 특히 젊은층은, 선진국들이 국제 시장 전체를 쉽게 독점하기 때문에 현실 세계에서는 신흥국과 개도국이 FDI의 혜택을 받을 수 없을 것이라고 우려하는 경향이 있다.

역시 이 같은 우려는 근거가 약하다. 실제로는 너무나 많은 산업들이 존재하기 때문에 단일 국가가 모든 산업에서 지배적인 우위를 가질 수가 없다. 오히려 개도국이 선진국보다 비교우위를 가지는 산업도 많이 있다. 또한, 개도국이 보유하게 된 기술로, 고품질의 제품을 다른 개도국에게 제공할 수 있다.

유엔무역개발회의(UNCTAD)는 개도국들에게 선진국으로부터의 FDI를 유치할 것을 지속적으로 권고하고 있다. UNCTAD는 1964년에 설립되었으며 주요 목표는 무역, 원조, 교통, 금융 및 기술을 포함한 개발의 모든 측면에 관한 정책을 수립하는 것이다.

UNCTAD는 많은 분야에서 개도국의 지원과 관련된 여러 연구 결과를 진행하였다. UNCTAD는 첨단 기술 및 수출 이익을 얻는 것 이외에도 투자유치국은 우수한 선진 경영 기법을 배우고, 산업화를 촉진하며, FDI를 통해 글로벌 네트워크를 강화할 수 있다고 지적하였다.

OECD(경제개발협력기구)는 FDI의 또 다른 장점을 지지한다. OECD는 1948년에 주요 목적으로 유럽 내의 전쟁으로 인해 타격을 받은 국가들이 무역과 경제 개발의 진흥을 지원하기 위하여 설립되었다. OECD는 부유한 나라들의 클럽으로 불리며, 대한민국은 1996년 OECD에 가입하였다.

OECD는 다중 상품이 생산되는 글로벌 시장에서 개도국이 선진국보다 더 잘 생산할 수 있는 품목이 많을 수 있다는 사실을 인정한다. 그리고 또한, 같은 국가 내에서도 다양한 소득계층이 존재함을 인정한다. 그래서 어느 국가든 생산의 장점과 소비자 시장을 활용함으로써 FDI의 혜택을 누릴 수 있을 것이다. 생산의 측면에서는 가난한 개도국도 비교우위를 가진 상품을 생산할 수 있으며 소비 측면에서는, 어떤 품목이든지 구매할 수 있는 소득층을 찾아 판매활동을 할 수 있다. 따라서 선진국, 개도국 모두 FDI 혜택을 받을 수 있을 것이다.

이런 맥락에서, 한국의 현대자동차 회사는 중형 자동차 생산을 위해 미국으로 진출하였다. 이 자동차들은 미국의 중산층 가정에 인기가 많은 자동차이다. 같은 맥락에서 프랑스와 미국의 자동차 회사는 한국에 진출하여 한국 소비자의 취향에 맞는 자동차를 생산하고 있다. 그러므로 FDI는 항상 선진국에서 개도국으로의 한 방향이 아니며, 그 FDI의 방향은 시간과 함께 변할 수 있다.

OECD의 최근 발표에 따르면 최근 몇 년 동안 아시아 개도국으로 FDI 유입이 증가해오고 있다. 2012년 FDI의 총액은 4,110억 달러였으며, 그 후로도 지속적으로 증가하고 있다. 연별 증가율은 다음과 같다: 2013년 5.3%, 2014년 8.5%, 2015년 15.6%이었다.

이와 비슷한 현상은 선진국에서도 볼 수 있었다. 2014년 EU의 FDI 유입액은 약 2,500억 달러였으며, 2015년에는 이 금액이 93% 증가하였고, 2016년에는 14% 정도 증가하였다. 반면에 2014년에는 OECD와 G20로 유입되는 총 FDI 금액은 약 4,400억 달러에 달하며 2015년에는 64% 증가하였고 2016년에는 30% 증가하였다.

모든 국가들은 FDI의 유치를 바라고 있으며, 이로써 FDI의 유치를 위한 경쟁은 날로 증가할 것이다. 따라서 개도국과 한국의 FDI 유입의 중요성은 지속가능한 성장과 고용 증진을 위해 과소평가되어서는 안 될 것이다.

44. Country risk and FDI

September 18, 2017 (Mon) I THE KOREA TIMES

On Sept. 3, North Korea detonated its sixth and most powerful nuclear bomb on Sunday and it astonished the whole world. The U. S. has warned that time was running out to counteract. On Sept. 8, the United Nations Security Council (UNSC) member countries unanimously voted for increased sanctions on North Korea. This means that the representatives from China, Russia, and the U.S. had agreed on the specific items of punishment against North Korea. The markets interpreted this resolution as a signal that the probability of war has dropped significantly. Consequently the stock market and currency market have recovered.

On Sept. 15, North Korea fired an IRBM nuclear missile over Hokkaido, Japan's territory, to a place in the Pacific Ocean. Surprisingly, however, the markets reacted in the opposite direction. Stock prices went up by 0.35% and the Korean currency became stronger against the U.S. dollar by 0.35%. The market participants have learned a lesson of how to respond.

In retrospect, the three players, China, Russia, and the U.S. have conducted repeated games with their common objective of preventing a nuclear war on the Korean peninsula. Every time North Korea has tested a nuclear weapon, each player ingeniously plays out in such a way that they come up with the optimum solution. Namely preventing a war but punishing North Korea appropriately while leaving some options to use in the next round of game.

While these three power countries are playing the war games, North Korea is making an enormous loss in economic and diplomatic terms. Some countries in South America have ordered the North Korean diplomats to leave their country. If North Korea continues testing nuclear weapons, more countries will cut off their diplomatic relations. Not to mention the UNSC's further sanctions.

The world is watching the situation on the Korean peninsula with much concern. Surprisingly, however, this is not true for foreign investors in South Korea because they have a strong confidence in the working of the nation's free markets.

They do not worry much about a war. Rather they worry about the unreasonable business regulations. They acknowledge the efforts of the government of South Korea to host the foreign firms and to eliminate regulations unnecessarily governing their business. Also they greatly rely on the role of the Foreign Investment Ombudsman in resolving their grievances.

Politicians and the government enact new laws mainly for protection of the natural environment and of the safety of workers and consumers. In the beginning, these regulations are well justified. Later on, however, the underlying conditions change in such a way that they need to be dropped. Otherwise the outdated laws and enforcement decrees only impair their business activities.

To fight the reckless creation of new laws restricting the business of foreign companies, the government has established the online regulatory information service system. Foreign investors can access the online portal site and submit their opinions against the new laws proposed by the National Assembly and the government. As a consequence, bad regulations proposed tend to be dropped. Still, however, they feel stressed about the existence of numerous outdated and unnecessary regulations at the level of the local government's enforcement decrees and ordinances.

South Korea has enjoyed benefits from foreign direct investment (FDI). For the past three decades, attraction of foreign firms with advanced technology has greatly enhanced the nation's industrialization and tremendously expanded its volume of trade. Along with this trend, Korea is often cited as an exemplary country providing the most efficient and effective after-care services for foreign firms. Nevertheless, a good number of foreign companies suffer from unreasonable regulations.

These days many ordinary people may consider North Korea's intensified provocations against South Korea and the entire world may have an enormously detrimental impact on the inflow of foreign firms. The North Korea factor has been adversely affecting South Korea's economy for more than four decades in the past and it has been treated as a fixed parameter in the determination of FDI inflows. So the markets in South Korea will rationally function in the future even if North Korea continues nuclear provocations. Consequently the nation will continually receive FDIs flowing from abroad as it keeps eliminating outdated laws.

44. 국가위험도와 FDI

2017.9.18(월) | 코리아타임즈 신문 게재

9월 3일 일요일, 북한은 지금까지 가장 강력했던 6차 핵실험을 감행하며 전 세계를 놀라게 했다. 미국은 대응할 시간이 촉박하다고 경고했다. 9월 8일, 유엔안전보장이사회 회원국들은 만장일치로 북한에 대한 제재조치에 찬성표를 던졌다. 이는 중국, 러시아, 미국의 대표들이 북한에 대한 구체적인 제재 조항에 합의했다는 뜻이다. 이 결의안을 전쟁 가능성이 현저히 감소했다는 뜻으로 해석한 주식시장과 통화시장은 회복세를 되찾았다.

북한은 9월 15일, 일본의 영토인 홋카이도를 지나 태평양에 중거리탄도미사일을 발사했다. 그러나 시장은 놀랍게도 정반대의 반응을 보였다. 주가는 0.35% 상승했고, 한국 통화는 미국 달러화 대비 0.35% 강세를 보였다. 시장 참여자들이 이제 어떻게 반응해야 하는지 깨달은 것이다.

돌이켜보면 중국 및 러시아, 미국은 한반도에서의 핵전쟁을 막기 위한 공통의 목적을 내세우며 반복적으로 게임을 해왔다. 북한이 핵실험을 실시할 때마다 각국은 교묘히 최상의 해결책을 찾아내곤 했다. 즉, 전쟁은 방지하되 북한을 적절히 처벌하면서, 동시에 다음 라운드에서 사용할 수 있는 몇 가지 옵션을 남겨두는 것이다.

이 강력한 3개국이 전쟁게임을 하는 동안 북한은 경제적 및 외교적으로 엄청난 손실을 입고 있다. 남아메리카의 일부 국가들은 북한 외교관들에게 떠나라고 명령하기도 했다. 북한이 계속해서 핵실험을 실시한다면 앞으로 더 많은 나라들이 북한과 외교관계를 단절할 것이다. 유엔 안보리의 추가 제재는 말할 것도 없다.

현재 전 세계가 한반도 상황에 대해 극도로 우려하고 있지만, 신기하게도 한국의 외국인 투자가들만은 다른 모습을 보이고 있다. 이들은 한국의 자유시장에 관한 강한 신뢰를 가지고 있기 때문이다.

외국인 투자가들은 전쟁에 대한 걱정을 하기보다는 오히려 불합리한 기업 규제에 대해 걱정한다. 한국의 외국인 투자가들은 한국 정부가 외국 기업을 유치하고, 불필요한 규제를 없애기 위해 노력한다는 것을 인정한다. 또한, 이들은 고충을 해결하기 위해 외국인투자 옴부즈만에 크게 의지한다.

정부와 정치인들은 주로 자연 환경과 노동자 및 소비자의 안전을 보호하기 위해 새로운 법을 제정한다. 처음에는 이 법이 정당해 보이나, 나중에는 근본적인 조건이 변경되어 법이 폐지되어야 하는 지경에까지 이르기도 한다. 그렇지 않은 경우, 시대착오적인 법과 시행령들은 기업활동에 방해만 되기 때문이다.

새롭게 만들어진 법안이 외국기업들을 제약하는 일을 방지하기 위해 정부는 온라인 규제정보서비스제도를 수립했다. 외국인 투자가들은 온라인 포털 사이트에 접속하여 국회와 정부가 제안한 새로운 법안에 반대하는 의견을 제출할 수 있다. 결과적으로 잘못된 규제는 폐지되는 경향이 있다. 그러나, 외국인 투자가들은 여전히 지방자치제 수준의 수많은 구시대적이고 불필요한 규제 때문에 스트레스를 받고 있다.

지난 30년 동안 한국은 외국인직접투자의 혜택을 누려왔다. 첨단 기술을 보유한 외국 기업들을 유치하여 한국의 산업화를 크게 증진시켰고 무역

규모를 확대시켰다. 이와 더불어, 한국은 외국 기업들에게 가장 효율적이고 효과적인 사후관리 서비스를 제공하는 모범적인 나라로 거론된다. 그럼에도 불구하고 여전히 상당수의 외국 기업들은 불합리한 규제로 인해 피해를 입고 있다.

오늘날, 일부 국민들은 한국 및 전 세계를 향한 북한의 강력한 도발이 외국 기업 유치 활동에 악영향을 끼칠 수 있다고 생각할 수 있다. 북한은 지난 40년간 한국 경제에 부정적인 영향을 끼쳐왔고, 이미 외국인직접투자에 관한 고정된 매개 변수로 간주된다. 북한이 지속적으로 핵 도발을 하더라도 한국의 시장은 이성적인 모습을 유지할 것이다. 한국은 끊임없이 구시대적인 규제를 폐지함으로써 해외로부터 유입되는 외국인직접투자를 지속적으로 유치할 것이다.

45. Korea's bilateral FTAs put to severe test

October 11, 2017 (Wed) I THE KOREA TIMES

Korea's first bilateral FTA(Free Trade Agreements) was made with Chile. Korea's National Assembly ratified the Korea-Chile FTA in April 2004. Since then Korea has established FTAs with 52 nations including China and the U.S. Fortunately most of our FTAs have been assessed as moderately successful. Korea and partner countries have been beneficiaries of their FTA. No strong complaints have been voiced about the agreements from any side until recently. However, Korea is now experiencing unprecedented trade and investment disputes with China and the U.S.

Since the early part of 2017, China has been taking retaliatory economic measures against South Korea's deployment of THAAD, a U.S. missile defense system. From China's standpoint, the THAAD deployment in South Korea may be a threat to China. But from our standpoint, we Koreans believe it is just for self-defense. In this manner, there seems to be an interest conflict in national security between South Korea and China.

Diplomatic relations between the two countries were formed for the first time in 1992 and they became close economic partners by signing the bilateral FTA in June 2015. Since the launching of the Korea-China FTA, China has become Korea's second largest partner in trade. However, I am concerned that this close economic tie is getting weaker. Among the many Korean firms in China, Lotte Group, South Korea's fifth-largest conglomerate, has been the main target of the THAAD reprisal because it had provided a golf course as the site for a THAAD battery.

Similarly Mr. Trump, President of the U.S., bitterly criticized the Korea-U.S. FTA as a bad agreement for the U.S. right after his presidential inauguration. Years ago, Korea had a bitter experience when getting the Korea-U.S. FTA ratified. When the two governments signed the FTA in June 2007, the U.S. Congress did not welcome it, but the Korean national Assembly did. Later on the two legislatures reversed positions. It took more than four years before the Korea-U.S. FTA became effective.

After his inauguration, Mr. Trump declared that the Korea-U.S. FTA should be revised since it is a "job killer." Nevertheless, according to an analysis done by the U.S. Department of Commerce, the Korea-U.S. FTA has benefited both countries. His initial position about this FTA seems to have become weaker since President Moon accommodated the U.S. request for full-fledged deployment of the THAAD missile defense system in Korea. Mr. Trump has toned down his rhetoric toward the FTA.

As the word-war between North Korea's Kim and America's Trump seems that it will continue for some time to come, China's THAAD reprisal will continue, too. But there will be a limit in economic retaliation against South Korea. Chinese people have to forego the consumption of South Korea's higher-quality products and services at cheaper prices. Also the Chinese exporters have to give up the import of reliable parts and intermediate goods from South Korea. Meanwhile, South Korea will have to look for other economic partners such as

India, ASEAN, and others.

Regarding the revision of the Korea-U.S. FTA, its necessity is going to diminish because of the solid recovery of the US economy. Mr. Trump made an impressive remark at his UN speech delivered last September 19, "… Fortunately the United States has done very well since Election Day last November 8th. The stock market is at an all-time high _ a record. Unemployment is at its lowest level in 16 years, and because of our regulatory and other reforms, we have more people working in the United States today than ever before… ."

Now, I can only wait for better prospects for all of us who share the common interest, while I keep my fingers crossed.

45. 시험대에 오른 한국의 양자 간 FTA

2017.10.11(수) ㅣ 코리아타임즈 신문 게재

한국의 첫 번째 양자 간 자유무역협정은 칠레와 이루어졌다. 국회는 2004년 4월 한국-칠레 자유무역협정을 비준했다. 그 이후로 한국은 중국 및 미국을 포함한 52개국과 자유무역협정을 체결했다. 다행히도 대부분은 적당히 성공적이라는 평가를 받았다. 한국과 파트너 국가들은 자유무역협정의 수혜자였다. 최근까지는 어느 쪽도 협정에 관한 강력한 불만을 제기하지 않았지만, 현재 한국은 중국 및 미국과 전례 없는 무역투자 분쟁을 겪고 있다.

2017년 초부터 중국은 미국의 미사일 방어 체제인 사드 주둔에 대한 보복적인 경제 조치를 취해왔다. 중국의 관점에서 보면, 한국의 사드 배치는 중국에 위협이 될지도 모른다. 하지만 우리 입장에서 사드 배치는 정당방위를 위한 것일 뿐이다. 이와 같이, 한국과 중국은 국가 안보와 관련하여 이해관계가 충돌하고 있는 듯하다.

한국과 중국 간의 외교 관계는 1992년에 처음으로 형성되었고, 2015년 6월 양자 간 자유무역협정에 서명함으로써 긴밀한 경제 파트너가 되었다. 한중 자유무역협정이 발효된 이래로 중국은 한국의 제2위 교역국이 되었다. 그러나 이 긴밀한 경제적 유대가 점점 약해지고 있는 것 같아 걱정스럽다. 중국에 있는 수많은 한국 기업들 중, 한국에서 5번째로 큰 기업인 롯데그룹은 사드 기지를 위한 골프장을 제공했다는 이유로 사드 보복의 주된 표적이 되었다.

미국의 트럼프 대통령은 취임 직후 한미 자유무역협정이 미국에게 좋지 않은 협정이라고 신랄하게 비판했다. 한국은 수년 전 한미 자유무역협정을 비준할 때 쓰라린 경험을 한 바 있다. 2007년 6월 양국 정부가 자유무역협정을 맺었을 때, 한국 국회는 환영했지만 미국 의회는 반대했고, 이후에는 두 국가의 입장이 뒤바뀌게 되었다. 한미 자유무역협정이 발효되기까지는 4년 이상이 걸렸다.

트럼프 대통령은 취임식 이후, 한미 자유무역협정이 '일자리 킬러'이기 때문에 개정되어야 한다고 선언했으나, 미국 상무부가 실시한 분석에 따르면 한미 자유무역협정은 양국 모두에게 이익이 되었다. 문대통령이 한국에 사드 미사일 방어 시스템 구축을 수용한 이후부터 트럼프 대통령은 자유무역협정에 대한 어조를 누그러뜨렸다.

북한의 김정은과 미국의 트럼프 사이의 말싸움이 앞으로도 한동안 지속될 것처럼 보이는 현재, 중국의 사드 보복도 계속될 것으로 보인다. 하지만 한국에 대한 중국의 경제 보복에는 한계가 있을 것이다. 중국인들은 저렴한 가격에 제공되는 한국의 고품질의 상품 및 서비스를 포기해야 하고, 중국 수출업자들은 한국의 신뢰할 수 있는 부품 및 생산재 수입을 포기해야 되는 상황에 놓이기 때문이다. 한편 한국은 인도 및 아세안 국가 등의 다른 경제적 파트너를 찾아야 할 것이다.

한미 자유무역협정 개정에 대한 논의의 경우, 미국 경제의 건실한 회복세로 인해 논의의 필요성이 감소하게 될 것이라 생각된다. 트럼프 대통령은 9월 19일 유엔 연설에서 인상적인 발언을 했다. "운이 좋게도 지난 11월 8일 선거일 이후로 미국은 아주 잘해 왔다. 주식 시장은 사상 최고 수준을 기록했다. 실업률은 16년 만에 최저 수준이고, 우리의 규제 및 기타 개혁 덕분에 오늘날 미국에서 일하는 사람들은 그 어느 때보다도 많다."

이제 공통의 관심사를 공유하는 우리 모두에게 더 나은 미래가 오길 바란다.

46. On Korea's FDI targeting

October 16, 2017 (Mon) | THE KOREA TIMES

The Korean economy ranks 11th in the world with its nominal GDP of $ 1.5 trillion. Its per capita nominal GDP is approximately $29,000 as of 2016. However, the economic situation back in the early 1960s was entirely different. Korea was one of the poorest countries with its meager per capita GDP being less than $90. The Korean people suffered from absolute poverty.

The Korean economy began to take off when it adopted the five year economic development planning strategy. Korea went through six rounds of five year-plan periods from 1962-91. During this period the annual average growth rate was 7.5% in real terms. Afterward, the stringent planning strategy was officially dropped.

The world economy of today is a lot different than it was 40 to 50 years ago. Global economic interdependencies have become extremely strengthened. The volatilities of commodity prices and exchange rates are unpredictably great. Future uncertainties and market risks are hard to control. Under these circumstances, policy makers tend to resort to setting up medium-term targets for macro- economic indicators such as employment, inflation, the interest rate, and money supply.

These days almost every country places a high priority on foreign direct investment(FDI). People strongly believe that attracting FDI is the short cut to high growth and employment. They offer various attractive

외국인 직접투자와 한국의 경제정책 **289**

incentives to potential foreign investors and set FDI targets to promote FDIs. The number of countries using two indicators, Notification-based FDI(NBF) and Arrival-based FDI(ABF) is increasing.

NBF refers to the amount of investment that the foreign investor plans to bring to the host country. They notify the relevant ministry of their investment in advance. For Korea, the relevant ministry is the Ministry of Trade, Industry, and Energy(MOTIE). ABF refers to the actual amount of investment the foreign investor has brought in. At end of the year, the two indicators are seldom identical.

Nevertheless, these two indicators are critically important. The MOTIE carefully monitors the two indicators, the notified amount and actual amount. When they notice that the gap between the two suddenly starts increasing, they take proper actions.

Usually the actual amount tends to fall short of the notified amount for many reasons. First of all, the investors do not bring in all of the money at the beginning. Typically, they go through different stages of investment: acquiring their business office and residence, making contracts for purchasing the land, constructing factories and acquiring equipment. These are the expected hurdles for foreign-invested companies to go through and they take care of them step by step. So this is not a problem.

But the real problem is that foreign investors often run into unanticipated problems which cannot be resolved within a short period. They encounter the difficulties in financing their investment in the home country. Also if they figure that their future market will not be promising, then they have to cut their investment plan.

Nevertheless, some critics deplore that the MOTIE is deeply entrenched in the attainment of the notification-based FDI. They point to international organizations such as the UNCTAD publishing the FDI statistics on the basis of arrivals. They argue that the notification-based FDI indicator be dropped because it distorts the true situation. However, this argument has little foundation.

They have failed to understand that the objective of focusing on the NBF in Korea is much different than that of publishing the ABF by the UNCTAD. The Korean government needs to know ABF in advance for policy purposes. The government has to secure the upper ceiling of the budget to implement policy measures supporting the foreign investors.

Most importantly, with the information of FDI target on the notification basis, it can project the effects of FDI on growth, exports, and employment in advance. In contrast, the UNCTAD's main objective is to provide information of net inflows of FDI for member countries. This information is useful for comparing FDIs by country.

From the viewpoint of an individual country, its government should carefully monitor the two indicators and analyze the gap all the time to make FDI policy successful. It is not the matter of selecting one indicator over the other.

46. 한국의 FDI 타게팅

2017.10.16(목) | 코리아타임즈 신문 게재

한국 경제의 명목국내총생산은 1.5조달러로 세계 11위이다. 2016년 1인당 명목국내총생산은 대략 29,000달러였다. 그러나 1960년대 초반의 한국 경제 상황은 지금과는 현저히 달랐다. 그때 한국은 1인당 국내총생산이 90달러 미만인 가장 가난한 나라들 중 하나였고, 한국인들을 절대 빈곤에 시달렸다.

한국 경제는 경제개발 5개년계획을 채택하면서 성장하기 시작했다. 1962년에서 1991년 사이 5개년계획을 6번이나 반복했다. 이 기간 동안 연평균 성장률은 실질적으로 7.5%였다. 그 후 이 긴박한 계획 전략은 공식적으로 철회되었다.

오늘날의 세계 경제는 4-50년 전과는 다르다. 글로벌 경제 상호의존성은 극도로 강화되었다. 상품의 가격과 환율의 변동성은 예측할 수 없을 정도로 훌륭하다. 미래 불확실성과 시장 리스크는 통제하기 어렵다. 이러한 상황에서, 정책 입안자들은 고용 및 인플레이션, 이자율, 자금 공급과 같은 거시경제지표를 위한 중기적인 목표를 세우고만 있다.

요즘 거의 모든 나라가 외국인직접투자를 중요하게 여기고 있다. 사람들은 외국인직접투자를 유치하는 것이 빠른 성장과 고용의 지름길이라고 굳게 믿고 있다. 잠재적인 외국인 투자가들에게 다양하고 매력적인 인센티브를 제공하고 외국인직접투자를 촉진하기 위해 외국인직접투자 목표를 설정한다. 현재 외국인직접투자에 관해 신고기준 및 도착기준이라는 두 가지 지표를 사용하는 나라들이 증가하고 있다.

신고기준은 외국인 투자가가 투자 유치국에 가져올 투자액을 의미한다. 이들은 투자액을 미리 관계부처에 신고하게 되는데, 한국의 경우에는 산업부에 신고를 하게 된다. 도착기준은 외국인 투자가의 실제 투자액을 의미한다. 연말에 이 두 개의 지표를 비교하면 동일하지 않은 경우가 많다. 그러나 이 두 지표는 매우 중요하다. 산업부는 신고 금액과 실제 도착 금액을 주의 깊게 관찰하다가, 둘의 간격이 갑자기 증가하게 되면 그에 따른 적절한 조치를 취한다.

일반적으로 실제 금액이 신고 금액에 미치지 못하는 이유는 많다. 먼저, 투자가들은 초반부터 투자액 전부를 들여오지 않는다. 전형적으로 투자가는 사무실 및 거주지 확보, 부지 구입 관련 계약, 공장 공사, 장비 구입 등의 다양한 투자 단계를 거치게 된다. 이는 외국인투자기업이라면 당연히 겪어야 하는 것들로, 단계별로 하나씩 해결해 나가야 하는 것이기 때문에 큰 문제가 되지는 않는다.

그러나 실제로 문제가 발생하는 것은 외국인 투자가들이 종종 단기간에 해결할 수 없는, 예측하지 못한 어려움에 봉착하게 될 때이다. 예를 들어, 국적국에서 투자액을 조달하는 데 문제가 발생하거나, 앞으로 시장이 어려워질 전망인 경우 투자 계획을 취소해야 하기도 한다.

이러한 상황에서 산업부가 신고기준의 외자도입액에 관심이 쏠려 있다는 비판의 목소리가 있다. 유엔무역개발회의(UNCTAD)와 같은 국제기구가 도착기준에 기반한 수치를 사용한다는 점을 언급하며, 신고기준이 실제 상황을 제대로 반영하지 못하므로 더 이상 사용하지 말 것을 주장하지만, 이 주장은 신뢰할 만한 근거를 뒷받침하고 있지 않다.

이러한 주장을 하는 사람들은 한국이 NBF에 초점을 두는 것과 UNCTAD가 ABF에 관한 보고서를 발간하는 이유가 다르다는 점을 간과한다. 정부는 정책 수립 계획을 위해 ABF를 사전에 고지받아야 한다. 외국인 투자가들을 위한 정책을 수립하기 위한 예산 책정을 해야 하기 때문이다.

가장 중요한 점은, NBF 목표에 대한 정보를 통해 성장, 수출, 고용에 관한 FDI의 영향을 미리 예측할 수 있다는 것이다. 반대로 UNCTAD의 경우, 회원국들에게 총 FDI 유입에 대한 정보를 제공하여 국가별 FDI를 가늠할 수 있도록 하는 것을 목표로 한다.

한 국가의 관점에서 보면, 정부는 NBF와 ABF 두 지표 모두를 모니터하고 성공적인 FDI 정책을 위해 두 지표 간의 간극을 살펴야 한다.

47. J-nomics is friendly to FDI

November 13, 2017 (Mon) | THE KOREA TIMES

Currently more than 17,000 foreign-invested companies operate businesses in Korea. The major proportion of the foreign firms is producing high-tech products, parts and equipment. Many of them are business partners of Korean firms. They engage in long-term investment and they are very keen on changes in government policy related to FDI.

In public addresses including his inaugural speech, President Moon stated that there should be a drastic paradigm shift in policy. The nation's growth strategy should shift from corporation-led growth to people-led growth. He made numerous striking remarks which drew much of the people's attention. Some of them quoted here, "I will become a president of all people ··· I will build the strongest nation by being a humble man of power ··· I want the people to feel that their country is fair and just ··· I will take the lead in chaebol reform ··· I will ensure the politics-business collusion will disappear."

His statements made during his election campaign are reflected in his J-nomics. "J-nomics" is the combination of the first letter "J" of his given name "Jae-in" and "nomics" from economics. J-nomics began to be known during his presidential campaign period and its full content has been completed since. J-nomics can be summarized as one word, "people-oriented."

The new government focuses on three objectives: (1) generating enough quality jobs, (2) improving the social safety net, and (3) reforming family-controlled big businesses. Deputy Prime Minister and Minister of Strategy and Finance Kim Dong-yeon said, "To shift the paradigm, the future economic policy will focus on four directions: income-led growth, a jobs-focused economy, innovation, and fairness." Some critics argue that income-led growth policy is a short-term demand-side stabilization policy and is not appropriate as a long-term growth strategy. The debate over the pertinence of income-driven policy was partly due to some misunderstanding of J-nomics on the part of the critics.

To avoid potential sources of confusion and to correctly publicize the spirit of J-nomics and its focus on policy measures, Dr. Lee Yong-sup, vice chairman of the Presidential Committee on Job Creation has made special efforts recently. He paraphrased J-nomics as a four-wheel-drive vehicle. This vehicle dashes forward towards the goal of overcoming persistent low growth and income polarization. To achieve this task, the government assigns a special role to each wheel. The front wheel on the left is to move forward with the force of income-led growth. The rear wheel on the left is to move with the force of continuous job-creation. The two wheels on the left are generating a demand-augmenting force.

The front wheel on the right is to move forward with the force of innovation-led growth. The rear wheel on the right is to move forward with the force of justice and fairness. Increasing justice and fairness certainly helps strengthening social cohesion. There is no doubt that social cohesion keeps labor productivity increasing. The two wheels on the right side are generating a supply-expanding force which makes the vehicle keep on driving a long distance.

It is true that there are some concerns about chaebol reform. There have always been pros and cons about reforming these conglomerates. Since the global financial crisis of 2008, however, there has been a consensus reached among international financial organizations including the IMF. That is, no country should be held hostage because of the unethical business legacy of "Too big to fail." This is as bad as the chaebol's circular shareholding with no clear holding company. Much of this practice has been corrected but bullying practices by larger companies have not been completely eradicated.

The new government does not intend to blindly bash the chaebol. The government and ordinary people want the chaebol to adopt global standards so that they become globally competitive by being transparent and honest on a long-term basis. If they use the global supply chain, they can be much more successful. In the global supply chain, they will have to take SMEs as a mutually reliable business partners. When the chaebol are fully reformed, they can make many stakeholders pleased. Business partners, consumers, producers, foreign investors and the government will all be happier. J-nomics is friendly to FDI.

47. 제이노믹스는 FDI에 우호적

2017.11.13(월) | 코리아타임즈 신문 게재

현재 한국에서 사업을 하고 있는 외국인투자기업들은 17,000개 곳이 넘는다. 대부분은 첨단 제품 및 부품, 장비들을 생산하고, 이 중 다수는 한국 기업들과 함께 일하는 사업 파트너들이다. 외국기업들은 장기투자에 참여하고 있으며 외국인직접투자와 관련된 정부 정책의 변화에 지대한 관심을 가지고 있다.

취임 연설을 포함한 공개 연설에서 문재인 대통령은 과감한 정책의 대전환이 필요하다고 말했다. 국가의 성장 전략은 기업 주도의 성장에서부터 사람 주도의 성장으로 바뀌어야 한다고 하며 사람들의 관심을 끈 놀라운 발언들이 잇따랐다. 그 중 일부를 인용하자면, "나는 모든 사람들의 대통령이 될 것이다… 나는 겸손한 권력자가 됨으로써 가장 강력한 나라를 건설할 것이다… 나는 국민들이 그들의 나라가 공정하고 정의롭다고 느끼길 바란다… 나는 재벌 개혁에 앞장설 것이다…나는 정경유착이 사라질 것을 보장할 것이다."

그의 선거운동 기간 동안의 발언은 제이노믹스를 반영하고 있다. 제이노믹스는 문재인 대통령의 영문 이름에서 알파벳 J를 따고, 경제학을 뜻하는 이코노믹스와 조합한 단어이다. 제이노믹스는 대통령 선거 운동 기간 중에 알려지기 시작했고 전체적인 내용은 그 이후에 완성되었으며, 사람중심이라는 표현으로 요약될 수 있다.

새 정부는 현재 3가지 목표에 초점을 두고 있다: (1) 충분한 양질의 일자리 창출 (2) 사회 안전망 개선 (3) 재벌 대기업 개혁이다. 김동연 부총리 겸 기획재정부 장관은 "패러다임을 바꾸기 위해서 미래의 경제 정책은 소득 주도 성장, 직업 중심 경제, 혁신과 공정성이라는 4가지 방향에 초점이 맞춰질 것이다"라고 말했다. 일부 비평가들은 소득 주도 성장 정책은 단기적인 수요 안정화 정책이며 장기적인 성장 전략으로는 적합하지 않다고 주장한다. 그러나 소득 주도 정책의 적절성에 대한 논쟁은 사실 비평가들이 제이노믹스를 오해한 것에서 비롯했다.

잠재적 혼란 요인을 피하면서 제이노믹스 정신을 올바르게 공표하고 정책에 초점을 맞추기 위해 대통령직속 일자리위원회 이용섭 부위원장은 최근 제이노믹스를 사륜구동차에 비교하여 설명했다. 이 차량은 지속적인 저성장과 소득 양극화 극복이라는 목표를 향해 돌진한다. 이 과제를 달성하기 위해서 정부는 각각의 바퀴에 특별한 역할을 배정했다. 좌측 앞바퀴는 소득 주도 성장의 힘으로 나아가고, 좌측의 뒷바퀴는 지속적인 일자리 창출의 힘으로 움직이는 것이다. 좌측의 두 바퀴는 수요를 증가시키는 힘이다.

우측 앞바퀴는 혁신 주도 성장의 힘으로 나아가고, 우측 뒷바퀴는 정의와 공정성의 힘으로 움직인다. 정의와 공정성의 확대는 사회적 결속 강화에 확실히 도움이 된다. 사회적 결속이 노동 생산력을 증가시키는 것은 의심의 여지가 없다. 우측 두 바퀴는 공급을 증가시켜 차량이 장시간 주행할 수 있도록 한다.

물론 재벌 개혁에 대한 우려가 있는 것이 사실이고, 재벌 개혁에 관한 찬반 양론은 늘 있어왔다. 그러나, 2008년 국제금융위기 이후부터 IMF를 포함한 국제금융기구들 사이에서는 합의점이 도출되었다. 즉, 대마불사라는 비윤리적인 기존 사업 때문에 인질로 잡혀야 하는 나라는 없다는 것이다. 이것은 명확한 지주 회사가 없는 재벌의 순환출자만큼 나쁘다고 할 수 있다. 이 관행의 상당 부분은 고쳐졌지만 대기업들의 횡포는 여전히 완전히 근절되지 않았다.

새 정부는 재벌을 맹목적으로 비난하려는 것이 아니다. 정부와 국민들은 재벌들이 장기적으로 투명하고 정직한 행동을 통해 세계적으로 경쟁력을 갖춰 국제적 기준에 부합하기를 바란다. 만약 재벌들이 글로벌 공급망을 사용한다면 보다 더욱 성공할 수 있을 것이다. 글로벌 공급망 내에서는 중소기업을 상호신뢰할 수 있는 사업 파트너로 받아들여야 하기 때문이다. 재벌 개혁이 완전히 이루어지게 되면 많은 이해관계자들을 만족시킬 수 있을 것이다. 사업 파트너 및 소비자, 공급자, 외국인 투자가, 정부 모두가 더 행복해질 것이다. 제이노믹스는 외국인직접투자에 우호적이다.

48. We all benefit from FDI incentives

December 18, 2017 (Mon) | THE KOREA TIMES

Prof. Milton Friedman of the University of Chicago who won the Nobel Prize in 1976 spent his entire life advocating the merits of the free market system. He said, "Of course the free market cannot resolve all economic and social problems. National defense, environmental pollution, and externalities can be effectively mitigated by government intervention. Nevertheless free markets are the best alternative for mankind."

Education is a good example of positive externalities whereas environmental pollution is that of negative externalities. The society gains incidental benefits from a private individual's investment in education. Friedman justified the government scholarship or subsidy given to students.

The establishment of the United Nations in 1945 has made us feel that we all live in one world. The U.N. deals with world population, global environment, prevention of war and natural disasters, escape from poverty, and promotion of education and health. These days we feel more so, owing to advancements in telecommunication technology. For example, what happens in one nation becomes an issue for other nations in real time.

The United Nations Conference for Trade and Development (UNCTAD) monitors and publishes activities of trade and investment for

외국인 직접투자와 한국의 경제정책 **301**

development. It acknowledges the positive role of FDI incentives such as a limited period for tax exemptions or tax deductions, cash grants, and land-site support because foreign investors suffer information asymmetry.

The OECD, a rich-country club of 35 member countries, also acknowledges the merits of FDI. It provides Official Development Assistance (ODA) for the poor countries. South Korea joined the OECD in 1996. Since then South Korea has been spending a huge amount of money to help poorer countries suffering from absolute poverty.

To enhance the effectiveness and efficiency of ODA, South Korea is helping developing countries through the Knowledge Sharing Program (KSP). The idea of the KSP is to teach these countries how to catch a lot of fish all the time rather than giving them some fish occasionally.

OECD also acknowledges the merits of FDI. It encourages FDI flows from developed countries (DCs) to less developed countries (LDCs) because it works for both the investing and hosting countries. Foreign investors can gain an incidental benefit from market expansion while the host country can gain an incidental benefit from technology transfer.

According to numerous studies, it is very likely that the social return to the host country is greater than the private return to the foreign investors. The host country can eliminate the discrepancy between the social net return to the host country and the private net return to the foreign investor by attracting more FDI with proper FDI incentives.

These years FDI from DCs to DCs are increasing along with the rising trend of export-augmenting foreign investment. Acquisition of raw materials and capturing of the consumer market in the host country can further enhance FDI flows from DCs to DCs.

Nevertheless, foreign and domestic investors are not on an equal footing. Foreign investors suffer from the lack of information. Foreign investors have a language barrier and a limited social network. This would make them easily miss out on the information of changes in rules and regulations in the host country.

Foreign investors are handicapped compared to domestic investors. Regardless of whether the foreign investors are from DCs or LDCs, foreign investors suffer various grievances in the host country.

Recently the EU has announced a black list of 17 countries for tax evasion and tax havens. Yet many people are expressing a grave doubt about the EU's blacklisting criteria. The EU's decision is against the principles of economics and it does not accord with the standards of the OECD.

It is not even fair to treat the provision of incentives to foreign manufacturing firms as a harmful activity. FDI is usually committed to long-term investment with the promise of technology transfer. Consequently FDI capital mobility is pretty low.

South Korea has been relentlessly trying to comply with the global standard and they will continue to do so. The EU and South Korea have long been intimate economic partners. The two parties can help each other in upgrading the global standard while sharing the spirit of free market capitalism and complying with the principles of economics. All in all, DCs and LDCs both can benefit from appropriate FDI incentives of the host country.

48. 우리 모두를 위한 FDI 인센티브 제도

2017.12.18(월) | 코리아타임즈 신문 게재

1976년 노벨상을 수상한 시카고대학교의 밀턴 프리드먼 교수는 평생에 걸쳐 자유시장경제의 가치를 옹호했다.

프리드먼은 정부 개입을 통해 국방 및 환경오염, 외부경제와 관련된 문제를 효과적으로 극복할 수 있다는 점을 인식하면서, 자유시장경제가 모든 경제 및 사회적 문제의 해결책이 될 수는 없으나 인류를 위한 최상의 대안이 될 수 있다고 주장했다.

양의 외부성 경제효과의 좋은 예로는 교육을 꼽을 수 있으며, 음의 외부성 경제효과의 예로는 환경오염을 꼽을 수 있다. 교육의 경우, 개인의 개별적 투자가 사회적 편익을 부수적으로 발생시킨다. 프리드먼은 이러한 논리로 학생들을 위한 정부 장학금 및 보조금을 정당화하였다.

1945년, 세계 인구, 환경, 전쟁 및 자연재해, 빈곤, 교육, 보건과 관련된 활동을 하는 국제연합(UN)이 창설되면서 우리 모두가 하나의 세계에 살고 있다고 느끼게 되었다. 그리고 오늘날 통신 기술의 발전으로 인해 우리는 보다 상호 연결된 세계에 살고 있다. 예를 들어, 한 국가에서 발생한 일이 실시간으로 다른 국가에도 영향을 미치게 되는 것이다.

유엔무역개발회의(UNCTAD)는 경제개발 촉진을 위한 무역투자 활동을 모니터하고 책을 발간하는 역할을 한다. UNCTAD는 정보의 비대칭성을 겪는 외국인 투자가가 일정 기간 동안 제공받는 세금 면제, 세금 감면, 현금 지원, 부지 관련 혜택과 같은 FDI 인센티브의 긍정적인 효과를 인정해 주고 있다.

빈곤 국가를 위한 공적개발원조(ODA)를 마련하고 있는 회원국 35개국으로 이루어진 경제협력개발기구(OECD) 또한 FDI의 가치를 인정해주고 있다. 한국은 1996년 OECD에 가입한 이후로 절대빈곤 감소를 위해 ODA에 크게 기여하고 있다.

ODA를 보다 효과적이고 효율적으로 운용하기 위해 한국은 경제발전경험공유사업(Knowledge Sharing Program, KSP)을 통해 개발도상국을 지원하고 있다. 어쩌다 한번씩 물고기를 주는 것이 아닌, 늘 많은 양의 물고기를 잡을 수 있는 방법을 가르쳐주자는 것이 바로 이 사업의 취지이다.

FDI의 가치를 인식하고 있는 OECD는 투자가 및 투자 유치국 모두에게 이익이 될 수 있도록 선진국에서 개발도상국으로의 FDI를 권장한다. 이를 통해 외국인 투자가는 시장 확대로 인한 부수적인 이익을 얻게 되고, 투자 유치국은 기술 이전으로 인한 부수적인 이익을 얻게 되기 때문이다.

다수의 연구에 따르면, FDI로 인해 투자 유치국이 얻게 되는 사회적 편익이 외국인 투자가 개인의 사적 편익보다 클 확률이 높다. 따라서 투자 유치국은 적절한 FDI 인센티브를 마련하여 보다 많은 FDI를 유치함으로써 투자 유치국의 사회적 편익과 외국인 투자가의 사적 편익의 격차를 좁힐 수 있다.

오늘날에는 수출을 촉진시키는 외국인투자가 확대되면서 선진국 간의 FDI 흐름 또한 증가하고 있다. 투자 유치국에서의 원자재 획득 및 소비자 시장 점유를 통해 선진국 간의 FDI를 확대시킬 수 있다.

그러나 외국인 투자가와 국내 투자가가 동등한 위치에 있다고 보기는 어렵다. 외국인 투자가의 경우 언어장벽에 부딪히게 되며 네트워크 형성이 제한적이어서 상대적으로 국내 투자가보다 정보가 부족하다. 그리고 현지 규제 등이 변경되어도 관련된 정보를 얻기가 쉽지 않다.

따라서 외국인 투자가는 국내 투자가에 비해 불리한 여건에 처해 있다고 볼 수 있다. 선진국 또는 개도국 출신인지 여부와 관계없이 외국인 투자가는 투자 유치국에서 다양한 어려움에 마주하게 된다.

최근 EU는 한국 등 17개국을 탈세 및 조세피난처 블랙리스트 국가로 규정했으나, 많은 사람들이 EU의 블랙리스트에 회의적이다. EU의 결정은 경제학의 원칙에서 벗어나며 OECD 기준에 부합하지 않기 때문이다.

외국 제조회사에 대한 인센티브를 부정적으로 간주하는 것도 정당하다고 볼 수 없다. FDI 유치는 주로 기술 이전이 보장되는 장기투자에서 이뤄진다. 따라서 FDI 자본이 자본 유치국을 떠나갈 확률이 상당히 낮다.

한국은 국제적 기준을 준수하기 위해 힘써왔고 앞으로도 그러할 것이다. 한국과 EU는 오랜 기간 동안 긴밀한 경제적 협력 관계를 유지해왔다. 한국과 EU는 함께 자유시장 자본주의를 공유하고, 경제학의 원칙을 따르면서 서로 협력하여 국제적 기준을 개선할 수 있을 것이다. 결론적으로 투자 유치국의 적절한 FDI 인센티브는 선진국 및 개발도상국 모두에게 이익이 될 수 있다.

49. State entities promote export, FDI well

2018-02-20 | THE KOREA TIMES

Adam Smith(1776) argued that the principle of absolute advantage determines patterns of trade. He said a country would try to sell its product to a country where it can charge the highest possible price. David Ricardo(1817) said, the absolute advantage principle would not be enough to explain the general pattern of trade and developed the principle of comparative advantage.

Heckscher and Ohlin(1919) further developed the concept of comparative advantage in the two-country, two-product, and two factor model. They predicted that given the assumptions of identical technology and constant returns to scale, a country would tend to export a commodity which requires the intensive use of the country's relatively abundant factor. They focused on the production-side conditions and argued that patterns of trade are determined by the nation's endowment.

In the modern world, however, the conditions have much changed. The world we live in is a multi-commodity world. Global consumers frequently change their demand pattern. Production technologies vary across countries and more of the phenomenon of increasing returns to scale has been observed rather than constant returns to scale. Not to mention that the uncertainties in the global markets have intensified.

According to Michael Porter (2003), comparative advantage is vital in explaining patterns of trade. However, it is the competitive advantage that directly affects a country's standard of living and a firm's profit. As global businessmen struggle with investment risks and market uncertainties, they consider competitive advantage more seriously than comparative advantage. To mitigate business risks and market uncertainties, the government needs to be involved in one way or another.

Under these circumstances, state entities may aggressively propagate favorable conditions in the domestic economy by improving the quality of export products and offering various incentives for FDI. South Korean embassies in foreign countries are the most powerful and effective state entities in promoting exports and FDI. Currently South Korea maintains diplomatic relationships with 190 countries. Professional diplomats always take the initiative in contacting prospective foreign buyers and potential foreign investors and provide them with business counsel and informative brochures and catalogues.

The Korea Trade-Investment Promotion Agency, or KOTRA, is another important quasi-state entity specializing in the promotion of exports and foreign direct investment. KOTRA was founded in 1962 and has been financially supported by the Ministry of Trade, Industry, and Energy(MOTIE). KOTRA maintains 127 overseas offices called "Business Centers" in 86 countries.

There are 10 local head offices in Europe, the Middle East, Africa, the Commonwealth of Independent States(CIS), China, Japan, Southwest Asia, Southeast Asia, North America, and Central and South America. In this manner, KOTRA covers the entire world, aggressively exploring the markets for Korean export products and services, and strengthening the export capabilities of small- and medium-sized enterprises(SMEs).

Having recognized the positive of role of government trade and investment promotion agencies, the United Nations Conference on Trade and Development(UNCTAD) highly recommended that developing countries should establish the IPA(Investment/export Promotion Agency) like KOTRA, to promote trade and development.

KOTRA has recently added to its mission, the creation of innovative programs which will surely yield many new jobs. At this point, a short comment is worth being made. The comparative advantage principle affects the pattern of trade of a country. A competitive advantage or competitive edge determines the profits of export firms and of foreign invested firms.

In conclusion, it is critically important that state entities such as embassies and KOTRA enhance Korea's exports and FDI.

49. 수출과 FDI 유치에 열심인 정부출연기구들

2018-02-20 | 코리아타임즈 신문 게재

아담 스미스는 1776년 그의 저서에서 절대우위 이론이 무역의 패턴을 결정한다고 주장하였다. 이 주장에 따르면 상품을 생산하는 나라는 어디든지 가격이 가장 높은 나라에 그 상품을 팔려고 노력한다는 것이다. 이에 대응하여 데이비드 리카르도는 1817년 절대 우위 이론 가지고는 무역 패턴을 일반적으로 충분히 설명할 수 없다고 하고 그러나 비교우위 이론은 그럴 수 있다고 주장하였다.

그 후 1919년 헥셔-올린 두 교수는 2개국, 2개 상품, 2개 생산요소의 체계 속에서 비교우위가 적용되는 무역 모델을 개발하였다. 두 교수는 분석 편의상 두 나라의 기술이 같고 생산규모에 대한 수익불변이라는 2개 가정을 놓고 어느 나라든 상대적으로 풍부한 부존 생산요소를 집약적으로 사용하여 만든 상품은 수출상품이 되는 경향이 있다고 하였다. 헥셔-올린은 상품의 생산조건에 초점을 맞춤으로써 국가의 무역 패턴은 그 나라의 부존자원의 여하에 달려 있다고 주장하였다.

그러나 지금 세상은 경제상황이 많이 바뀌었다. 우리가 다루고 있는 세상은 2개 상품이 아니라 많은 상품이 거래되는 세상이다. 국경이 없는 글로벌 소비자들은 그들의 소비 패턴을 수시로 바꾼다. 그리고 생산기술은 나라마다 다르고 규모에 대한 수익은 불변이 아니라 체증의 경우가 더 많은 것으로 보여진다. 그리고 글로벌 시장에서의 불확실성은 더욱 커지고 있다는 사실은 언급할 필요조차 없다.

마이클 포터 교수는 2003년 색다른 주장을 폈다. "비교우위는 무역의 패턴을 설명하는 데는 매우 중요하다. 그러나 한 나라의 생활수준과 기업의 수익에 직접적으로 영향을 주는 것은 경쟁력우위이다. 사업상 위험과 시장 불확실성을 완화하기 위해서는 정부가 어떤 방법으로든지 개입할 필요가 있다."라고 주장하였다.

이런 상황에서 정부출연기관들은 외국인들에게 국내투자의 유리한 조건을 적극적으로 홍보할 수 있다. 수출상품의 품질을 개선하고 외국인직접투자(FDI) 유치를 위한 각종 인센티브를 제공하고 있다고 널리 홍보할 수 있는 것이다.

외국주재 한국 대사관들은 수출 진흥과 FDI 유치를 위해서는 가장 위력 있고 효과를 내는 정부기구에 속한다. 한국은 지금 190개국과 외교관계를 맺고 있다. 직업외교관들은 외국구매자들과 항상 주도적으로 만나서 투자상담을 해준다. 그리고 브로셔와 카탈로그를 보여주며 사업관련 정보를 제공한다.

한국무역투자진흥공사(KOTRA)는 또 다른 중요한 정부출연기관으로서 수출과 외국인직접투자를 촉진하는 데 특화하고 있다. 코트라는 1962년에 설립되었으며 통상산업자원부(MOTIE)로부터 예산지원을 받아왔다. 코트라는 86개국에 총 127개의 해외사무소를 두고 있으며, 이들은 "Business Center"라고 불리어지고 있다.

해외에서 총 10개 지역본부가 있다. 유럽, 중동, 아프리카, CIC(소비에트 사회주의 공화국 연방이 해체된 뒤 성립된 신체제 국가연합을 가리킴), 중국, 서남아시아, 동남아시아, 북미, 중미, 그리고 남미를 포함하는 10개 지역이다. 이렇게 해서 KOTRA는 거의 전 세계를 시야에 두고 한국의 상품과 서비스를 수출하려고 해외시장을 공격적으로 탐색하고 있다. 이뿐 아니라 중소기업의 수출경쟁력 강화를 위한 노력도 적극적으로 펼치고 있다.

개도국의 무역과 투자 촉진을 위한 정부의 역할을 인식하고 유엔의 무역개발 기구인 UNCTAD도 KOTRA를 모범사례로 들어 개도국들도 한국처럼 투자무역진흥기구, IPA(Investment/export Promotion Agency)를 만들 것을 적극적으로 추천하였다.

최근 들어 KOTRA는 혁신적 사업의 개발을 특별사명으로 추가하였다. 이 사업은 새로운 일자리를 확실하게 만들어내는 일이다. 이 시점에서 첨언한다면, 생산의 비교우위 원칙이 한 나라의 수입과 수출의 방향을 결정하는 것이라면, 경쟁력 우위는 수출기업과 투자기업의 수익을 결정한다는 것이다. 결론적으로, 해외주재 대사관이나 KOTRA와 같은 정부기구들은 한국의 수출과 외국인 직접투자(FDI)를 진흥시키는 데 매우 중요한 역할을 담당한다는 것이다.

50. Two-way FDIs prevent global trade war

2018-03-20 | THE KOREA TIMES

On March 6, President Trump announced a plan to impose heavy tariffs, 25 percent on steel and 10 percent on aluminum imports. Numerous trade partners resent the U.S. protectionist policy. Global citizens are worried about a global trade war coming soon. Whether a tariff war erupts depends on China's reaction because it is the world's largest steel exporter.

If Professor Harry Johnson had been alive, he would have suggested measures to stop tariff wars among the trade partners. From 1959 to 1977 Johnson taught international economics at the University of Chicago. He used to be called "the prince" in the field of trade theory and tariffs owing to his outstanding publication activity. According to his graphical presentation, if one country starts a tariff, other countries will retaliate so that their trade volume will eventually become zero.

During the period from the 1970s to the 1990s, 17 Chicago economists who taught economics at Chicago were awarded the Nobel Prize in economics. One of them was Milton Friedman who received the prize in 1976. Right before Friedman's departure for Sweden to attend the award ceremony in December, the university hosted a congratulatory party for him. Many professors and graduate students were at the party. Professor Johnson sitting in a wheelchair was happy to see Friedman giving a thank-you speech. I was there too.

People at the party were speculating that Johnson would get the Nobel Prize next time for his work on trade theory and the monetary approach to the balance of payments. But he could not make it because he collapsed when he had a second stroke in May 1977. Johnson was sympathetic with the Heckscher-Ohlin(H-O) model but was critical of the model's simple assumption that all countries shared identical technology of constant-returns-to scale.

Traditional trade theories including the H-O model say very little about the length of labor market adjustment. In the long-run equilibrium, there is no problem of unemployment due to a flexible labor market.

In the real world, however, there is always the issue of unemployment because the labor market adjusts so slowly. Labor union's resistance is strong. In addition, retraining workers is required as they can move to new industries within a nation.

Moreover, workers cannot easily transfer to a foreign country due to restrictive immigration laws. Therefore, if a country keeps running trade deficits, it has to suffer from persistent unemployment. Typically this has been the case of the U.S.

While at Chicago, Friedman and Johnson got along with each other. But the two had differences in certain policy areas. Friedman advised the government to be wary of inflation whereas Johnson preferred lower unemployment to curbing inflation.

Near the time of his death, Johnson told his students in class, "Technologies vary from one country to another and technology tends to transfer through foreign-invested firms from a higher-income country to a low-income country." This was a great message left with many of his aspiring students.

After some years of R&D in the host country, foreign firms are likely to transfer their existing technology and adopt a new advanced technology. As a result, when the low-income country takes over the existing technology from the foreign firm, it can transfer it to another third lower-income country afterward. In this manner all countries can benefit from higher technology which brings about more jobs and higher income.

While technology transfer is occurring, the higher-income country exports its jobs to other countries. This is where the issue of strategic negotiations between the two trade partners comes in. The technology-granting country suffering from high unemployment may request the technology-receiving country to send their affiliated firms and factories back to the partner country suffering from huge unemployment.

South Korea provides a good example. Its trade surplus with the U.S. started increasing around 2010. Since then, the trend of Korea's annual FDI flows has reversed. In annual terms, the outbound FDI is about three times larger than inbound FDI.

Several large Korean companies are operating their factories overseas including in the U.S. That way, Korea helps to mitigate the unemployment problem of the partner country with the trade deficit. Global citizens are concerned about global trade protectionism. To prevent disastrous trade wars, world leaders should support two-way FDIs more strongly.

50. 쌍방 외국인투자로 글로벌 무역 전쟁 막아야

2018-3-20 | 코리아타임즈 신문 게재

도널드 트럼프 대통령이 6일 철강에 25%, 알루미늄에 10%의 고율의 수입관세를 부과하겠다고 발표하였다. 이와 같은 미국의 보호무역 기조에 여러 무역 상대국들이 반발하였으며 전 세계적으로 무역전쟁에 대한 우려가 나오고 있다. 무역 전쟁의 발발 가능성은 중국의 반응에 달려 있다. 왜냐하면 중국이 세계 최대 철강 수출국이기 때문이다.

만약 해리 존슨 교수가 살아 있었다면 관세 상대국 간의 관세전쟁을 멈추기 위한 방안을 제시했을 것이다. 1959년부터 1977년까지 시카고 대학에서 국제경제학을 가르친 존슨은 훌륭한 출판 이력으로 인해 무역이론과 관세분야의 '왕자'라고 불리었다. 존슨의 생생한 그림 설명을 빌리자면, 한 나라가 관세를 부과하기 시작하면 다른 나라들이 관세 보복 조치를 취하게 되어 무역 규모가 결국은 제로가 되는 상황이 벌어지게 된다.

1970~90년대 동안 시카고 대학에서 경제학을 가르친 경제학자들 중 17명이 노벨 경제학상을 수상하였다. 그 중 한 명이 1976년 노벨상을 수상한 밀턴 프리드먼이다. 프리드먼이 12월 스웨덴에서 열리는 시상식에 참석하기 전, 시카고 대학에서 프리드먼 교수를 위한 축하 파티를 열었다. 많은 교수들과 학생들이 참여하였다. 휠체어에 앉은 존슨 교수는 프리드먼

의 감사 연설을 기쁜 표정으로 지켜보았다. 필자 또한 그 자리에 함께 있었다. 축하 행사에 참여한 많은 이들은 존슨이 무역이론과 국제수지에 대한 통화론적 접근 이론으로 다음 해에 노벨상을 수상하게 될 것이라고 예상했다. 하지만 안타깝게도 두 번째의 치명적 뇌졸중으로 인해 그는 1977년 5월 세상을 떠나고 말았다.

존슨은 헥셔-올린 모델을 일부 인정하였으나 모델이 전제한 모든 국가의 동일한 기술 보유 및 규모에 대한 수익불변이라는 매우 단순한 가정에는 비판적이었다. 헥셔-올린 모델과 같은 전통적인 무역 이론의 경우 대부분 노동시장의 불균형이 조정되는 기간에 대한 언급은 거의 하고 있지 않다. 장기균형에서는 노동시장의 유연성이 유지되어 실업 문제가 없기 때문이다.

그러나 현실에서는 노동시장의 조정이 매우 더디게 이루어지기 때문에 언제나 실업이라는 문제가 존재한다. 노동조합의 완강한 저항이 존재한다. 근로자는 국내 새로운 업종으로 옮기기 위해 재훈련을 받아야 한다. 또한, 근로자가 해외로 이동하는 경우에도 이민법이 제한적이기 때문에 어려움이 따른다. 그러므로 무역수지 적자가 지속되는 나라는 실업문제를 겪을 수밖에 없는 것이다. 미국은 이러한 상황을 전형적으로 보여준다.

프리드먼과 존슨은 시카고에 함께 있는 동안 좋은 관계를 유지했지만 특정 정책에 있어서는 의견을 달리하기도 하였다. 프리드먼의 경우 정부에 인플레이션을 조심할 것을 당부했으나 존슨은 낮은 인플레율보다는 낮은 실업률을 선호하였다. 존슨 교수는 사망하기 전, 나라별 기술 보유가 다르고 기술 이전은 고소득국가의 외국인투자기업을 통해 저소득국가로 이루어진다고 말했다. 이는 존슨 교수를 동경하던 제자들에게 위대한 유언으로 남았다.

외투기업들은 몇 년간 투자유치국에서 R&D 활동 이후, 기존 기술을 이전하고 새로운 첨단 기술을 도입하게 된다. 따라서 저임금 국가가 외국기업으로부터 기존 기술을 이전받는 경우, 이후 다른 저임금 국가에게도 기술을 이전할 수 있다. 이러한 방식을 통해 모두가 선진 기술로부터 혜택을 받아 일자리 및 소득을 늘릴 수 있다. 기술 이전이 이루어지는 동안 고소득 국가는 다른 국가에 일자리를 창출하기도 한다. 여기서 두 경제 동반자 간의 전략적 협상 가능성을 언급할 수 있다. 높은 실업 문제를 겪고 있는 선진 국가는 기술을 획득한 국가의 기업 및 공장을 다시 선진 국가로 이전할 것을 요청할 수 있다.

이러한 점에서 한국은 좋은 사례가 되고 있다. 우리나라의 대미 무역수지 흑자는 2010년부터 증가하기 시작했다. 그 이후로 우리나라의 연간 외국인직접투자(FDI) 유입 동향이 현저히 달라졌다. 연간 기준으로 보아 FDI 유출 규모는 FDI 유입 규모보다 약 3배 높다. 우리나라의 몇몇 대기업은 미국 및 해외에서 공장을 운영하고 있다. 그런 방식으로 한국은 무역수지 적자를 경험하는 국가가 실업 문제를 해소하도록 도움을 제공하고 있다.

전 세계 시민들이 글로벌 무역보호주의에 대한 우려를 나타내고 있다. 이제 세계 지도자들은 무역 전쟁의 재앙을 예방하기 위해 쌍방 FDI를 보다 강력히 지지해야 한다.

51. KOTRA reforms for SMEs

2018-04-17 I THE KOREA TIMES

Recently Kwon Pyung-oh assumed the presidency of the Korea Trade and Investment Promotion Agency(KOTRA). Kwon started his government career at the Ministry of Trade, Industry, and Energy (MOTIE) in the early 1980s. At the office-assuming ceremony held April 2, President Kwon's inaugural address inspired many attendees. KOTRA focuses on FDI attraction while the Foreign Investment Ombudsman specializes in resolving foreign investors' grievances. So I attended the ceremony.

From early on, Kwon got himself involved in the work related to the expansion of KOTRA activities. Owing to his strenuous efforts, KOTRA undertook a new mission of promoting foreign direct investment. He continued working at the ministry until he became assistant minister of international trade and investment. He was finally promoted to ambassador to Saudi Arabia where he served for about two-and-a-half years starting November 2015. Impressed by his professional performance, foreign investors may have high hopes for and great expectations of President Kwon.

With his experience, President Kwon can figure out what KOTRA should do henceforth. KOTRA is a huge organization with 127 overseas offices scattered around 86 countries. Its global networking capability is formidable. President Kwon can quickly catch the four organizational issues for KOTRA _ strengths, weaknesses, opportunities and threats through a simple "SWOT" analysis.

He is one of the very few people in Korea who understand KOTRA's potential capability and weaknesses. He knows how to utilize KOTRA to provide support effective enough to help small- and medium-sized enterprises(SMEs) advance into the global markets and to create the maximum number of quality jobs.

President Kwon disclosed his innovative policy plans and reform measures. He pledged that during his term, he would fulfill the four major tasks: (1) to support small- and medium-sized companies including middle-standing companies in such a way that they successfully advance into overseas markets; (2) to create quality jobs that are acceptable by global standards; (3) to diversify their export items as well as export markets; and (4) to explore new markets overseas.

President Kwon presented some statistics to the audience and said, "In value terms, SMEs account for only 37 percent of Korea's total exports. If this ratio is raised to 50 percent, then more than 1 million new jobs can be created." While focusing on the support of SMEs, President Kwon seriously requested that KOTRA men follow his leadership. He wants KOTRA people to change their attitude toward their customers to meet their demands and serve them better.

To achieve these tasks, he pledged to undertake critical reform measures. They are: (1) To increase the competitive edge of KOTRA's overseas offices, 20 percent of the head positions in the overseas offices are to be filled by competent people through fair competition; (2) To help young people find jobs in other countries, KOTRA will increase the number of its foreign offices with such a mission from

24 up to 50: (3) To increase the functional effectiveness of KOTRA's customer-serving units, as many of the headquarters' staff as possible will be relocated to local as well as overseas offices.

However, we should be wary that SMEs may cause a "moral hazard" problem. We cannot afford to support all SMEs just because they are relatively smaller in size. Not all t SMEs will be successful. Their performance must be evaluated regularly. The SME support system and performance assessment criteria must be carefully designed and established.

We may learn a good lesson from the experience of German SMEs. Germany is best known for giant companies such as BMW, Siemens and BASF, etc. But it is the power of SMEs that pushes the German economy forward. Small- and medium-sized firms are collectively known as the "mittelstand." They are mostly innovative and internationally competitive. In the making of their products, they never fail to use the best material. German workers have a good reputation for hard work and faithfulness.

The role of SMEs in selecting proper technology with ease, swiftly diversifying products and overseas markets, and creating quality jobs is globally recognized. Korea desperately needs to support SMEs to create jobs and promote exports. We all look forward to successful leadership by the new KOTRA head.

51. 중소기업을 살리는 KOTRA의 개혁

2018-04-17 | 코리아타임즈 신문 게재

최근 권평오 씨가 KOTRA 사장에 임명되었다. 권 사장은 1980년대에 산업자원부에서 직업관료를 시작했다. 지난 4월 2일 취임식에서 권 사장의 취임사는 많은 축하객에게 감명을 주었다. KOTRA는 외국인직접투자를 유치하는 데 주력을 다하지만 외국인투자 옴부즈만은 외투기업의 고충을 해결하는 데 주력을 다하고 있다. 필자는 외국인투자 옴부즈만으로서 취임식에 참석했다.

권 사장은 그의 관료시절 초기 때부터 KOTRA 확대와 관련된 일에 종사했다. 그의 특별한 노력 덕분에 KOTRA는 기존에 없었던 외국인투자촉진이라는 새로운 사명을 부여받았다. 그는 산업통산부에서 차관보직을 수행하기까지 계속 근무하였다. 그 후 권 차관보는 2015년 사우디 대사로 승진하여 2년 반 동안 대사직을 수행하였다. 직업외교관으로서 명성을 날렸던 권 대사를 높이 평가하는 외국인투자자들은 권 사장에 대해 바라는 기대치가 상당히 높기도 할 것이다.

일찍이 KOTRA에 경험이 있는 권 사장은 앞으로 KOTRA가 무슨 일을 해야 하는지 곧 알아낼 것이다. KOTRA는 총 86개국에 127개의 해외주재 무역관을 가지고 있는 엄청나게 큰 조직이다. 전 세계로 통하는 연락망은 실로 가공할 만한 것이다.

권 사장은 KOTRA 조직의 분석을 위한 4개의 기준을 쉽게 파악할 것이다. 조직의 4가지 특성, 즉 내부강점(Strength) 내부약점(Weakness), 외부에서의 기회(Opportunities), 외부로부터의 위협(Threats)이라는 'SWOT' 분석기법을 그는 적용할 것이다. 그는 KOTRA를 이용하여 중소기업을 효과적으로 도울 수 있는 구체적인 방법을 알고 있을 것이다. 그리고 중소기업이 글로벌 시장에 진출하여 최대 일자리를 만들어낼 수 있게 할 것이다.

권 사장은 KOTRA 혁신방안과 개혁안을 발표하였다. 그는 자신의 임기 동안에 4개 과제를 수행할 것을 발표하였다. (1) 중소중견기업의 해외시장 진출 지원, (2) 글로벌 일자리 창출, (3) 수출품목과 시장의 다변화, (4) 새로운 해외 진출기회 발굴을 제시함.

권 사장은 청중에게 중요한 통계자료를 제시하였다. 현재 총 수출 중에서 중소기업 수출비중이 37%에 불과한데 이를 50%로 높이면 신규 일자리가 100만 개 이상 생긴다는 것이다.

중소기업 지원에 주력하되 권 사장은 KOTRA 직원들이 자신의 리더십을 진지하게 따라줄 것을 요청하였다. 권 사장은 KOTRA 직원들이 고객에 대한 자신들의 마음가짐을 바꾸고 겸손한 자세로 그들의 수요에 부응할 뿐아니라 그들에게 봉사정신으로 대할 것을 주문하였다.

이런 과제를 달성하기 위하여 다음의 주요 개혁과제를 수행할 것을 약속하였다: (1) KOTRA 해외무역관의 경쟁력을 강화하기 위하여 전체 해외무역관장 직위의 20%를 외부에 개방하여 능력을 갖춘 외부 전문가를 채용하고 (2) 우리 청년들이 외국에서 일자리를 찾을 수 있게 도와주기 위하여 해외무역관 수를 지금의 24개에서 50개로 늘릴 것임. (3) 고객봉사를 위한 KOTRA의 기능 강화를 위하여 본사근무 직원의 해외근무와 지방근무를 가능한 많이 할 것임.

그러나 중소기업이 도덕적 위험을 야기하는 문제가 있으므로 이를 경계

해야 할 것이다. 기업규모가 상대적으로 작다고 해서 모든 중소기업을 지원할 수는 없는 것이다. 그리고 모든 중소기업이 성공할 수는 없는 것이다. 중소기업의 실적은 정기적으로 평가되어야 한다. 중소기업 지원제도와 실적평가 기준도 조심스럽게 고안되고 정립되어야 할 것이다.

우리는 독일의 중소기업 경험을 통해서 좋은 교훈을 얻을 것이다. 독일의 BMW 승용차, Siemens, BASF 등 거물 기업 등이 우리나라에 많이 알려져 있다. 독일 경제를 밀어주는 것은 바로 이들 중소기업들의 힘이다. 이들 중소기업체들이 집합적으로 불리는 이름이 'mittelstand'이다. 이들은 거의 모두 혁신적이고 국제경쟁력이 강한 기업이다. 독일 노동자들은 열심히 일하며 많은 신뢰를 받는 일군으로 아주 좋은 평판을 듣고 있다.

가장 적절한 기술을 쉽게 선택하고, 생산품을 신속하게 다양화하며, 고기술 일자리를 창출하는 것이 중소기업의 중요한 역할이라는 사실이 세계적으로 인식되어 있다. 한국은 이제 필사적으로 중소기업을 지원해서 일자리를 창출하고 수출을 촉진시킬 필요가 있다. 새로 임명받은 KOTRA 사장의 성공적인 리더십에 거는 우리의 기대가 크다.

52. Continuing debates over FX policies

2018-05-15 | THE KOREA TIMES

The U.S. economy is recovering visibly. Numerous jobs are being created. Nevertheless, the prospects for the U.S. trade balance are not so bright. Its trade deficit increased from $504.8 billion in 2016 to $568.4 billion in 2017. The deficit size has been expanding since 1975. Such a trend will continue and trade disputes between the U.S. and other countries will also continue. Then President Donald Trump's rhetoric regarding trade retaliation is likely to intensify.

Trump expressed his strong will to make America great again in his inaugural speech in February 2017. During the election campaign, he accused China of cheating its trading partners and threatened to impose tariffs on imports.

Treasury Secretary Steve Mnuchin asked IMF Managing Director Christine Lagarde to provide a candid analysis of foreign exchange (FX) policies in its 189 member countries. In April 2017 she said in an interview, "You cannot just identify one particular country because the whole system works together."

Professor Jeffrey Frankel of Harvard University stated in "China-US Focus" dated April 9, 2015, that "over the preceding 10 years, the People's Bank of China did a lot of intervention in the foreign exchange market but not any longer. Its central bank actually intervened to dampen the depreciation of the renminbi."

China lowered its foreign-reserve holding from $3.99 trillion in July 2014 to $3.84 trillion in January 2015. Since then the accusation of China as a currency manipulator has subsided.

The U.S. Congress enacted the Omnibus Trade and Competitiveness Law in 1988. This law stipulates that "the secretary should consider whether countries manipulate the exchange rate and observe such manipulation occurring, the secretary shall initiate negotiations with such foreign countries." Apparently this stipulation was not strong enough. By this law, Treasury is required to submit a currency report to Congress every April and November.

Under the Obama administration in 2015, Congress enacted a new law, the Trade Facilitation and Trade Enforcement Act. This law was to prevent partner countries from seeking unfair practices in FX policy.

On April 13, 2018, the Treasury's third report was presented to Congress. This report analyzed the exchange-rate policies of 13 major trading partners. The report concluded that no partner country required an "enhanced" analysis. But it placed six countries — China, Germany, Japan, South Korea, Switzerland and India — on the "monitoring" list considering that these countries need to be continually monitored.

The U.S. criteria for labeling the country for "enhanced analysis" are: (1) A bilateral trade surplus of at least $20 billion with the U.S., (2) A current account surplus of at least 3 percent of GDP, and (3) Net purchases of foreign currency totaling at least 2 percent of GDP.

Any country that has met all the three criteria is designated as a country that requires an "enhanced" analysis. Any country that has met at least two out of the three criteria is put on the "monitoring" list. Korea met criteria (1) and (2), but did not meet criterion (3) and the country was put on the "monitoring" list. It should be noted, however, that the ratios and "$20 billion" in the criteria are somewhat arbitrary and they may change as the underlying conditions evolve. Korea can easily reduce its trade surplus with America to below $20 billion. Disputes over FX policies among academicians, policymakers, and politicians may continue.

To lessen such disputes, they should agree on at least the following four points: (1) Impact of the change in the exchange rate on trade balance is getting weaker as the share of imported inputs in total exports of a country is expanding; (2) As the number of firms participating in the global supply chain increases, assessing the exchange rate effects is getting harder; (3) A partner country's expansionary fiscal policy improves America's trade balance, and (4) A partner country's tighter monetary policy makes the dollar weaker.

Korea is not a reserve-currency country but it has seldom been out of line in FX policy. The Korean economy was hit hard by the 1997 Asian financial crisis. It was just a year after Korea liberalized its capital account. However, it swiftly overcame the economic hardship by undertaking drastic structural reforms and adopting a sound FX policy. Korea has introduced the floating exchange rate system and maintained an appropriate level of foreign reserves.

52. 지속되는 환율정책 논쟁

2018-05-15 | 코리아타임즈 신문 게재

미국경제가 눈에 띄게 회복되고 있다. 새로운 일자리가 무수히 만들어지고 있다. 그럼에도 미국의 무역전망은 그리 밝지 않다. 미국의 무역적자는 2016년 5,048억 달러에서 2017년에 5,684억 달러로 늘어났다. 미국의 무역적자는 1975년 이래 지속적으로 확대되어 왔다. 이런 추이는 앞으로도 계속될 것이며 무역 흑자국 간의 분쟁은 여전히 지속될 것으로 보인다.

앞으로 무역보복도 불사하겠다는 도널드 트럼프 미국 대통령의 수사적 표현은 그 강도가 더욱 거세질 것이다. 트럼프 대통령은 2017년 2월 그의 대통령 취임식에서 다시 한 번 '위대한 미국'을 재건하겠다는 강한 의지를 표명하였다. 그는 선거운동 중에 중국은 무역상대국을 속이는 나라라고 비난하였으며 중국 상품에 대하여 과중한 관세를 부과할 것이라고 협박하였다.

스티브 므누신 미국 재무장관은, 크리스틴 라가르드 IMF 총재에게 189개 IMF 회원국의 환율정책을 정확히 분석하여 미국에 제출해주기를 요청하였다. 그러나 라가르드 총재는 2017년 4월 한 인터뷰에서 "시스템 전체가 같이 작동하기 때문에 구체적으로 특정 국가를 지목하여 잘못을 밝혀낼 수 없다"라고 하였다.

하버드 대학의 제프리 프란켈 교수는 2015년 4월 9일 자로 발행된 그의 기고문 "중국–미국 초점"에서 다음과 같이 서술하고 있다. 중국의 중앙은행은 과거 10년 동안 외환시장에 자주 개입하였으나 이제는 더 이상 그러지 않는다고 중국을 변호하였다. 근년에 들어 중국의 중앙은행은 국내 외환시장에 개입하기도 하였으나, 인민폐의 가치하락 속도를 오히려 줄이고자 노력하였다고 역설하였다. 2014년 7월 중국의 외환보유고는 3.99조 달러이었으나 중국 중앙은행이 외환시장에 달러를 내다 팔았기 때문에 2015년 1월에는 3.84조 달러 수준으로 낮아졌다. 그 때문에 중국이 환율 조작국이라는 비난은 일단 수면 밑으로 가라앉았다.

미국 상원은 1988년 "옴니버스 무역과 경쟁법"을 제정하였다. 이 법에 의하면 미국 재무장관은 미국과 거래하는 나라가 환율을 조작하는지 여부를 알아보고, 환율조작이 실제로 일어나는지 관찰해야 한다. 또한 미 재무장관은 필요하면 해당 국가와 환율협상을 시도해야 한다. 그러나 이 법은 실제로 구속력이 세지 못하였다. 이 법에 따르면 미국 재무부는 매년 4월과 11월, 2차례 상원에 제출하기로 되어 있다.

또한 2015년 오바마 정부가 들어서자, 미 상원은 새로운 법인, "무역촉진 및 무역강화법"을 제정하였다. 이 법은 무역 파트너들이 불공정한 환율 정책을 하지 못하게 하려고 만들어졌다. 2018년 4월 13일, 제3차 환율 보고서를 상원에 제출하였다.

이 보고서는 미국의 13개 무역상대국의 환율정책을 분석하였으며 다음과 같은 결론을 내렸다. 무역동반자들 중 어느 국가도 '심층 분석 대상국'이라는 평정을 받지 않았다고 하였다. 그러나 중국, 독일, 일본, 한국, 스위스, 인도, 6개국에 대해서는 '감시대상국'이라 지정하였으며 이들은 앞으로 계속해서 감시를 받을 것이라 하였다.

미국으로부터 '심층 분석' 대상국으로 지명된 나라들은 다음의 기준을 어긴 나라들이다. (1) 대미 무역흑자가 200억 달러 이하 (2) 대미 경상흑자가 대GDP 비율 3퍼센트 이하 (3) 달러화폐 순매입이 대GDP 비율 2퍼센트 이하.

어느 나라든지 위 3개 기준을 모두 어긴 나라는 '심층 분석' 대상국이 되며 3개 기준 중 1개 또는 2개 기준을 어긴 나라는 '감시' 대상국이 된다. 한국은 (1)기준과 (2)기준을 어겼으므로 '감시' 대상국 리스트에 올라 있다. 미국 측이 정한 200억 달러 대미무역흑자 기준은 다소 임의적이라서 앞으로 상황이 바뀌면 (1) 기준도 달라질 수 있다. 한국의 입장에서 보면 대미 무역흑자는 쉽게 200억 달러 수준 아래로 내릴 수 있다.

이렇듯 각국의 환율정책에 대해서는 학계, 정부 정책담당자들, 정치가들 사이에 설전은 항상 계속될 것으로 본다. 불필요한 설전을 줄이려면 이들 간에 다음의 4가지 사항에 동의가 필요하다. (1) 어느 국가이든 수출상품에서 차지하는 수입원자재 비율이 증가함에 따라 무역수지에 대한 환율정책효과는 줄어든다. (2) 글로벌 공급 체인에 참여하는 기업이 많아지면서 환율효과는 측정하기가 점점 어려워진다. (3) 미국의 교역 상대국의 확대재정정책은 미국의 무역수지를 개선시킨다. (4) 그리고 상대국의 긴축통화정책은 달러 가치를 내리게 하는 효과가 있다.

한국은 기축통화국은 아니지만 환율정책이 정도에서 벗어나 본 적이 드문 나라이다. 한국은 1997년 외환위기 때 심하게 깨진 나라이다. 자본계정을 자유화하고 자본시장을 개방한 지 1년을 갓 넘기자, 외환위기를 맞이한 셈이다. 그러나 과감한 구조 개혁과 올바른 환율정책을 실시함으로써 외환위기로 인한 경제시련을 빠르게 극복한 나라이다. 한국은 변동환율제를 도입하였으며 적정 수준의 외환보유고를 유지했기 때문이었다.

53. Social value model contributes to warm capitalism

2018-06-12 I THE KOREA TIMES

It has been over four decades since the concept of "corporate social responsibility(CSR)" was developed. CSR activities by multinational enterprises(MNEs) used to be considered a voluntary self-regulation. These days, however, many host countries impose CSR on foreign direct investors as mandatory.

There is much evidence that socially responsible corporations(SRCs) can create and distribute "social values" to the public more efficiently than the government.

The concept of social value has been widely accepted. When it comes to its measurement, however, scholars and practitioners have different voices. Value is inherently subjective in any country so that when a social-value creating project leads, funders and partners tend to fight over ways to measure the social value.

Chairman Chey Tae-won of SK Group has recently disclosed an intriguing measurement method. He has been playing the role as a worldwide evangelist propagating the necessity of CSR. He has passionately participated as a panelist in the global forums. Chey advocated that CSR management has become the most effective long-term business strategy and that large-scale companies had better adopt the double bottom-line accounting method to quantify the social values. So he has created a new business model, called "the social value model."

The bottom line refers to either the "profit" or "loss" which is usually recorded at the very bottom line on a statement of revenue and expenses. In contrast, the double-bottom-line(DBL) approach considers both the conventional economic value and the social value. By adopting the new DBL model, the performances of SRCs can be assessed appropriately.

As part of the social value model, SK has developed an innovative method of measuring the social values. They considered three areas — wages, raw materials, and the commodities/services and suggested a new measuring standard:

• Firstly, when hiring the disabled or people in socially disadvantaged conditions, including the youth and retirees, the SRCs pay a wage higher than the average wage which would be paid to the people in the same category if they are in the labor market. That difference in wage is taken to be the social value.

• Secondly, when the SRCs manufacture new products by recycling the garbage, the government can reduce its garbage-disposal costs to a certain extent. So that much of cost-saving is estimated and taken to be the social value.

• Finally, when the SRCs provide a commodity or service for the welfare recipients at a price lower than its market price, that price differential is estimated and taken to be the social value.

The social value quantification method that SK has developed will bring about the following four economic and social benefits:

(1) It can assess the performances of the SRCs with ease so that other ordinary corporations may join the group of SRCs.

(2) It would cause the MNEs with CSR to be more welcomed by the people in the host country so that their consumer loyalty may increase significantly.

(3) It would make the employees become self-enlightened so that they may become more productive in the making of commercial products as well as social values.

(4) It would help other countries to resolve numerous economic and social problems at lower resource costs.

Today's business world is characterized as much internationalized and interconnected. A problem in one country is immediately perceived as the same problem in all other countries. Economic risks and uncertainties keep increasing. Market competition is getting stiffer. Income inequality is fast spreading worldwide like a contagious disease. The business models in most countries are centered on short-term profit maximization. The job opportunities for the youth and socially disadvantaged people are diminishing. Free market capitalism is under great attack.

SK's social value model encompasses other activities as well. It tries to build ecosystems in such a way that private financial companies and even private equity firms are induced to invest in SRCs. This is possible if each partner takes a more stable position of lower risk-lower return.

As more companies on earth exercise the social value model, a greater number of global citizens will get benefits. Their life will be enriched and the entire world will be a much better place to live in. We hope that warm market capitalism will soon be rooted.

53. 사회적 가치 모델은 온정자본주의 발전에 기여

2018-06-12 | 코리아타임즈 신문 게재

기업의 사회적 책임이라는 개념(CSR)이 개발된 지 40년이 경과하였다. 그동안 다국적기업의 CSR 행동은 자발적 자율규제로 간주되어 왔다. 그러나 지금은 투자유치국이 외국인 투자기업에게 CSR을 강요하는 사례가 늘어나고 있다.

사회적 책임을 느끼는 기업이 정부보다 더 많은 사회적 가치를 창출하며 또한 '사회적 가치'를 국민에게 정부보다 더 효율적으로 배분한다는 경험적 증거가 많다. 사회적 가치 개념은 이미 널리 수용되어 왔다. 그러나 사회적 가치의 추정에 있어서는 학자들과 전문가들이 서로 조금씩 다른 목소리를 내고 있다. 어느 나라에서든지 가치는 원천적으로 주관적인 것이라서 사회적 가치를 창출하는 사업에 대하여 사업자금을 제공하는 자와 사업을 추진하는 실무자들이 사회적 가치의 추산방법을 놓고 서로 설전을 벌이는 경향이 있다.

SK그룹의 최태원 회장은 최근에 정교한 측정방법을 발표하였다. 그동안 그는 CSR의 필요성을 세계적으로 퍼뜨리는 전도사 역할을 담당해왔다. 최 회장은 국제포럼에 초청받아 열정적으로 견해를 발표하기도 하였다. 그는 CSR에 바탕을 둔 기업경영이 이미 최고로 효과적인 장기기업전략이 되었다고 옹호하였으며 대기업들은 이중기준회계방법을 채택함으로써 사회적 가치를 수량화할 수 있어야 한다고 주장하였다. 최 회장은 또한 '사회적 가치 모델'이라는 새로운 기업 모델을 창조하였다.

전통적인 손익계산서상의 'bottom line'은 손익계산서 가장 아래에 명시된 금전적 이익 또는 금전적 손실을 나타내는 줄을 가리킨다. 이와 차별하여 'Double Bottom Line(DBL)' 접근법은 전통적인 금전적, 경제적 가치뿐만 아니라, 새로운 사회적 가치를 함께 고려하는 것이다. 최 회장은 DB 모델을 도입함으로써 SRC 기업의 실적을 적절하게 산정할 수 있다고 믿고 있다.

사회적 가치 모델의 일부로서 SK 소속 연구자들은 사회적 가치를 산정하는 혁신적인 방법을 개발하였다. 그들은 임금, 자재, 상품/서비스 분야에 초점을 맞추고 다음과 같은 3가지 새로운 측정 기준을 제시하였다. 첫째, 장애인, 청년, 은퇴자, 기타 사회적으로 불리한 여건에 처한 사람을 채용하는 경우, SRC 기업은, 일반 노동시장에 있으면서 같은 직종에 있는 사람보다 높은 임금을 지불한다. 그리고 그 차액을 사회적 가치로 간주한다. 둘째, SRC 기업이 폐품을 재활용하여 신상품을 제조하면, 그만큼 폐기물 처리비용이 낮아질 테니 그 차액만큼 사회적 가치가 발생한다고 한다. 끝으로 SRC 기업이 가난한 복지 수급자에게 상품이나 서비스를 시장가격보다 더 싸게 제공하였다면 그 차액을 사회적 가치로 산정한다.

SK가 개발한 사회적 가치의 수량화 방법은 다음 4가지 경제적 사회적 장점을 가져올 것이다: (1) SRC 기업의 실적을 쉽게 평가할 수 있어서 다른 일반기업도 SRC 기업 그룹에 동참할 수 있다. (2) 사회적 책임을 공감하는 다국적기업은 투자 유치국 국민으로부터 더 큰 환영을 받을 것이며 소비자로부터 지속적인 신뢰를 얻을 것이다. (3) 사회적 기업에서 일하는 종업원들은 자부심을 갖게 되며, 이들의 생산성이 더욱 높아지고 따라서 사회적 가치를 더욱 높이게 된다. (4) 다른 관련 국가들도 영향을 받아 여러 가지 경제 사회문제를 비교적 적은 자원비용을 들여 해결할 수 있게 된다.

오늘날 비즈니스 활동무대는 국제화가 고도화되어 있으며 상호 연관성이 높아지고 있은 것으로 특징지을 수 있다. 한 나라의 문제는 즉시 거의 모든 나라에 해당되는 문제로 인식되고 있다. 경제적 위험과 불확실성은 점점 상승하고 있으며 시장경쟁은 날이 갈수록 심화되고 있다. 소득불균형은 전염병처럼 빠르게 전 세계로 퍼져 나간다. 거의 모든 국가에서의 비즈니스 모델은 단기이윤 극대화에 맞추어져 있다. 젊은 사람들과 사회적으로 불리한 조건에 처해 있는 사람들에겐 취업의 기회가 점점 적어지고 있다. 시장경쟁 자본주의는 지금 크게 위협받고 있다.

SK의 사회적 가치 모델은 기업 이외의 활동도 함께 포함한다. 기업의 생태체계를 구축함으로써 민간 금융회사나 심지어는 민간 증권회사도 사회적 기업에 투자하도록 유도한다. 만일 기업 동반자가 저위험-저수익 투자전략을 세운다면 이것은 충분히 가능한 일이다.

지구상에 많은 수의 기업들이 사회적 가치 모델을 택함으로써 더 많은 지구인들이 혜택을 보게 될 것이다. 그들의 생활은 부유해질 것이며 전 세계는 더 살기 좋은 곳이 될 것이다. 따뜻한 시장 자본주의가 곧 뿌리를 내릴 수 있기를 우리는 소망한다.

54. No quick fix for youth jobless problem

2018-07-24 I THE KOREA TIMES

Korea's unemployment rate for those aged between 15 and 24 increased from 8 percent in 2013 to 9.8 percent in 2017. The number of young people without jobs rose by 31.5 percent from 320,000 to 430,000. This implies that the situation is far more serious than it appears.

OECD countries are also suffering from high youth unemployment. However their average youth jobless rate declined to 11.9 percent in 2017, from 13 percent in 2016, 13.9 percent in 2015 and 15.1 percent in 2014.

In the U.S. the rate stood at 9.2 percent last year, compared with 10.4 percent in 2016, 11.6 percent in 2015 and 13.4 percent in 2014. Germany's rate dropped to 6.8 percent in 2017, from 7.1 percent in 2016, 7.3 percent in 2015 and 7.8 percent in 2014.

Japan's youth jobless rate was much lower at 4.7 percent last year, down from 5.2 percent in 2016, 5.6 percent in 2015 and 6.2 percent in 2014.

By contrast, the rate for Korea has been rising. The youth unemployment rate was 9 percent in 2014, 9.1 percent in 2015, and 9.8 percent both in 2016 and 2017. But the rate is lower than that of the U.S. So the Korean government is under much stronger pressure to address youth unemployment than any other country. The government has tried to help out young people by taking various measures. Yet they have not been quite successful mainly due to uncontrollable global imbalances and recession.

Large global imbalances were built up in the early 2000s. According to Lorenzo B. Smaghi, an executive member of the European Central Bank, global risks attributable to global trade imbalances culminated in 2006. Potential risks had been discussed but no measures were undertaken by the IMF.

The global imbalances started from the late 1990s and have caused a series of global risks including the U.S. sub-prime mortgage crisis of 2007-2010 and the U.S. recession of 2007-2009, and the global financial crisis in 2007-2008.

Still the global economy is undergoing economic recession and high unemployment. Both overall unemployment and youth unemployment are almost equally affected by the economic recession. But one difference is that during the recession, youth unemployment tends to rise faster than overall unemployment.

The major causes of youth unemployment are: (1) Young people who lack work experience are the most vulnerable to economic shocks. They are the "last in, first out." (2) Young people with higher education prefer large companies to small- and medium-sized firms. This creates distortions in the job market. (3) Foreign workers with low skills are competing with young Koreans for employment.

Currently more than 330,000 foreign workers are employed and 56,000 new foreign workers are to join in the Korean labor market next year. The influx of foreign laborers cannot be reversed easily because they have been almost culturally embedded in Korean society.

The trade imbalance between the U.S. and China cannot be

corrected over a short period. China is the leader of the socialist countries with very limited factor mobility whereas the U.S. is the leader of the capitalist free market economies.

The mobility of labor and capital between the two countries is very weak. China's discretionary exchange rate policy is not in harmony with the U.S. monetary policy. So the corrective adjustment for trade imbalances is very slow. Furthermore, the U.S. and China are now fiercely staging a tariff war against each other. Trade wars in other regions are also likely to occur. Therefore, global imbalances, global recession, and global youth unemployment will surely show little sign of improvement for the time being.

To resolve Korea's youth unemployment problem, young people need to change their attitude toward work and occupation. The government should implement programs that will help young people to identify their innate talent and potential at an early age.

To this end the "gap year" program may be undertaken. The gap year was traditionally viewed as taking a year out to travel before entering university. This program has been successful in the U.K., the Netherlands, and the U.S. Through this program, young people have opportunities to identify their innate talents and to test their capability and adaptability before rushing to the job market.

To mitigate the youth unemployment problem, two conditions must be met. First, young people should constantly make efforts to expand their capability and adaptability so that they may survive and thrive in the ever-changing work environment. Second, policymakers should refrain from making quick fixes. Cash grants and the uniform minimum wage can hardly be successful. They need patience.

54. 청년실업, 땜질 처방으론 안 된다

2018-07-24 | 코리아타임즈 신문 게재

한국에서의 15세 이상 24세 이하 청년실업률이 2013년 8%이던 것이 2017년에 9.8%로 상승했다. 이 기간 동안 청년실업자 수는 32만 명에서 43만 명이 되어 31.5% 증가하였다. 이것은 실제 상황이 보기보다는 훨씬 더 심각할 수 있다는 사실을 뜻한다.

OECD 국가들 역시 높은 청년실업으로 고통받고 있다. 그러나 그들의 청년실업률은 평균적으로 2014년 15.1%, 2015년 13.9%, 2016년 13%, 2017년 11.9% 수준으로 계속 내려왔다. 미국의 경우 청년실업률은 지난 몇 년간 계속 떨어져 왔다. 2017년 9.2%, 2016년 10.4%, 2015년 11.6%, 2014년 13.4%이었다. 일본의 청년실업률은 미국보다 더 낮은 수준을 유지해왔다. 2014년 6.2%, 2015년 5.6%, 2016년 5.2%, 2017년 4.7%이었다.

이와 대조적으로 한국의 청년실업률은 계속 상승하여 왔다. 2014년 9%%, 2015년 9.1%, 2016년과 2017년 9.8%이었다. 그래도 한국의 추세는 미국보다 조금 낮은 수준을 유지해왔다. 그래서 한국정부는 다른 어느 나라보다 청년실업문제를 해결해야 한다는 강한 압력을 받고 있다. 그동안 정부는 청년들을 위한 여러 가지 조치를 취하여 왔다. 그러나 개별 국가로서 제어할 수 없는 글로벌 무역불균형과 글로벌 경기침체 때문에 별 효과를 거두지 못하였다.

대규모의 글로벌 무역불균형은 2000년대 초부터 축적되어 왔다. 유럽 중앙은행 이사인 로렌조 스마기(Lorenzo Smaghi)에 따르면 글로벌 무역불균형으로 인한 글로벌 위험은 2006년에 절정에 달하였다. 잠재적 위험은 이미 그 전에 논의되었으나 IMF(국제통화기금)가 별다른 조치를 취하지 않았다. 글로벌 불균형은 1990년대 말부터 시작되면서 세계 각처에 글로벌 위험이 일어나게 만들었다. 그래서 미국의 비우량 모기지 뱅크 위기가 2007-2010년 기간에 터지게 되었으며 2007-2009년 경기후퇴, 2007-2008년 글로벌 금융위기가 일어났다.

지금 세계경제는 여전히 글로벌 무역불균형, 경기후퇴, 고실업률을 겪고 있다. 개별국가의 일반 실업률과 청년실업률은 경기후퇴의 영향을 거의 동시에 받고 있다. 조금 차이가 있다면 경기후퇴 기간 동안 청년실업률은 일반 실업률보다 빠르게 오르는 성향이 있다.

청년실업률의 주된 요인으로 3가지를 꼽을 수 있다. (1) 청년들은 고용경험이 부족하여 경제충격이 발생하면 가장 먼저 영향을 받게 된다. 그래서 이들은 "취업은 맨 나중에, 해고는 제일 먼저" 대상이 된다. (2) 교육수준이 높은 청년은 중소기업보다 대기업을 선호하기 때문에 그 결과 노동시장에서, 대기업에 집중하는 왜곡현상과 함께 청년고용이 어렵게 된다. (3) 국내 청년들은 저급 기술 외국인 노동자들과 경쟁함으로써 청년실업률이 그만큼 높아지게 된다.

현재 한국에서 33만 명 이상의 외국인노동자가 고용되어 있으며 다음 해에는 56,000명의 외국인노동자가 한국 노동시장에 들어오게 된다. 이런 추세가 쉽게 역전되기는 어려울 것 같다. 왜냐하면 외국인노동자들은 이미 한국사회에 문화적으로 익숙해 있기 때문이다.

미국과 중국 간의 무역불균형은 단기에 교정될 수 없다. 중국은 사회주의 국가들을 이끌어 가는 선도국가이며 생산요소, 특히 자본의 국제이동성이 매우 제한적이다. 이와 대조적으로 미국은 자유경쟁 시장자본주의 국가를 이끌어 가는 선도국가이다. 따라서 미중 간 노동과 자본의 이동성은 매우 약하다.

중국의 자의적인 환율정책은 미국의 통화정책과 조화를 이룰 수 없다. 이 때문에 중미 양국 간의 무역불균형이 균형으로 조정되는 속도가 느릴 수밖에 없다. 지금 중국과 미국은 서로를 향해 관세전쟁을 벌이고 있다. 미국은 세계 다른 국가와도 무역전쟁을 벌일 개연성이 높다. 따라서 글로벌 무역불균형, 글로벌 경기후퇴, 글로벌 청년실업률 문제는 당분간 해결되기가 어려울 것 같다.

한국의 청년실업문제가 해결되려면 우선 일과 직업에 대한 청년들의 인식과 자세가 바뀌어야 한다. 그리고 정부는 청년들이 날 때부터 타고난 자신들의 능력과 잠재력을 어릴 때부터 발견할 수 있도록 도와주는 프로그램을 실시해야 한다. 이 목적을 위해 한국도 서방세계의 'Gap year(1년 준비기간)' 제도를 도입할 필요가 있다. 이것은 대학을 입학하기 전에 1년 정도 여행을 하면서 미래 노동시장에 나가기 전에 자신을 스스로 준비하는 프로그램이다.

이 제도는 영국, 네덜란드, 미국 등지에서 성공적으로 시행되어 왔다. 이 제도를 통하여 젊은이들은 직업전선에 조급하게 달려 나가기 전에 자신의 타고난 재능을 발견하고 자신의 능력과 적응력을 시험하는 기회를 얻게 되는 것이다.

청년실업문제를 완화시키려면 두 가지 조건이 충족되어야 한다. 첫째, 청년들은 자신의 능력과 적응력을 강화하도록 항상 노력하여야 한다. 항상 변동하는 노동환경 속에서 살아남아 성공할 수 있어야 한다. 둘째, 정책담당자들은 땜질 식 처방을 해서는 안 된다. 단순한 현금지원과 일률적인 최저임금제 가지고는 성공할 수 없다. 모두들 인내심이 필요하다.

55. World needs new policy paradigm

2018-08-21 I THE KOREA TIMES

The EU and the U.S. have been allies politically, militarily, and economically for many years. However, such a relationship is changing. The EU became China's second-largest market with $667 billion last year. With this speed, the EU may become closer to China than to the U.S. very soon.

U.S. President Donald Trump is currently staging a trade war against the EU and China with steel and aluminum tariff bombs in his hand. He is threatening formidable trade partners, accusing them that their trade with the U.S. has been unfair.

The neo-liberal policy paradigm has been criticized because it kept failing to prevent global economic and financial crises. Neo-liberalism evolved from classical liberalism after the Great Depression of 1929-1932.

Classical liberalism arose about 250 years ago in opposition to state-imposed religion and aristocracy. John Locke (1632-1704), Francois Quesnay (1694-1774) and Adam Smith (1723-1790) were leading neo-liberals. Locke believed that people were entitled to natural rights such as democracy, liberty, and equality. Quesnay was a French philosopher who coined the term, laissez-faire.

Adam Smith is called the father of modern economics. He reinforced the laissez-faire philosophy. He said that the "invisible hand" is guiding the course of free markets so that if people are left free to pursue their own economic self-interest, the market will move in the direction of greater prosperity for a greater number of people.

Classical liberalism was harshly criticized when the Great Depression broke out. The depression started in the U.S. after a tumble in stock prices in October 1929. The automatic market adjustment failed to function and classical liberalism lost much of its light.

During the Great Depression, John M. Keynes(1983-1946) challenged the policy paradigm based on classical liberalism. He said that aggregate demand determined the overall level of economic activity and that inadequate aggregate demand could lead to prolonged periods of high unemployment. So he strongly advocated fiscal spending policy.

In opposition to Keynes, Milton Friedman(1912-2006), the leader of the Chicago School, argued that the downward turn in the U.S. economy would merely have been an ordinary recession if the Fed had taken the expansionary monetary policy. He was a neo-liberal and strongly believed in the working of market mechanism. But he also acknowledged the role of government in education, national defense, environmental protection, among others.

In 1938, 26 intellectuals including Ludwig von Mises(1881-1973) and Friedrich von Hayek (1899-1992) attended a meeting called "the Walter Lippmann Colloquium," held in Paris. It was named after American journalist Walter Lippmann (1889-1974). He won the Pulitzer Prize twice. At the meeting, the term neo-liberalism was coined by Alexander Rustow as a rejection of collectivism, socialism, and laissez-faire liberalism.

Neo-liberalism began to be widely known after the launching of the Mont Pelerin Society(MPS) in April 1947. Hayek and Friedman organized the MPS. Its founding members were 39 neo-liberals. The aims of the MPS have been: (1) to facilitate an exchange of ideas between like-minded scholars; (2) to strengthen the principles and practice of a free society; and (3) to study the workings, virtues, and defects of a market-oriented economic system.

The neo-liberal values such as market liberalization, privatization, and property protection are ingrained in the Washington Consensus which prevailed from the late 1980s. This term was first used by John Williamson in 1989 as he explained the reform policies set by the Washington, D.C.—based institutions such as the International Monetary Fund(IMF), the World Bank, and the U.S. Treasury.

These institutions provide long-term concessionary loans for developing countries but they impose the execution of reform policies on the borrowing countries as part of loan requirements. The success of this policy reform is not guaranteed because neo-liberal policy reforms alone are not enough. The success of the reform depends also on the country's political leadership, the people's education level, and the capability of bureaucrats.

After the 1997-98 Asian financial crisis, the Group of Twenty(G20) was founded in December 1999. Its aims were to discuss policy pertaining to the promotion of international financial stability. The G20 is an international forum for the governments and central bank governors from 20 power countries. However, the G20 Forum was useless in preventing the global financial crisis of 2007-2008.

This global financial meltdown is the result of global trade imbalances among the three gigantic economic powers _ China, the EU, and the U.S. China is the leader of socialist countries. The U.S.

is the leader of free capitalist countries. The EU is comprised by 28 member states. The adverse effects of their trade imbalances would last long.

The major problems of global imbalances are: (1) China is siphoning off jobs from the rest of the world with lower wages; (2) China is subject to foreign criticism for its alleged currency manipulation due to its unpredictable foreign reserve policy; (3) The openness of China's financial and capital markets is limited compared to the EU and the U.S.; (4) Germany captures the greatest trade benefit among the EU states; (5) The U.S. trade deficit tends to continue because the U.S. dollar is the most undefeatable reserve currency in the world. These problems cannot be corrected soon.

Under these circumstances, neo-liberal policies alone cannot address global imbalances or global financial crisis. China must decrease its savings whereas the U.S. should increase its savings. The three power countries should all refrain from imposing tariffs. China's foreign reserve policy should be transparent. The world desperately needs a new policy paradigm.

55. 새로운 정책 패러다임이 필요한 세계경제

2018-08-21 ｜ 코리아타임즈 신문 게재

EU와 미국은 오랫동안 정치, 군사, 경제 분야에서 동맹국가 관계를 유지해왔다. 그러나 이제는 그런 관계가 변하고 있다. EU는 작년 2017년 말 현재 6,670억 달러의 거래규모로서 중국의 제2 거대 시장이 되었다. 이런 속도로 진행되면 머지않아 EU는 미국을 제치고 중국에 더 가까운 경제 파트너가 될 수 있다.

트럼프 미국 대통령은 손에 철강과 알루미늄 관세폭탄을 들고 유럽과 중국을 대상으로 무역전쟁을 벌이고 있다. 트럼프는 가공할 만한 양대 무역강국을 향하여 그들의 과거 무역관행이 불공정했다고 으름장을 놓고 있다.

그동안 신자유정책 패러다임은 많은 비판을 받아 왔다. 왜냐하면 신자유정책이 글로벌 경제 및 글로벌 금융위기를 막지 못했다는 이유 때문이었다. 신자유주의는 1929-1932년 대공황 이후 고전적 자유주의에서 진화한 것이다. 고전적 자유주의는 약 250년 전 국가종교와 귀족주의에 항거하여 생겨났다.

존 로크(1632-1704), 프랑수아 케네(1694-1774), 아담 스미스(1723-1790)가 으뜸가는 신자유주의자들이었다. 로크는 사람들은 민주주의, 자유, 평등과 같은 자연적 권리가 있다고 믿었다. 케네는 프랑스 철학자로서 자유방임(laissez faire) 용어를 처음 만들어냈다.

아담 스미스는 현대경제학의 아버지로 불리었다. 그는 자유방임사상을 강화하였으며 "보이지 않는 손"이 자유시장의 진로를 안내함으로써 사람들이 자신을 위한 경제목표를 추구하면 시장은 저절로 작동하여 더 많은 사람들이 더 큰 번영을 누리는 방향으로 움직여 간다고 하였다.

고전적 자유기업 시장경쟁 주의는 세계대공황이 발발하자 가혹한 비판을 받았다. 1929년 10월 미국에서 주가폭락으로 경제 불황이 시작되었다. 시장의 자동조절 기능이 작동을 멈춤으로써 고전적 자유시장주의가 빛을 많이 잃었다.

세계대공황 기간 중, 영국의 존 케인즈(1983-1946)는 고전적 자유시장주의에 기초를 둔 정책 패러다임에 도전하였다. 그는 총수요가 경제 전반에 걸친 경제행위를 결정한다고 보았으며 부족한 총수요가 높은 실업률을 장기간 끌어가게 만든다고 주장하였다. 그래서 그는 정부의 재정정책을 강력하게 주창하였다.

케인즈의 주장에 대해 시카고학파의 밀턴 프리드먼 교수는 반대 입장에 섰다. 미국의 경우, 만일 미국 연방준비은행이 확대통화정책을 썼더라면 미국경제는 단순히 경기변동주기의 경기침체 국면만 겪었을 것이라고 그는 주장하였다. 프리드먼 교수는 신고전학파 학자로서 자유시장의 자동조절기능에 굳건한 믿음을 가지고 있었다. 그럼에도 그는 교육, 국방, 환경보호 등에 있어서 정부의 역할을 높이 평가하기도 하였다.

1936년 루드비히 미제스(1881-1973)와 프리드리히 하이에크(1899-1992)는 파리에서 열린 '월터 리프먼 고위 세미나(Walter Lippmann Colloquium)'에 참가하였다. 이 세미나의 이름은 미국 언론인 월터 리프먼(Walter Lippmann)의 이름에서 따왔으며, 리프먼(1889-1974)은 퓰리쳐(Pulitzer Prize) 기자상을 두 번이나 받았다. 이 모임에서 알렉산더 러스토우가 집단주의, 사회주의, 자유방임-자유주의를 배척하고 '신자유주의

(neo-liberalism)'라는 새 용어를 만들었다.

신자유주의는 1947년 4월에 창립된 몽팰르랭(Mont Pelerin Society) 학회가 출범하면서 널리 알려지게 되었다. MPS는 하이에크와 프리드먼 두 사람이 출범시켰으며 총 창설 멤버는 39명의 신자유주의자들이었다. MPS의 창립목적은 (1) 생각과 철학을 공유하는 학자들 간의 의견교환을 증진하고 (2) 자유사회의 이론과 이행을 강화하며 (3) 시장-지향형 경제체제의 작동, 장점, 단점을 연구하는 것이다.

시장자유화, 민영화, 사유재산보호 등과 같은 신자유 가치관은 이른바 워싱턴 합의(Washington Consensus)에 농축되어 있으며 이 합의는 1980년대 말에 있었다. 이 용어는 1989년 존 윌리암슨이 제일 먼저 사용하였다. 그는 워싱턴 DC에 포진하고 있는 세계은행, 국제통화기금(IMF), 미국 재무성이 결정하는 정책을 설명하는 역할을 하였다.

세계은행과 IMF와 같은 국제기구는 개도국에게 양허성 장기차관을 제공하며 차관제공의 조건으로 정책개혁을 실행할 것을 강요한다. 그러나 신자유 정책개혁만으로는 충분하지 않기 때문에 그들의 정책개혁이 반드시 성공하리라는 보장은 없다. 개혁의 성공 여부는 그 나라의 정치적 리더십, 국민의 교육수준, 관료의 능력에도 크게 좌우되기 때문이다.

1997-1998년 아시아금융위기 이후 1999년 12월 G20 그룹이 조성되었다. G20 목적은 국제금융안정을 촉진하기 위한 정책을 토론하는 것이었다. G20는 20대 경제강국의 대통령과 중앙은행 총재들이 모여 정책을 토론하는 포럼 역할을 한다. 그러나 G20도 2007-2008년 글로벌 금융위기를 방지하는 데는 무용지물이었다.

글로벌 금융위기는 3대 경제권인 중국, EU, 미국 간의 무역불균형 때문에 빚어진 것이었다. 중국은 사회주의 국가들의 맹주이고 미국은 자유시장 자본주의국가들 중 맹주이다. EU는 28개 유럽 국가들의 집합체이다. 이들 3대 경제권 간의 장기 무역불균형의 부작용은 오래 지속될 것으로 보인다.

글로벌 불균형의 주요 문제는 (1) 중국은 저임금 정책으로 전 세계로부터 일자리를 빨아들이고 있다. (2) 중국은 자신의 예측 불가능한 외환보유 정책 때문에 외국으로부터 환율 조작국이라는 비난을 받고 있다. (3) 중국의 금융 및 자본시장의 개방이 EU와 미국에 비하여 제한적이다. (4) 독일은 EU국가 중에서 무역이익을 가장 많이 걷어가고 있다. (5) 미국 달러는 세계에서 가장 인정받는 지불준비용 통화이기 때문에 미국의 무역적자는 지속될 경향이 크다. 이런 문제들은 단기에 교정될 수 없다. 이런 상황에서 신자유시장주의 정책만 가지고는 글로벌 무역불균형이나 글로벌 금융위기를 사전에 방지하기 어렵다. 중국은 자신의 저축을 줄여야 하고 미국은 자신의 저축을 높여야 한다. 상기 3대 경제 강국은 모두 관세부과 정책을 멀리해야 한다. 중국의 외환보유정책은 더 투명해져야 한다. 세계경제는 절실하게 새로운 정책 패러다임을 필요로 하고 있다.

56. Deplorable trust rating for banking industry

2018-09-19 I THE KOREA TIMES

Recently Dr. Yoon Suk-heun, governor of the Financial Supervisory Service (FSS), presented striking news at a public meeting. Governor Yoon disclosed his plans for regulatory reforms and explained the background of his plans. Before he took up his current position, he had become very disappointed that the banking and financial industry lost the public's trust. Governor Yoon quoted information from an annual report by the Ipsos Mori Social Research Institute in the U.K. The institute assesses which roles are most trusted by the public.

According to the 2017 Veracity Index, not many people trust bankers. Amazingly 94 percent of the public have faith in nurses making them the most trusted professionals. Doctors came next with 91 percent. Teachers had 87 percent, professors 85 percent, scientists 83 percent, ordinary people in the street 64 percent, while bankers had only 38 percent, government ministers 19 percent and politicians 17 percent.

He also quoted results from a 2015 survey released by the Korea Institute of Finance. The report showed people think banks do not treat customers fairly. Only 6.8 percent of customers believed that banks provided fair and trustable banking services. Also, 69 percent of customers believed the lack of ethics on the part of financial companies was a major cause of public distrust in the banking industry.

Numerous survey results indicate that after the global financial crisis of 2007-2008, people began to lose their confidence and trust in bankers and in the financial industry. Particularly many young millennials who were born between 1981 and 1996 have little faith in the industry.

As of 2017, 56 million millennials were working or looking for work. It would be hard for them to forget the names of banks which were bailed out by taxpayers' money or the tents of the "Occupy Wall Street" movement. Younger millennials have been pushed into the harsh environment of massive unemployment and hefty student debt. Yet they too often hear of bank CEOs being overpaid. So they feel frustrated and distrustful of such financial institutions.

Korean people have an even stronger distrust in their banking or financial industry. Korea experienced record-breaking massive unemployment after it was struck by the 1997-98 Asian financial crisis. Banking reforms were attempted then but with little success. The interest rate differentials between banks and non-banking financial companies have been extremely large. Yet prudential regulation has not been practiced enough. Governor Yoon said the FSS had not provided guidelines for shadow banks in charging borrowers the right interest rate pursuant to their credit worthiness.

In addition, last July the ruling Democratic Party of Korea bitterly criticized that the CEOs of mega banks in Korea have been excessively overpaid. They argued that commercial banks had made large profits simply by maximizing the spread between the lending and borrowing rates.

Korean people have deeply rooted distrust in the appointment of bank CEOs and leaders in the financial industry. The mass media has often covered scandals related to the appointment of unqualified or low-quality personnel to key positions at state-invested banks and other financial companies.

As an example, in April 2016 Bank of Korea (BOK) unionists rallied against four new Monetary Policy Board directors at the central bank, recommended by the government and other agencies, calling them "parachute appointments."

The BOK union members alleged that the new members of the interest rate-setting committee would hurt the central bank's independence from the government and politicians.

Taking powerful positions in the banking industry or other organizations has a lot to do with "rent-seeking." The idea of rent-seeking was developed by Gordon Tullock in 1967 but the expression "rent-seeking" itself was coined by Anne Krueger in 1974.

When the concept of rent-seeking is applied in Korea, it means that by utilizing the social or political network, rent-seekers attempt to obtain economic rent which is a portion of income in excess of what they are entitled to fairly and squarely. In most cases, rent-seeking in Korea is pursued by using school, provincial or bureaucratic ties.

Koreans' trust in the banking industry is now alarmingly low. The country must do its best to restore public trust in banking services by all means. Otherwise it may face a dire economic disaster caused by another regional or global financial crisis.

56. 개탄스러운 금융산업 신뢰도 평가

2018-09-19 | 코리아타임즈 신문 게재

윤석헌 금융감독원장은 최근 간담회에서 놀라운 소식을 전했다. 그는 규제 개혁 계획을 밝히고 그 배경을 설명했다. 그가 현재의 지위에 오르기 전에, 그는 은행과 금융 산업이 대중의 신뢰를 잃은 것에 매우 실망했었다.

윤 금감원장은 영국의 Ipsos Mori Social Research Institute의 연례 보고서에서 정보를 인용했다. 이 연구소의 주된 연구 사업은 기관의 역할이나 정책에 대한 국민들의 신뢰도를 추정하는 것이다. 2017년 진실성 지수에 따르면 은행가를 신뢰하는 사람은 많지 않다. 놀랍게도 94퍼센트의 대중들은 간호사들이 가장 신뢰할 수 있는 전문가라는 믿음을 가지고 있다. 의사들은 91%로 그 다음을 차지했다. 교사는 87%, 교수는 85%, 과학자는 83%, 서민은 64%로 은행가는 38%, 장관은 19%, 정치인은 17%에 불과했다. 그는 또 한국금융연구원이 발표한 2015년 조사결과도 인용했다. 이 보고서에 따르면 은행들이 고객들을 공평하게 대하지 않는다고 일반 사람들이 생각한다는 것을 보여주었다. 단지 6.8퍼센트의 고객들만이 은행이 공정하고 신뢰할 수 있는 은행 서비스를 제공한다고 믿었다. 또한, 고객의 69퍼센트는 금융 회사들의 윤리의 결여가 은행 산업에 대한 국민들의 불신의 주요 원인이라고 믿었다. 수많은 조사결과에 따르면, 2007년에서 2008년 사이의 세계 금융 위기 이후, 사람들은 은행가들과 금융 산업에 대한 자신감과 신뢰를 잃기 시작했다. 특히 1981년에서 1996년 사이에 태어난 많은 수의 새천년 청년들은 금융 산업에 대한 믿음이 거의 없다. 2017년 현재 5,600만 명의 새천년 청년들이 일하고 있었거나 아니면 지금 일자리를 찾고 있다. 이들 젊은이들은 국민 세금으로 구제된 은행들의 이름을 잊기는 그리고 월가를 점령하라(Occupy Wall Street) 운동의 천막 등을 잊기는 어려울 것이다. 새천년 젊은 세대들은 엄청난 실업과 막대한 학생 부채라는 혹독한 환경 속으로 내밀리고 있다. 하지만 그들은 은행 CEO들이 부당하게 과도한 연봉을 받고 있다는 말을 너무 자주 듣는다. 그래서 사람들은 그러한 금융 기관들에 대해 좌절하고 불신한다.

한국 사람들은 은행이나 금융 산업에 대해 훨씬 더 강한 불신을 가지고 있다. 한국은 1997-98년 아시아 금융 위기 이후 전례 없는 대규모 실업을 경험했다. 은행 개혁은 그때 시도되었지만 거의 성공하지 못했다. 은행과 비은행 금융 회사 간의 이자율 차이는 극히 컸다. 그러나 건전성 규제는 충분히 시행되지 않았다. 윤 금감원장은 금감원이 대출자들의 신용도에 따라 적정 금리를 부과하는 데 있어 그림자 은행에 대한 지침을 제공하지 않았다고 말했다. 또 지난해 7월 민주당은 한국의 대형 은행장들이 과도한 임금을 받고 있다고 신랄하게 비판했다. 사람들은 시중 은행들이 예금금리와 대출금리의 차이를 극대화함으로써 큰 이익을 냈다고 주장했다.

국민들은 금융계 최고 경영자(CEO)와 지도자 인선에 깊은 불신을 품고 있다. 언론은 종종 국가가 투자한 은행과 기타 금융 회사의 요직에 자격이 없거나 낮은 인사를 임명하는 것과 관련된 스캔들을 다루어 왔다. 예를 들어, 2016년 4월 한국은행 노조원들은 정부와 다른 기관들이 추천한 중앙은행의 4명의 신임 통화 정책 이사회 이사들을 '낙하산 인사'라고 부르며 시위를 벌였다. 이들은 금리 결정 위원회의 새로운 구성원들 때문에 정부와 정치인들로부터의 중앙은행 독립성이 훼손될 것이라고 주장했다. 금융 업계 또는 다른 공적기관에서 높은 지위를 차지한다는 것은 'rent-seeking(지대추구)'와 관련이 많다. 지대추구의 개념은 1967년 고든 털럭이 처음으로 소개하였으나 '지대추구'라는 표현 자체는 1974년에 앤 크루거가 처음으로 문헌에 발표하였다.

한국에서 적용되는 지대추구의 개념은, 지대를 추구하는 자들이 자신이 처해 있는 사회적 또는 정치적 네트워크를 부당하게 이용함으로써, 자신들이 공정하고 정당하게 받아야 하는 수준을 초과하는 경제적 및 사회적 이익을 얻으려는 행위를 가리킨다. 한국의 경우, 지대추구는 대부분 학연(學緣), 지연(地緣), 또는 관연(官緣)을 통해 이루어진다.

금융 산업에 대한 한국인의 신뢰는 지금 놀랄 정도로 낮아져 있다. 금융서비스에 대한 한국인의 신뢰를 이전처럼 회복시키도록 정부는 최선을 다해야 한다. 그렇지 않으면 한국은 비참한 경제 재앙을 겪게 될 수 있다. 또한 한국은 지역 금융위기 또는 글로벌 금융 위기로 인하여 경제 재앙을 맞을 수 있다.

57. State pension fund needs diversifications

2018-12-11 | THE KOREA TIMES

South Korea desperately needs to strengthen the asset management expertise of its National Pension Fund. As of September 2018, the fund is estimated at 654 trillion won($581 billion) in assets, the world's third-largest. Yet many younger people in Korea are worried the fund will be depleted before they become eligible to receive a pension.

According to the National Pension Service(NPS), the pension fund will be depleted by 2057. This problem stemmed from several factors such as the long-term trend of sluggish growth, low interest rates, and the increase in the average life expectancy on the revenue side and the decline in the birthrate on the payment side.

So a lot of pension subscribers are voicing outrage over the NPS' allegedly mishandling of the fund and its plan to raise premiums, reduce pension payments and prolong the payment age. To delay fund depletion, the government must seek the best way to diversify the fund. Also it should try to get as much public support as possible before increasing subscribers' pension premiums.

Actually there is no magic prescription for the optimum diversification of the state pension fund. For any investment, higher returns call for greater risks. Unlike the private individual investors, the state pension manager, being conservative, cannot take on risk above a certain level.

The top manager's performance is regularly evaluated by the National Assembly and by the Board of Audit and Inspection. The fund managers must keep on trying to improve their diversified portfolios while complying with the changing conditions for investment.

The simplest example of diversification is provided by the proverb, "Do not put all your eggs in one basket." But using numerous baskets may increase operating costs, so an appropriate diversification of investment risks is required. Diversification reduces the risk of investment. If you hold just one investment and it performs badly, you may lose all of your money. But if you split the investments into a variety of different investments, it will be much less likely that all of your investments will perform badly. The profits you earn on some investments will offset the losses on other investments.

We ordinarily observe that bonds and stocks move in opposite directions. When investors expect the economy to weaken and corporate profits to drop, stock prices will likely fall. When this happens, central banks may cut interest rates to reduce borrowing costs and stimulate spending. This causes bond prices to rise.

If your portfolio includes both stocks and bonds, the increase in the value of bonds will help offset the decrease in the value of stocks.

For investment of the state pension fund, there are four layers of diversification to consider. They are: (1) diversifying by asset classes, (2) diversifying by industry, (3) diversifying by country, and (4) diversifying by pension management.

The first layer is to diversify the investment across different asset classes. Shares, bonds, property and cash belong to different asset classes. The prices of these assets tend to move in different directions. So diversifying by asset classes reduces risks given the potential returns.

The second layer is to diversify across different industries. There can be numerous industries issuing stocks and bonds such as financial services, telecommunication services, energy, industrials and healthcare. So diversifying by industry helps to reduce investment risks given the potential returns.

The third layer is to diversify across different countries. Developed market countries may be less risky than countries in emerging markets. International investors check country risk rankings. So adding foreign investments in the portfolio may help the investor to improve portfolio diversification.

The fourth layer of diversification applies more to the investment of state pension. The government would not want to leave the nation's hugest pension fund under one "management basket."

The government should explore strategically splitting the nation's sovereign fund in such a way that top managers may compete with one another in operating their fund. The government must receive enough public support to raise subscribers' premiums. In assigning the top managers into the pension fund, the government should recognize the differences between short-term and long-term investments and between the local and overseas markets.

57. 국민연금기금, 위험분산화가 필수

2018-12-11 | 코리아타임즈 신문 게재

한국은 지금 국민연금기금 운용의 전문성을 절대적으로 강화해야 하는 상황에 있다. 2018년 9월 현재 연금기금 총자산은 654조 원(5,810억 달러)으로서 세계에서 세 번째로 큰 규모이다. 그러나 다수 청년들은 향후 연금기금이 고갈되어 자신들은 연금혜택을 받지 못하게 될까 봐 큰 염려를 하고 있다.

국민연금공단의 보도에 따르면 지금 상태로 두면 연금기금은 2057년에 가서 고갈될 것이라고 한다. 이 같은 결론은 다음 몇 가지 이유, 즉 연기금의 수입측면에서 저성장 추세, 저금리, 저출산 때문에, 그리고 지출 측면에서 평균 인간수명의 상승 때문에 비롯되었다.

많은 연금기금 가입자들은 잘못된 연기금 운용에 대해 분노의 목소리를 높이고 있다. 기금불입금 증액, 연금수급액 감액, 연금수급대상자 연령 상향조정 등의 계획에 대해 반대하고 있다. 연기금의 고갈 시기를 늦추기 위하여 정부당국은 연금기금 투자와 관련하여 최선의 위험 분산화 정책을 추구해야 한다. 기금불입금 증액도 상향조정하기 전에 가능한 많은 국민으로부터 지지를 받도록 노력해야 한다.

사실 국민연금기금 운용에 있어 최적의 투자위험 분산화를 위한 마법의 처방은 없다. 어디에 투자를 하든 고수익은 고위험을 감수해야 한다. 개별 민간투자의 경우와는 달리, 연금기금 관리자는 보수적이어야 하며 어느 수준 이상의 투자위험은 떠안을 수 없다.

최고위 연기금 관리자의 업적은 정기적으로 국회와 감사원의 평가를 받아야 한다. 기금운용자는 투자조건의 변화에 대응하면서 위험분산 상태를 지속적으로 개선시켜 나가야 한다. 위험분산화의 가장 쉬운 예는 "모든 계란을 한 광주리에 넣으면 안 된다."라는 격언에 있다. 그렇다고 비용이 드는 광주리를 너무 많이 사용할 필요는 없다. 그래서 적절한 투자위험 분산화가 필요한 것이다. 분산화는 투자위험을 줄여준다. 투자를 한 군데에만 하고 실패를 보면 투자금액 전부를 잃어버린다. 그러나 총 투자금액을 쪼개어 여러 군데 분산투자 하면 그럴 위험은 없다. 수익을 낸 곳과 손실을 낸 곳이 서로 상쇄되기 때문이다.

우리는 평상시에 채권가격과 주식가격은 서로 반대 방향으로 움직이고 있음을 목도한다. 경제 전망이 불투명하여 기업수익률이 저조할 것으로 일반 투자자들이 예상하면 주가는 떨어지게 된다. 이때 만일 중앙은행이 금리를 내려 기업의 차입비용을 내려주면 기업투자가의 차입비용이 낮아져서 기업투자를 촉진한다. 이 결과 채권가격이 상승하게 된다. 투자바구니 안에 채권과 주식이 함께 들어 있다면 채권가격의 상승은 주가하락분을 상쇄시키는 데 도움을 줄 것이다.

연기금을 투자하는 데 있어서 크게 네 종류의 분산화가 있는데 자산별 분산화, 산업별 분산화, 국가별 분산화, 기금관리별 분산화이다. 각 분산화의 내용은 이러하다.

• 자산별 분산화: 주식, 채권, 부동산, 현금은 각기 다른 자산이지만 같은 투자 광주리에 넣어 위험을 분산시킨다. 이 네 개의 자산은 각자의 가격이 서로 반대 방향으로 움직이는 경향이 있기 때문이다. 일정 수준의 잠재수익이 주어진 경우, 자산별 분산화를 시도하면 투자위험을 줄여준다.

• 산업별 분산화: 여러 산업을 대상으로 투자를 하게 되면 투자위험을 줄일 수 있다. 여러 분야의 산업들이 주식과 채권을 발행하는데 이들 산업은 금융서비스, 텔레컴 서비스, 에너지, 공업, 헬스 케어 등이다. 이렇듯 산업별 분산화는, 잠재수익률이 일정 수준에 주어져 있을 때 투자의 위험을 낮추어준다.

• 국가별 분산화: 여러 나라를 투자분산화의 대상으로 하면 투자위험을 줄일 수 있다. 선진국 시장은 신흥국시장보다 투자위험이 적다. 글로벌 투자자들은 국가별 신용위험도를 점검한다. 따라서 해외투자를 투자 범위에 포함시키면 투자자들은 투자위험 분산화를 개선시킬 수 있다.

• 기금관리별 분산화: 이것은 국가 연기금 투자에 더 많이 적용된다. 정부는 국가가 관리하는 기금 중 가장 큰 기금이기 때문에 이것을 오직 한 개의 '관리 광주리'에 넣을 수 없는 것처럼, 한 사람의 관리에 맡길 수 없는 것이다.

정부는 연기금 국부펀드를 전략적으로 여러 개 쪼개어 관리함으로써 최우수 기금관리자들이 경쟁적으로 연기금을 운영하도록 해야 한다. 정부는 연기금 가입자들로부터 기금불입액을 높여 받기 위해서는 국민의 지지를 충분히 얻어야 한다. 정부가 최우수 기금관리자들을 기금관리운영에 배치할 때 장기투자와 단기투자의 차이점과 국내시장과 해외시장의 차이점을 인식해야 한다.

58. Chaebol, CEOs, and chairmen

2019-01-15 | THE KOREA TIMES

The word chaebol has its roots in Korea. Chaebol refers to a large family-run conglomerate that consists of many affiliated companies. Chaebol came into existence with the support of President Park Chung-hee in the mid-1960s. Chaebol have made a great contribution to Korea's rapid industrialization but they have also produced adverse effects socially and economically.

Despite holding a small stake, chaebol families control the entire business conglomerate by adopting the ingenious circular shareholding investment strategy. Also, chaebol have allegedly contributed to serious income inequality in Korea.

Many Korean people began to turn their backs on chaebol when the economy was devastated by the 1997-98 Asian financial crisis. They believe that reckless investments by chaebol caused the Korean economy to crash, resulting in massive unemployment.

They were critical of the corporate governance practiced by chaebol. They disliked the chaebol chairman's "emperor-style management." People do not think it fair for chaebol to exercise voting rights beyond their investments. They have been very critical of the chaebol's circular share-holding.

One example of circular share-holding investment is the following. Within Samsung Group, Samsung Everland holds a stake in Samsung

Life Insurance, which owns a stake in Samsung Electronics, which has a stake in Samsung Card, which in turn holds a stake in Samsung Everland. This circular shareholding scheme allows Lee Jae-young, the largest shareholder of Samsung Everland, to wield control over the other companies.

Chaebol's circular investment practice has come under fire as debates on "economic democracy" intensified among politicians in mid-2012 during the presidential election campaign. Both ruling and opposition politicians competitively criticized the practice of chaebol's circular equity investment. They condemned chaebol for exercising voting rights way beyond their actual investments. They demanded that chaebol should sever the chain of circular equity investments.

In her inauguration address in February 2013, former President Park Geun-hye clearly emphasized chaebol reform. President Moon Jae-in also promised to conduct chaebol reform in his presidential inauguration in May 2017. Fortunately there has been some progress in chaebol reform in terms of reducing circular equity investment, improving the business relationship between chaebol and small and medium enterprises(SMEs) and promoting the spirit of shared growth. Still, however, there are miles and miles to go overcoming the various hurdles lying ahead.

To carry out chaebol reform more effectively and expeditiously, the government should know the following. First, the public should appreciate the positive role of chaebol because they believe chaebol can retain competitiveness in the global product markets. But Koreans are very critical of the ill-behavior of chaebol CEOs and chairmen. Their ill-behavior includes bullying their subcontractors and exercising emperor-like management.

There are some problems and issues that have been inadvertently hidden under the carpet. Most family-run conglomerates have monopsony power in the factor markets. For instance, chaebol with monopsony power can be the only purchaser in the labor market so that they tend to undercut wages below the competitive market level. Thus, chaebol with monopsony power discourage workers as it reduces employment. But this is only a partial equilibrium solution.

If a minimum wage law is imposed, it can raise employment even above the competitive market level. This is a surprise! The government may explore this possibility. Among chaebol CEOs, some are loyal to the owner-chairman but some are wicked and treacherous due to an insufficient monitoring system. This is called "the principal-agent problem." The number of bad CEOs can increase unless the owner-chairman takes proper preventive measures.

The chairman's emperor-syle management is not easy to change but must be corrected. The public's wrath on emperor-like management is well justified.

Chaebol business is so big that if the owner-chairman makes the wrong investment decision and fails, then taxpayers' money will have to be used to bail them out of bankruptcy. For this very reason, the owner-chairman should reach out to the public as much as possible and show them that he is a healthy and rational decision-maker.

58. 재벌기업, CEO, 그리고 소유주 회장

2019-01-15 | 코리아타임즈 신문 게재

재벌이란 말은 한국에서 비롯되었다. 재벌은 가족 중심의 거대한 기업으로서 많은 계열회사를 거느리고 있는 대형 기업을 가리킨다. 한국의 재벌은 1960년대 중반에 박정희 대통령의 지원으로 시작되었다. 재벌은 한국의 산업화를 위하여 대단한 기여를 하였으나 사회적 경제적 부작용을 낳기도 하였다.

적은 지분을 가지고도 재벌 가족은 기업 전체를 지배할 수 있었는데 그 이유는 기발한 순환 상호투자기법을 도입하였기 때문이다. 재벌은 한국에서 심각한 수준의 소득불균형을 초래하였다는 의심을 받고 있다.

과거 1997-98년 아시아 금융위기로 경제가 무너져 내렸을 때, 많은 수의 한국 사람들은 재벌로부터 등을 돌렸다. 재벌의 무모한 투자행위가 한국경제를 망쳐버렸으며 대량실업을 초래하였다고 사람들은 믿었기 때문이다. 사람들은 과거 진행되어온 재벌의 지배구조에 대해 대단히 비판적이었다. 또한 재벌회장의 황제경영 스타일을 싫어하였다.

사람들은 재벌이 자신의 투자금액 이상으로 투표권을 행사하는 것은 공평하지 않다고 생각한다. 그래서 그들은 재벌의 순환출자를 매우 비판적으로 보아왔다. 순환출자의 한 예는 다음과 같다. 삼성그룹 내의 삼성 에버랜드는 삼성생명의 주식을 보유하고 있으며 삼성생명은 삼성전자의 주식을 가지고 있고, 삼성전자는 삼성 에버랜드의 주식을 보유하고 있는 상황이다.

이러한 순환주식투자 방법 때문에 삼성 에버랜드의 최대주주인 이재용 회장이 그룹 내 다른 모든 기업을 지배할 수 있는 것이다. 지난 2012년 중반 대통령선거운동 기간 중 '경제민주화'가 큰 쟁점이었으며 이 기간 중에 재벌의 순환투자 관행이 맹렬한 비난을 받았다. 여당과 야당 모두 재벌의 순환주식 투자관행을 경쟁적으로 비판하였다. 재벌이 실제 투자금액보다 훨씬 크게 투표권을 행사하는 관행을 비난하였다.

2013년 2월 박근혜 전 대통령은 취임식에서 재벌개혁을 분명하게 강조하였다. 문재인 대통령도 2017년 취임식에서 재벌개혁을 약속하였다. 다행스럽게도 그동안 재벌개혁에 다소 진전이 있었다. 순환주식투자 관행이 많이 감소하였으며, 재벌기업과 중소기업 간의 관계가 크게 개선되었으며 동반성장의 정신도 증진되었다. 그러나 아직도 갈 길이 멀고 앞으로 극복해야 할 장애물이 많다.

재벌개혁을 좀 더 효과 있게 그리고 속도감 있게 추진하려면 다음과 같은 조치를 취해야 한다. 첫째 국민은 재벌의 긍정적 역할을 이해하여야 한다. 왜냐하면 대기업 재벌은 글로벌 시장에서 국제경쟁력을 보유하고 있기 때문이다. 한국 사람들은 재벌기업의 CEO와 재벌회장의 나쁜 행동에 대해 매우 비판적이다. 이들은 하청업자들에게 '갑질'을 하며 '황제경영'을 자행했다고 믿기 때문이다.

그동안 정책과 관련하여 의도하지 않게 감추어진 현안문제를 소개하고자 한다. 대부분의 재벌기업은 생산요소 시장에서 매입 독점력을 가지고 있다. 예를 들어 재벌기업은 노동시장에서 노동력을 사들이는 유일한 기업이기에 매입 독점력을 가지게 된다. 그래서 재벌기업은 임금을 자유경쟁시장에서 지불하는 임금보다 낮은 임금을 지불하는 경향이 있다. 그러므로 매입 독점력이 있는 재벌기업은 노동자를 우대하지 않으므로 그 결과 고용을 감소시킨다. 그러나 이것은 어디까지나 부분균형에 입각한 결론이다.

만일 정부가 최저임금제를 실시하면 재벌기업은 노동자에게 오히려 경쟁시장 수준 이상의 임금을 지불할 수 있다. 참 놀라운 사실이지요! 오히려 정부는 이런 경우를 찾아 활용할 수 있다. 재벌기업의 CEO들 중에서 자연스러운 일이지만 재벌회장에 충성을 다하는 사람이 많이 있다. 그러나 불충분한 감시(monitoring) 제도 때문에 개 중에는 오너 회장을 교묘하게 속이는 사악한 CEO도 있다. 이것이 경제학에서 다루는 소위 주인-대리인 문제이다. 이런 상황에서 오너 회장이 적절한 예방책을 쓰지 않으면 악덕 CEO 수는 더욱 늘어날 것이다.

황제경영 스타일에 익숙한 재벌회장이 그 습관을 고치기는 쉽지 않다. 그러나 반드시 고쳐야 한다. 대중들이 재벌회장의 황제식 경영에 분노를 느끼는 데에는 나름대로 이유가 있다. 재벌기업은 규모가 워낙 크기 때문에 재벌회장이면서 기업을 소유하고 있는 경우 투자계획을 한번 잘못하여 실패하면 결국 이들을 파산에서 구출해내기 위해서 정부는 국민세금을 사용할 수밖에 없다. 바로 이 이유 때문에 오너 재벌회장은 일반 대중에게 될 수록 가까이 접근하여 자신이 건강하고 합리적인 투자자라는 이미지를 부각시켜주어야 한다.

59. To enhance policy credibility

2019-02-19 | THE KOREA TIMES

The Moon Jae-in government is suffering from a lack of policy credibility. This problem is not new in Korea. Previous governments have often experienced credibility problems in implementing their economic and social policies. President Moon disclosed numerous reform policies in his inaugural address in May 2017.

The most important economic policies among them were a nuclear energy phase-out, income-driven growth and anti-property speculation measures. Each of these three policies has a tremendous impact on the economy. Export competitiveness, employment expansion, household consumption, business investment and housing construction have been affected, as these policies are interdependent.

If any one of these policies fails, the entire economy may be critically damaged. To make all these policies successful, inter-ministry coordination is absolutely required. Without this, individual households and commercial investors will lose their confidence in the government and postpone consumption and investment. This will retard the hiring process and GDP growth. When the government loses its policy credibility, the nation's economy may collapse.

Policy credibility has been discussed in economic literature, specifically in the field of monetary economics. Recent research suggests that if monetary policy is transparent and credible, this will be more effective. For instance, if the U.S. Fed announces a goal of long-term price stability and shows its commitment to achieving the goal with the appropriate money supply, then the Fed's monetary policy would gain full credibility.

When a country like South Korea wants to enhance the credibility of its policies, additional conditions need to be imposed. First, the government should have experienced scholars and specialists check on the theoretical relevance of a new policy and its practicability. Second, it should subject a new prospective policy to open debate to identify potential problems and weaknesses. Third, the government should make a timetable for policy implementation and make it public. Fourth, if changes occur in the underlying conditions of the economy, the speed of implementation needs to be adjusted properly.

In relation to gaining policy credibility, one episode is worthy of introduction. Early in January the executive members of the Korean Economic Association (KEA) attended the 2019 annual meetings of the American Economic Association (AEA).

They were impressed by one of the AEA's special programs, an interview with two former Fed chairpersons, Ben Bernanke and Janet Yellen, and current Fed Chairman Jay Powell.

Having returned from the AEA conference, KEA President Yi In-sil and other key members of the KEA suggested holding a policy forum as an annual event. Former central bankers, high-level policymakers, respected journalists, and renowned scholars are invited as forum panelists.

The open discussion and free exchange of candid opinions regarding current policies will surely help to raise the credibility of new government policies.

Another episode can be referred to in relation to improving policy credibility. In October 2014, I attended a two-day memorial conference organized by the University of Chicago. The conference was to celebrate the life and work of Gary S. Becker.

Professor Becker passed away in May 2014at age 83. He received the Nobel Prize in economics in 1992 for having extended the scope of economics. His analyses focused on economic and social challenges. He has written on human capital, marriage and divorce, fertility, and racial discrimination.

Whenever he introduced a new theory and new concepts, he had to face challenges from different schools of thought. At a session during the conference, I asked the session chair, Professor Kevin Murphy, one of Becker's close associates, how Becker overcame such challenges. He said, "Mr. Becker was able to overcome harsh criticisms with confidence and persuasion. His strong confidence had been built up based upon his successful research."

To make a new policy credible and successful, the government should conduct the following: First, try to accommodate criticism as much as possible because every policy has merits and demerits. Second, publicize the justification for the new policy. Third, provide a platform where scholars and policymakers freely debate any controversial policy. Fourth, try to patiently persuade the public of the necessity of the policy. Fifth, adjust the speed of implementation if unexpected changes occur.

59. 정책신뢰를 높이려면

2019-02-19 | 코리아타임즈 신문 게재

문재인 정부는 정책신뢰의 결핍문제로 시달림을 받고 있다. 한국에서 이것은 전혀 새로운 문제가 아니다. 역대정권은 경제 및 사회 정책을 수행하는 데 있어서 자주 신뢰부족 문제를 경험하였다. 문 대통령은 2017년 5월 대통령취임식에서 다수의 개혁정책을 발표하였다. 그 중에서 가장 중요한 몇 개의 경제정책은 원전산업의 포기, 소득주도성장, 부동산투기억제 정책이다.

이 세 가지 정책은 모두 우리 경제에 엄청난 충격을 줄 것이다. 이 세 정책은 서로 물려 있기 때문에 이 세 정책 중 한 개만 실패해도 경제 전체가 심각한 피해를 보게 될 것이다. 세 정책을 모두 성공시키려면 부처 간 협력과 조율이 절대로 필요하다. 이것이 담보되지 않으면 가계소비자와 기업 투자자는 정부에 대한 믿음을 잃어버리고 투자와 소비를 연기하려 들 것이다. 이것은 채용계획을 늦추고 GDP 성장을 더디게 할 것이다. 정부가 정책의 신뢰성을 잃게 되면 경제전체가 피해를 보게 될 것이다.

정책신뢰는 경제문헌에서도 논의되어왔다. 구체적으로 통화금융경제 분야에서 다루고 있다. 최근 연구에 따르면, 만일 통화정책이 투명하고 신뢰를 받으면 그 정책은 더욱 효과가 있다고 한다. 예컨대 미국 연방준비은행(연준)이 장기물가안정 목표를 발표하고 적절한 통화공급 목표를 달성하려는 의지를 표명하면 연준의 통화정책은 완벽한 신뢰를 얻게 될 것이다.

한국 같은 나라가 정책신뢰도를 높이려면 추가적으로 갖추어야 할 조건이 있다. 첫째, 정부는 경험 있는 학자나 전문가들을 통하여 새 정책의 이론적 근거와 실용성에 대해 확인해야 한다. 둘째, 새로운 정책의 잠재적 문제와 약점을 사전에 찾아내기 위하여 공개토론회를 거쳐야 한다. 셋째, 정부는 정책을 실시하기 전에 실행일정표를 만들어 대외적으로 공개해야 한다. 넷째, 만일 경제상황의 여건이 달라지면, 시행속도를 적절히 조정해야 한다.

통화정책의 신뢰성 제고와 관련하여 의미 있는 일화를 소개하고자 한다. 지난 1월에 한국경제학회 임원들이 2019년도 미국경제학회(AEA) 연차총회에 참석하였다. 총회기간 동안 그들은 AEA 특별 프로그램에 감명을 받았다고 하였다. 그것은 전 연준 의장 두 사람, 버냉키와 옐런을 대상으로 한 언론사가 공개 인터뷰를 진행하는 프로그램이었다.

AEA 연차총회를 관람하고 돌아온 한국경제학회장 이인실 교수와 학회 임원들은 우리도 AEA와 같은 연차정책포럼을 개최할 것을 제안하였다. 이 포럼에는 전임중앙은행총재, 고위 정책 담당자, 지명도 높은 언론인, 고명한 학자들이 토론자로 초청된다. 당면 정책에 대한 공개토론회와 각자 견해의 자유토론이 있게 되면 정부가 집행하려는 새로운 정책은 확실하게 높은 신뢰를 받을 것이다.

정책신뢰도를 개선하는 것과 관련하여 소개할 또 다른 일화가 있다. 필자는 2014년 10월, 미국 시카고대학에서 이틀간 열린 개리 베커 교수를 추모하는 컨퍼런스에 참석하였다. 이것은 베커 교수의 성공적인 생애와 연구 실적을 기리기 위한 것이었다. 베커 교수는 2014년 5월 83세로 타계하였다. 그는 1992년 경제학의 지경을 넓힌 공로로 노벨 경제학상을 받았다. 그의 연구는 풀기 어려운 경제 및 사회문제에 집중되었다. 그는 인적

자본, 결혼과 이혼, 출산율, 인종차별 등에 관하여 연구하고 집필하였다.

그가 새로운 이론이나 개념을 처음으로 소개할 때는 언제나 경제철학을 달리하는 학파 사람들로부터 도전을 받았다. 컨퍼런스의 한 세션에서 필자는 세션 진행자에게 질문을 하였다. "베커 교수는 어떻게 그러한 도전을 극복하였는가?"라고 물었다. 진행자는 케빈 머피 교수인데 그는 베커 교수의 제자이자 연구도 같이 한 적이 많아 두 사람은 매우 가까운 사이였다.

그는 베커 교수는 "비평가의 혹독한 비판에 대하여 자신감을 가지고 그들을 설득함으로써 극복하였다."라고 응답하였다. 이어서 그는 "베커 교수의 강한 자신감은 성공적인 연구 실적을 바탕으로 오랫동안 축적되어 온 것이다."라고 하였다.

새로 도입된 정책이 국민으로부터 신뢰를 얻으려면 정부는 다음 사항을 시행해야 한다.

첫째, 제기되는 비판은 가능한 많이 수용하도록 노력한다. 왜냐하면 어떤 정책이든지, 장점과 단점을 같이 가지고 있기 때문이다. 둘째, 새 정책의 당위성을 홍보하여야 한다. 셋째, 학자와 정책 담당자 양측이 새 정부정책을 놓고 서로 자유롭게 논쟁할 수 있게 토론장을 마련해주어야 한다. 넷째, 정부는 인내심을 가지고 정책의 필요성을 일반 대중에게 잘 설득해야 한다. 다섯째, 예기치 않은 상황이 발생하면 시행속도를 재조정해야 한다.

60. True professionalism transcends old ways

2019-03-26 | THE KOREA TIMES

Professionalism encompasses a number of different attributes such as specialized knowledge, competence, accountability, honesty, and integrity. Professionalism is much practiced in sports by professional players rather than amateurs. However, it can also be practiced in many other professional fields including business, art, music, and even in politics.

In today's world, there are numerous professionals who are respected nationally or internationally for their true professionalism. In this article, I would like to cite three Korean figures who have recently demonstrated high professionalism in the fields of sports, government service and policymaking. They are true professionals, trying to make our society or world a better place to live in.

Our first figure is Park Hang-seo. He is head coach of both the Vietnam National Football Team and that country's National U-23 (under-23) Squad. Recently he has become a national hero in Vietnam. The Vietnamese affection for Park has soared across Vietnam after he led the U-23 team to the final match of the Asian Football Confederation U-23 Championship.

The sports section of Tuoi Tre, a major Vietnamese newspaper, was full of news related to Coach Park. Vietnamese people call him, "Uncle Park." They highly praise Uncle Park for his outstanding performance in training youth athletes. The Vietnam Football Federation (VFF) uploaded the video of the U-23 Vietnamese team in its final match to YouTube on Jan. 27. Its heart-warming scenes drew much attention of both Vietnamese and Korean audiences.

An escalating series of football game successes has got Vietnam dreaming of a maiden appearance at the World Cup in the near future. Through Park's true professionalism and Vietnam's super football performances have contributed to bringing Korea and Vietnam much closer. The true friendship between the two partners will help them transcend the old miserable legacy of the Vietnam War.

Our next figure is Choi Jong-ku. He is chairman of the Financial Services Commission who is receiving much of public attention for his outstanding professionalism. Choi became a career official after passing the civil service examination. Since he assumed the current position in July 2017, he has emphasized the importance of financial inclusion of low-income earners. With the deterioration of the business environment and financial conditions, low-income borrowers were forced to borrow from nonbank financial companies, often at exorbitant interest rates.

Chairman Choi pushed forward financial inclusion to strengthen the financial safety net for those financially marginalized to help them stand on their own feet. Yet there still exist concerns and criticism that such policy may cause any possibility of moral hazard.

In December 2018, Chairman Choi proposed a wide-ranging reform to the financial system, seeking a right balance between two policy goals: strengthening the financial safety net and preventing moral hazard. The reform proposal is designed to provide low-credit borrowers, who are usually denied access to bank loans, with lower interest rate loans, accompanied with credit consulting and other welfare assistance, in an attempt to improve their debt serving ability.

The proposal also aims to restructure debt for borrowers under excessive burdens, with their repayment ability taken into consideration so that they can afford to repay their remaining debt. We hope his balanced approach will become another success story of genuine professionalism.

Lawmaker Choi Woon-youl is another figure who has received much public attention lately. He is a well-trained economist. He built up his reputation in the academic profession. He had spent more than 30 years at Sogang University as a scholar before becoming a lawmaker of the ruling Democratic Party of Korea in 2016. Although belonging to the ruling party, he often speaks up like an opposition party member in the process of lawmaking. Particularly in the area of economic policy, he often takes the opposition position criticizing his colleagues at parliamentary seminars.

He is critical of ruling party members who are blindly against family-controlled conglomerates, or chaebol. He raises his voice that lawmakers should be able to distinguish between chaebol and chaebol chairmen because large-scale businesses are highly recommendable in global competition. He also said, "It is deplorable that the current regime is pro- labor union rather than pro-labor because it is only reducing the number of jobs." We hope that his genuine professionalism will push our economy forward.

60. 진정한 프로 정신은 낡은 방식을 초월한다

2019-03-25 | 코리아타임즈 신문 게재

기술전문가는 전문지식, 자신감, 책임감, 정직성, 성실성 등 여러 가지 특성을 지니고 있다. 프로 정신은 아마추어보다는 프로 선수들에 의해 스포츠에서 많이 행해진다. 하지만, 그것은 또한 사업, 예술, 음악을 포함한 많은 다른 전문 분야에서 실행될 수 있고 심지어 정치에서도 실행될 수 있다. 오늘날 세계에는 진정한 프로 정신으로 국내적으로나 국제적으로 존경받는 많은 프로 선수들이 있다.

이 기사에서 나는 스포츠, 정부 서비스, 정책 입안 분야에서 최근 높은 전문성을 보여준 세 명의 한국인을 인용하고 싶다. 그들은 우리 사회나 세상을 살기 좋은 곳으로 만들려고 노력하는 진정한 전문가들이다.

우리의 첫 인물은 박항서이다. 그는 베트남 국가대표 축구팀과 그 나라의 U-23 스쿼드의 감독이다. 최근 그는 베트남의 국가적 영웅이 되었다. 박 감독에 대한 베트남인들의 애정은 그가 U-23팀을 아시아 축구연맹 U-23챔피언십 결승전으로 이끌면서 베트남 전역에서 폭발적으로 커졌다.

베트남의 주요 신문인 투이 트레의 스포츠 섹션은 박 감독과 관련된 뉴스로 가득 찼다. 베트남 사람들은 그를 "박 아저씨"라고 부른다. 그들은 청소년 선수들을 훈련시키는 데 있어서 박 아저씨의 뛰어난 실력을 높이 평가한다.

베트남 축구 연맹(VFF)이 27일 열린 U-23 베트남 최종전 동영상을 유튜브에 올렸다. 그것의 따뜻한 장면들은 베트남인들과 한국인 관객들 모두의 많은 관심을 끌었다. 축구 경기의 연속적인 성공은 베트남이 가까운 미래에 월드컵에 처녀 출전하는 것을 꿈꾸게 만들었다. 박 감독의 진정한 프로 정신과 베트남의 슈퍼 축구 실력을 통해 한국과 베트남을 더욱 가깝게 만드는 데 기여했다. 두 동업자의 진정한 우정은 그들이 베트남 전쟁의 오랜 비참한 유산을 극복하는 데 도움이 될 것이다.

다음 인물은 최종구 금융위원장이다. 그는 뛰어난 전문성으로 많은 대중의 관심을 받고 있는 금융위원회의 위원장이다. 최 위원장은 행정고시에 합격한 후 직업 관료가 되었다. 그는 2017년 7월 취임한 이래 저소득층의 금융 참여의 중요성을 강조해 왔다.

사업 환경이 악화되고 재정 상태가 악화되면서 저소득층 대출자들은 종종 터무니없이 높은 금리로 비은행 금융회사로부터 대출을 받아야 했다. 최 위원장은 재정 건전성을 높이기 위해 금융 건전성을 높이기 위해 금융 참여를 추진했다. 그러나 그러한 정책이 도덕적 해이의 가능성을 야기할 수 있다는 우려와 비판은 여전히 존재한다.

최 위원장은 2018년 12월 금융 안전망 강화와 도덕적 해이 방지, 두 개의 모순된 정책 목표 사이에서 균형을 찾고자 하는 한편, 금융 제도와 관련, 광범위한 개혁을 제안했다. 개혁안은 대출을 받을 수 없는 저소득층 대출자들에게 채무 상환 능력을 높이기 위해 신용 컨설팅과 기타 복지 지원을 포함한 저금리 대출을 제공하기 위한 것이다. 또한 이 제안은 남아 있는 빚을 갚을 수 있도록 상환 능력을 고려하여 과도한 부담을 받고 있는 대출자들의 부채를 재구성하는 것을 목표로 하고 있다. 우리는 그의 균형 잡힌 접근이 진정한 전문성의 또 다른 성공 사례가 되기를 바란다.

최운열 의원은 우리의 세 번째 인물로서 최근 국민의 관심을 끌었다. 그는 잘 훈련된 경제학자이며 학계에서 명성을 쌓았다. 그는 2016년 여당인 민주당 의원이 되기 전까지 서강대에서 학자로 30년 이상을 보냈다. 그는 여당 소속이지만 입법 과정에서 야당 의원처럼 말하는 경우가 많다. 특히 경제 정책 분야에서 그는 종종 국회 세미나에서 동료들을 비난하는 야당의 입장을 취한다.

　그는 재벌에 맹목적으로 반대하는 여당 의원들을 비판한다. 그는 세계적인 경쟁에서 대기업들이 추천할 만한 가치가 있기 때문에 국회의원들이 재벌과 재벌 총수들을 구분할 수 있어야 한다고 목소리를 높인다. 그는 또 현 정권이 친노동자가 아니라 친노조 입장을 취하는 것은 정말 개탄스러운 일이라 하였다. 왜냐하면 그것은 오직 고용을 줄이는 것이기 때문이라 하였다. 우리는 그의 진정한 전문성이 우리 경제를 발전시킬 수 있게 되기를 바란다.

61. Conditions for re-denomination

2019-04-16 | THE KOREA TIMES

On March 25, Bank of Korea Governor Lee Ju-yeol stated in an interview arranged by the National Assembly, "Our research team has carefully reviewed the effects of currency re-denomination and concluded that its net benefit is sufficiently large. So we may start openly discussing its implementation." His statement was immediately transmitted to news agencies. A week later, the issue of won re-denomination appeared in major newspapers in Korea.

The rumor of the sudden implementation of currency reform has rapidly spread and it has made a tremendous impact on the stock market for a couple of days. The stock prices of ATM manufacturing companies quickly shot up.

Re-denomination is the process of changing the face value of banknotes or coins. Historically currency re-denomination occurs when people are suffering from hyperinflation.

Due to ever increasing inflation, daily transactions are impeded as people have to carry stacks of bills. To alleviate such inconveniences, the nation's government carries out redenomination by dropping zeros off the currency. Also currency re-denomination occurs when the nation's underground economy has grown too big to tolerate. The government implements it blitzkrieg with no preannouncement.

However, due to the leakage of the secret information, this scheme has often failed. Some countries such as Israel, Afghanistan, and Zimbabwe failed in their re-denomination. But other countries like the EU member states were successful.

Turkey is another success country for currency re-denomination. Turkey's re-denomination experience sheds much light on those who are contemplating to implement re-denomination. Turkey suffered from persistently high inflation during the last three decades of the 20th century. In Turkey, re-denomination was first considered in 1998. The Parliament passed a law that enabled removing six zeros from the currency and the creating of a new currency, new Turkish lira in December 2003. Re-denomination took place Jan. 1, 2005.

The exchange rate was set as 1 new Turkish lira(YTL) for 1 million of old Turkish lira. On Jan. 1, 2009, the word "new" was removed from the official name of the currency and the name returned to Turkish lira.

Its consequences were:

(1) Credibility of the currency increased.

(2) Accounting statements were simplified.

(3) The nominal value of the new currency became comparable with other currencies, for example 1 euro standing at 1.6361 YTL and $1 at 1.3448 YTL.

(4) Following the re-denomination, inflation in Turkey stayed in single digits.

(5) The re-denomination process was followed by implementing of the explicit inflation targeting in 2006. Based on these results, many people say Turkey's re-denomination was quite successful.

As Governor Lee suggested, we can now talk about the adoption of currency re-denomination in Korea. Unlike other newly emerging countries, Korea has maintained price stability for over a decade.

Korea's inflation rate in terms of consumer prices has been at a low level below two percent for many years until now. The won-dollar exchange rate has been relatively stable within a range of 1,100 won to 1,200 won against the greenback Regarding the won-dollar rate, many people suggested that the rate be changed to 1.1 won to 1.2 won against the U.S. unit by removing three zeros.

Any new policy or reform has its own benefit and cost. However, estimating net benefit is extremely difficult because it involves the forecasting of future variables. The assessment of the effects of re-denomination by specialists varies with their knowledge scope and attitude toward uncertainty and future risk.

Historical records for currency re-denomination indicate that timing is the most import factor for success. At present the Korean economy is facing too many challenges such as a lack of policy credibility, persistently high unemployment, declining household consumption, and an unfavorable investment environment.

Under these circumstances, a hasty push for currency reform is not likely to succeed. "Shock therapy" would not work. Sudden and blind implementation of currency re-denomination would freeze all economic activities and bring about a social unrest.

Despite all these problems and difficulties in assessing the results of re-denomination, I may present a list f conditions for Korea's successful currency reform or re-denomination as follows:

(1) Re-denomination should be well planned.

(2) The timing of execution should be determined by the National Assembly.

(3) Authorities should continuously conduct the eleimination of outdated laws and regulation.

(4) Re-denomination should be undertaken step by step according to the preannounced timetable.

61. 화폐단위변경의 조건

2019-04-16 | 코리아타임즈 신문 게재

　지난 3월 25일 이주열 한국은행 총재는 국회 국회청문회에서 "우리 연구진에서 화폐단위변경의 효과를 심도 있게 분석해본 결과 실시 후 수익은 비용보다 충분히 클 것이라는 결론을 얻었습니다. 따라서 이제는 실시 여부를 공개적으로 논의할 때가 되었습니다."라고 자신의 입장을 밝혔다.

　그의 발언은 순식간에 각 언론사에 전언되었으며 그로부터 일주일 후. 원화의 화폐단위 변경 뉴스가 국내 주요 일간신문에 게재되었다. 갑작스런 화폐개혁의 실시 소문이 빠른 속도로 퍼져나갔으며 이틀 동안 국내 주식시장을 강타하였다. 특히 ATM 제조회사의 주식가격이 급등하였다.

　화폐단위 변경은 지폐나 동전의 액면가를 변경하는 과정을 가리킨다. 역사적으로 화폐단위 변경은 하이퍼 인플레 때문에 사람들이 크게 고통을 받을 때 실시된다. 계속되는 인플레 때문에 겹겹이 쌓은 지폐뭉치를 운반해야 하기 때문에 일일 단위 거래가 제대로 이루어질 수가 없다. 이런 불편을 완화시킬 목적으로 정부는 화폐상의 동그라미 중에서 몇 개를 제거한다. 또한 지하경제 규모가 커져서 더 이상 경제가 견디기 어려워지면 화폐개혁이 실시된다.

　그러나 이에 관한 비밀정보가 사전에 누설되기 때문에 통화개혁이 자주 실패로 끝이 난다. 예컨대 이스라엘, 아프가니스탄, 짐바브웨는 실패했다. 그러나 EU 회원국은 성공했다. 터키도 성공한 나라이다. 터키의 성공사례는 다른 나라에 훌륭한 교훈을 준다.

터키는 지난 30년 동안 고인플레를 만성적으로 겪었다. 그러나 터키는 1998년 처음으로 화폐개혁과정을 시작하였다. 2005년 1월 터키 의회에서 화폐액면가에서 동그라미 6개를 없애고 새로운 신터키 리라 화폐를 발행하는 법을 제정하였다. 그리고 2005년 1월 1일 화폐개혁을 실시하였다. 신권 "New Turkish lira" 화폐를 발행하였다.

2009년 1월 1일, 구권 백만 터키 리라가 신권 1터키 리라로 변경되고 'New' 말을 제거하였다. 결과는 이러하다. (1) 신권화폐에 대한 국민의 신뢰가 증가하였다. (2) 회계시스템이 간소화되었다. (3) 신권화폐의 액면가치가 다른 나라의 화폐와 쉽게 비교될 수 있게 되었다. 예컨대 1유로는 1.631터키 리라가 되며 1미 달러는 1.3448터키 리라가 된 것이다. (4) 터키의 화폐단위 변경 이후 인플레는 한 자리 숫자에 머물렀다. (5) 화폐단위 변경 이후 2006년 인플레 목표를 분명하게 정하고 이를 실행하였다. 이런 성과를 바탕으로 많은 사람들은 터키의 화폐개혁은 매우 성공적이라고 평가하고 있다.

이주열 한은 총재가 제안했듯이 이제는 우리 한국도 화폐단위 변경을 논의할 수는 있다. 다른 신흥국가와는 달리 한국은 10년 이상 물가안정을 유지하였다. 소비자물가지수를 기준으로 한 한국의 인플레율은 지난 다년간 2% 이하 수준에 있었다. 원-달러 환율도 1,100원-1,200원 범위 안에서 비교적 안정적이었다. 이제는 원-달러 환율도 '0'을 3개 없애고 1.1-1.2원으로 바꿀 수 있다고 많은 사람들이 제안하기도 했었다.

어떤 정책이나 개혁도 새로 실시하면 장점도 있고 단점도 있다. 그러나 순이익을 추정한다는 것이 여간 어려운 일이 아니다. 왜냐하면 미래에 발생하는 여러 변수들을 사전에 예측하기가 어렵기 때문이다. 화폐단위변경의 효과를 전문가들이 평가한다 하더라도 그들의 지식의 범위에 한계가 있으며 미래의 불확실성과 위험에 대한 자신들의 인식이 달라서 평가도 달라진다.

화폐단위 변경의 역사를 보면 성공하려면 적기에 실시하는 타이밍이 가장 중요하다. 현재 한국경제는 너무나 많은 도전에 당면하고 있다. 정책신뢰의 부족, 만성적인 고실업률, 가계소비의 지속적 하락, 불리한 투자환경 등이 문제이다.

이런 상황에서 화폐개혁을 조급하게 추진하면 성공하기 어려울 것이며 '충격요법'은 통하지 않을 것이다. 맹목적이고 갑작스런 화폐개혁은 모든 경제활동을 동결시킬 것이며 사회불안을 초래할 것이다. 화폐개혁 실시의 효과를 사전에 평가하는 것이 어려운 문제임에도 불구하고 한국의 화폐개혁 또는 화폐단위 변경 실시가 성공하기 위해서는 다음의 사항들이 지켜져야 한다. (1) 화폐단위 변경 및 화폐개혁은 처음부터 잘 계획되어야 한다. (2) 개혁의 실행시간은 국회가 결정한다. (3) 관계당국은 시효가 지난 법령이나 규제를 지속적으로 제거한다. (4) 화폐단위 변경은 실시는 사전에 발표하고 일정표에 따라 단계별로 집행한다.

62. To ease population decline problem

2019–05–21 I THE KOREA TIMES

Recently Statistics Korea has announced that in 2018 Korea recorded the lowest birthrate of 0.9. This news immensely shocked the entire nation. Believe it or not, the rate in 1970 was as high as 5.6. But in 1990 it drastically dropped to 2.1 at which children replace their parents and make up for those who die young. In 2010 it went further down to 1.94. So the government is now trying to remedy this declining childbirth problem.

On the other hand, there was and still is a world-wide concern about overpopulation on Earth. The world population has now exceeded 7.6 billion, and according to projections by the U.N. Population Division, we are en route to 9 billion by 2050, and 10 billion by 2100.

However, somewhere on the road between these milestones, scientists think we will make a U-turn. The U.N. estimates of global population trends using the data from 230 countries show that the great majority have birthrate declines. In addition, globally the birthrate is falling to the replacement level, 2.1.

In 1798, Thomas Malthus argued that population expansion was bound to stop because life-sustaining resources would be insufficient to support such growth.

According to his projection, the human population was increasing at a geometric rate. But due to diminishing returns on fixed farmland, food supply was increasing at an arithmetic rate. Based on the argument by Malthus, the U.N.'s projection of a U-turn in population growth is plausible.

There seems to be a mystical force of restitution working to keep the earth clean and productive so that human inhabitants may survive on earth indefinitely.

For example, after massive deaths due to pandemic diseases and wars, there have been comparable increases in population growth. To restore the previous population level, sometimes it took a few hundred years or sometimes a couple of decades.

For example, during 1346-1353, Europe and the Near East were almost half destroyed by the spread of the Black Death. This was one of the most devastating pandemics in human history. It resulted in the death of 75 to 200 million people in Eurasia, which was equivalent to 30 percent to 60 percent of Europe's population. Later on, their birthrate went up, but it still took about 200 years for the world population to recover to its previous level.

During World War I (1914-1918), more than 20 million people were killed. During World War II (1937-1945) more than 83 million were killed. Historically, whenever a war has ended, birthrates begin to rise. According to the U.N. announcement, the global average birthrate maintained five children per woman until the end of the 1960s.

However, the baby boom period did not last that long. Since the early 1970s, the global population growth began to fall sharply except for some countries in Africa. This population decrease has a lot to do with economic factors. As young people foresee the dire and dismal future of their economy, they postpone their marriage and decide to have fewer children or even think of no children these days.

For Korea the record-low birthrate of 0.9 is a bad sign. It should be raised to 2.1 to keep the economy stable. The government should seek both long-term and short-term childbirth encouragement policies. Currently, South Koreans are stressed out as they face high unemployment, political instability, financial uncertainty and an incompetent government. They feel miserable about their gloomy economic future. Moreover, women's desires for jobs and a career are ever increasing and this too can cause newly wedded couples not to have children.

To ease the population decline problem, the following needs to be done:

(1) The government should grant permanent visas to scientists, engineers, technicians and other specialists to facilitate immigration.

(2) The government should design a policy of helping pregnant women keep their job while raising their children.

(3) The government's childbirth policy should place quality before quantity because in the global competition, quality counts more than quantity.

(4) To raise the quality and quantity of children, the husband's role is imperative. So the government should provide incentives to boost their role.

62. 인구감소 문제를 완화하려면

2019-05-21 | 코리아타임즈 신문 게재

최근 통계청 발표에 의하면 2018년 한국 출산율은 0.9가 됨으로써 사상 최저치를 기록하였다. 이 소식은 전 국민에게 커다란 충격을 안겨주었다. 믿기 힘든 사실이지만 1970년 한국 출산율은 5.6의 높은 수준이었다. 그러나 1990년에 와서 2.1로 뚝 떨어졌다. 출산율 2.1은 부모의 자연사망과 영아사망을 나타내는 수이다. 2010년에는 더욱 하락하여 1.94가 되었다. 그래서 이제 정부는 자녀 수 하락현상을 고치려고 막대한 노력을 하고 있다.

다른 한편으로는 지구 전체를 놓고 보면 여전히 인구과잉이 걱정스런 문제로 남아 있다. 세계인구는 지금 76억을 넘어섰다. 유엔인구부의 추계에 따르면 2050년에 90억이 될 것이며 2100년에는 100억이 된다고 한다.

그러나 이와 같은 두 개의 인구이정표 중간쯤에서 인구증가세의 U-턴이 있을 것으로 과학자들은 내다보고 있다. 유엔이 230개국의 자료를 사용하여 세계인구증가 추세를 추정해보니 대다수 국가의 출산율이 하락하고 있음을 보여준다. 이에 더하여 글로벌 출산율은 지금 인구대체비율인 2.1 수준 이하로 떨어지고 있다.

1798년 토머스 맬더스는 사람의 생명과 성장을 견지해주는 식량자원이 부족하기 때문에 인구확대는 중지될 수밖에 없다고 하였다. 맬더스의 추산에 의하면 인구는 기하급수적으로 증가하나 한정된 농지 때문에 식량공급은 산술 평균적으로 늘어나는 것이었다. 맬더스가 주장한 대로 유엔이 예측하는 인구증가율 추세의 U턴은 가능한 일이다.

지구는 스스로 깨끗함과 생산성을 유지하려는 신비한 복원능력을 가지고 있는 듯하다. 그래서 지구상에 인류가 영원히 생존해갈 수 있을 것 같다. 예컨대 세계적으로 퍼지는 전염병과 전쟁 때문에 인류의 대량사망이 있은 후에도 이를 보충하는 인구성장이 있어왔다. 과거 인구수준을 유지하기 위하여 때로는 200-300년이 걸리기도 하였으며 때로는 20년이 걸리기도 하였다.

예컨대 1346-1353 기간 동안 흑사병이 퍼짐으로써 유럽과 근동(아라비아, 소아시아, 발칸)에서 거의 인구 반이 병사하였다. 이것은 인류 역사상 가장 처참한 전염병의 하나였다. 유라시아에서 7,500만에서 2억 명이 사망하였으며, 이것은 유럽 인구의 30-60%에 해당하였다. 그 후 출산율이 다시 높아졌으며 세계가 예전의 인구를 회복하는 데 200년이 소요되었다.

제1차 세계대전 기간(1914-1918) 동안, 2,000만 명 이상이 목숨을 잃었으며, 제2차 세계대전 기간 동안에는 8,300만 명 넘게 목숨을 잃었다. 역사적으로 보면 전쟁이 끝날 때마다 출산율은 상승한다. 유엔 발표에 따르면 세계평균출산율은 1960년대 말까지 5자녀이었다.

그러나 베이비 붐 기간은 그리 오래가지 못하였다. 1970년대 초반부터 세계 인구는 아프리카 지역국가를 제외하고는 급격하게 떨어지기 시작하였다. 이와 같은 인구하락은 경제적 요인과 관계가 아주 깊다. 젊은 사람들이 예견하는 그들의 경제적 미래는 어둡고 비관적이라서 그들은 자신의 결혼 시기를 늦추거나 아이를 적게 가지려 하거나 아니면 심지어는 전혀 아이를 갖지 않으려고 작심을 한다.

한국에게는 기록적으로 낮은 0.9 출산율은 아주 나쁜 신호이다. 경제가 안정되려면 우선 출산율이 2.1 수준까지 높아져야 한다. 정부는 장기 단기 출산율 장려정책을 추구해야 한다. 현재 한국은 고실업, 정치 불안정, 금융 불확실성, 자신감 없는 정부라는 문제에 당면하고 있다. 그들은 암울한 미래경제를 당면하고 절망감을 가지고 있다. 특히 여성들은 직장과 전문 직종에 대한 욕망이 갈수록 심화되고 있어서 이런 사실 때문에 신혼부부가 아이를 아예 갖지 않겠다고 결심한다.

인구감소 문제를 완화시키기 위하여 정부는 다음의 정책을 추구해야 한다: (1) 정부는 해외에서 활동하고 있는 과학자, 엔지니어, 기술자, 기타 전문가들에게 영주권을 발급하여 국내로 유치해야 한다. (2) 정부는 임신한 여성들에게 육아기간 동안 직장유지를 보장해주어야 한다. (3) 정부는 출산율 정책을 개혁하여 글로벌 경쟁시대를 맞아 자녀의 수보다 자녀에게 주어지는 교육의 질을 제고하는 정책을 강화해야 한다. (4) 자녀의 수와 자녀당 교육의 질을 제고하기 위해서는 남편의 역할은 절대적으로 중요하다. 따라서 남편의 내조 역할을 장려하는 인센티브를 제공해야 한다.

63. Fake capitalism misguides youths

2019-06-18 | THE KOREA TIMES

I have resumed teaching economics in the university — currently economic development. The class is a good mixture of local and foreign students, but I was surprised to discover that not many know much about capitalism. Young students tend to compare capitalism and socialism on a parallel basis. But they seem to have misconceptions about capitalism. Some people say capitalism is unethical because it is for the capitalists, or others say it is only for the rich people.

According to historical records, the idea of capitalism originated from Adam Smith's work. Smith is called the father of modern economics. He was the first to introduce the competition-led free market system in his book, "The Wealth of Nations" (1776).

He states that the self-interest of market participants works in such a way as to yield the most efficient allocation of resources to produce the maximum output.

About 100 years later, Karl Marx, the father of communism challenged capitalism. He stated in his book, "Das Kapital" (1867) that capitalism would fail and be eventually replaced by communism. But his prediction turned out to be wrong.

Through the Bolshevik revolution, Russia became the first Marxist country in the world in 1917. In 1992, however, the Soviet Union was completely dissolved due to the total failure of its economic system. Despite its outstanding merits, capitalism still has many faults. Competition can become too excessive and can get out of control. The safety net for losers from competition needs to be further strengthened; and fair competition should be the backbone of free market capitalism.

Since the eruption of the global financial crisis of 2008, "socialists" have raised their voices globally and criticized capitalism. They have a strong belief that it has contributed much to the widening of income disparity between the rich and poor. But their accusation is not fully justified.

In a capitalist economy, a person with an innovative mind and creativity can bring numerous jobs, higher incomes, and other benefits back to their society. So they should be rewarded appropriately. If the government prevents the people with talent from receiving such reward, the entire economy will go backwards.

The late Apple CEO Steve Jobs made people on earth extremely happy. No one would oppose rewarding him with a great fortune. In this context, one can say, "Income equality is absolutely unfair." Nevertheless, it should be noted that crony capitalism impairs free-market capitalism. Crony capitalism refers to corrupt business dealings conducted by government officials in a capitalist country. This is a common practice in less developed countries. If a politician becomes a minister, they help their family members and friends make money by awarding them government contracts, legal permits and other favors.

South Korea no longer belongs to this category. The Korean economy operated remarkably well during the period from the mid-1970s until the 1997-98 Asian financial crisis. In the aftermath of the Asian crisis, South Korea has conducted various economic reforms and shaken off much of the image of crony capitalism.

However, young people began to worry about the adverse effects of a new mode of "fake capitalism," namely "rent-seeking capitalism."

Gordon Tullock(1967) and Ann Krueger(1974) developed the concept of rent-seeking by businesses. Rent-seeking occurs when a company lobbies the government for grants, loan subsidies or tariff protection.

Young people in Korea also seem to worry that rent-seeking capitalism will impair free-market capitalism. The scope of rent-seeking in South Korea is a lot more comprehensive than that of the rent-seeking Tullolck was concerned about. The rent-seekers pursue not only economic rent but also social rent. By using their connections, they can create new economic or social rent by setting up a high wall to maintain exclusive benefits.

The social rent includes access to high-ranking positions in government and the public sector. By using social connections such as school, provincial and bureaucratic ties, they unethically take socially important positions. The rent-seekers can be private individuals, special interest groups, corporate firms and civic groups. Rent-seeking capitalism is really bad and its practice should be stopped as soon as possible.

People innately dislike stiff competition in the market. But young people should be able to welcome competition. Besides, there is no such thing as a free lunch. They have to pay for what they get.

63. 짝퉁 자본주의가 청년들을 오도

2019-06-18 | 코리아타임즈 신문 게재

오래만에 대학에서 경제학 강의를 다시 시작하였다. 이번 학기에는 경제발전론을 강의했다. 영어 강의과목으로서 한국학생과 외국학생의 구성비가 50% 정도로 적절한 조합을 이루었다. 그러나 많은 학생들이 자본주의의 기본개념을 모르고 있음을 알고 필자는 놀라움을 금치 못하였다.

청년 학생들은 자본주의를 사회주의와 평행선상에 놓고 비교하는 경향이 있다. 그래서 자본주의에 대해 잘못된 인식을 가지고 있는 듯하다. 어떤 학생은 자본주의는 자본가들을 위한 것이기 때문에 비윤리적인 것으로 알고 있다고 하였으며 또 어떤 학생은 자본주의는 부자들을 위한 것이기 때문에 비윤리적이라고 하였다.

역사적 기록에 의하면, 자본주의 개념은 영국의 아담 스미스의 저서에서 유래된 것으로 되어 있다. 스미스는 그의 저서 『국부론 (1776)』에서 처음으로 경쟁주도 자유시장 제도를 소개하였다. 그의 설명에 따르면, 사람들이 이기심을 가지고 경쟁적으로 시장에 참여하면 경제적 희소자원이 최대한 효율적으로 배분되며 최대수준의 생산물이 산출될 것이라고 하였다.

그로부터 약 100년 후 공산주의의 아버지라고 불리는 독일의 칼 마르크스가 자본주의에 도전하였다. 그는 1867년 저서 『자본론(Das Kapital)』에서 예측하기를, 자본주의는 실패할 것이며 결국은 공산주의로 대체될 것이라고 하였다. 그러나 그의 예측은 틀린 것으로 판명이 났다. 1917년 볼셰비키 혁명으로 제정 러시아국은 세계에서 처음으로 마르크스 체제 국가가 되었으며 곧 여러 위성국가를 점령하여 소비에트 연방공화국(소련)을 세웠다. 그러나 1992년에 소련은 경제체제의 확실한 실패로 완전히 해체되었다.

뛰어난 장점에도 불구하고 자본주의 역시 단점도 많다. 때로는 경쟁이 과도하여 시장기능이 정상적으로 작동하지 않아서 통제권 밖으로 나가기도 한다. 시장경쟁에서 패배한 자들을 위한 안전망을 더욱 강화할 필요가 있다. 무엇보다도 공정한 경쟁이 자유시장제도의 기본이 되어야 한다.

2008년 글로벌 금융위기가 발발한 이래, 사회자주의자들은 국제적으로 목소리를 높여 자본주의를 비판하여 왔다. 그들은 자본주의가 빈부격차를 넓히는 데에 크게 기여하였다고 굳게 믿고 있다. 그러나 그들의 비판은 절대로 정당화될 수 없다.

자본주의 경제에서는 개혁 마인드와 창의력이 있는 사람은 많은 일자리를 창출할 수 있으며 고소득 등 다른 이점들을 사회에 환원할 수 있다. 그래서 그들은 그에 상응하는 적절한 보상을 받아야 한다. 그렇지 않고 만일 정부가 재능이 많은 사람이 응분의 보상을 받지 못하게 한다면 전체 경제는 후진하게 될 것이다.

이미 작고한 사람이지만 Apple CEO이었던 스티브 잡스는 지구상의 사람들을 굉장히 즐겁게 만들었다. 이 세상 그 어느 누구도 그에게 대박의 재물을 안겨주자는 데에 반대하지 않을 것이다. 이런 맥락에서 보면 "소득평등은 오히려 불공정하다."라고 사람들은 말할 것이다.

그럼에도 불구하고 정실자본주의는 자유시장을 근간으로 하는 자본주의를 해친다는 사실이 주지되어야 한다. 정실자본주의란 자본주의 국가에서 정부 관료가 기업을 상대로 저지르는 부패한 거래를 가리킨다. 이런 행위는 저개발국가에서 다반사로 발생한다. 한 정치가가 장관이 되면 자기의 친족이나 친구들에게 정부공사를 따게 해서 큰돈을 벌게 하거나, 이권을 제공하거나 다른 특혜 등을 공여한다.

한국은 더 이상 이런 범주에 속하는 나라는 아니다. 한국경제는 1970년대 중반에서 1997-98년 아시아 금융위기 전까지 그 실적이 뛰어났다. 그러나 아시아 금융위기 이후 한국은 다양한 경제개혁을 실시해옴으로써 정실자본주의 국가라는 이미지를 많이 털어내었다.

그러나 사람들은 새로운 비정상적 자본주의 형태인 '짝퉁 자본주의' 즉 '지대추구 자본주의'의 폐해를 염려하기 시작하였다. '지대추구' 개념은 고든 털럭 교수가 처음으로 개발하고 앤 크루거 교수가 발전시킨 개념인데 주로 기업의 지대추구 행위를 가리킨다. 기업이 정부에 로비하여 정부로부터 지원금, 융자, 보조금, 관세를 통한 산업보호 등을 얻어낸다.

한국의 지성인들은 지대추구 자본주의가 자유시장 자본주의를 훼손시킬까 봐 걱정을 많이 한다. 한국에서의 지대추구의 범위는 털럭 교수가 격정한 지대추구 개념보다 훨씬 포괄적이다. 지대 추구자들은 경제적 지대뿐 아니라 사회적 지대도 함께 추구한다. 자신들만의 연결망을 통하여 새로운 경제적, 사회적 지대를 창출하며 그들만이 그 혜택을 누리기 위하여 타인이 넘보지 못하도록 높은 벽을 세우기도 한다.

사회적 지대는 정부 내 고위 관료직과 공공부문의 주요 직책을 대상으로 하기도 한다. 이들은 자신들의 학연, 지연, 관연 등을 동원하여 지대를 추구하며 사회의 여러 좋은 자리를 비윤리적으로 차지한다. 지대 추구자는 개별 민간인, 특별이해집단, 기업, 및 시민단체 등을 포함한다. 인간은 타고나면서 과도한 시장경쟁을 싫어할는지 모른다. 어쨌든 세상에 공짜는 없는 법이다. 원하는 것을 얻으려면 응분의 비용을 지불해야 한다.

64. Rules-based foreign reserve policy

2019-07-15 | THE KOREA TIMES

If South Korea had had sufficient foreign reserves during the 1997-98 Asian financial crisis, it would not have suffered from deadly massive unemployment and an economic crash. Its per capita GDP in 2018 would have been more than $50,000 instead of $31,363. Socially and politically much improvement could have been made in Korea.

Foreign reserves are financial assets held by the central bank. These assets include foreign currencies, U.S. Treasury bills, Special Drawing Rights(SDRs), and an IMF reserve position. Foreign reserves are required for three reasons: (1) Private import payments unexpectedly exceed private export earnings, (2) The nation experiences a political crisis and cannot pay off foreign debt on time, or (3) The nation confronts international currency speculators during a currency crisis.

All IMF member countries, even the U.S. and EU member states need to hold some amount of foreign currency reserves. The dominant part of foreign reserves consists of reserve currencies. Major reserve currencies are the U.S. dollar and the euro. Other reserve currencies include the pound sterling, Swiss franc, Canadian dollar, etc. The U.S. dollar is the world's dominant reserve currency. It should be noted that foreign currencies on reserve cannot earn interest.

According to an IMF publication, the currency composition of foreign exchange reserves for 2018 is the following: the U.S. dollar(61.7

400 Foreign Direct Investment & Korean Economy Policies

percent), the euro (20.7 percent), Japanese yen(5.2 percent), pound sterling(4.43 percent), Chinese renminbi(1.89 percent), Canadian dollar (1.84 percent), Australian dollar(1.62 percent), Swiss franc(0.15 percent), and other currencies(2.48 percent). The IMF periodically publishes the list of its member countries by foreign-exchange reserves. China holds $3.12 trillion as of June 2019 and South Korea $400 billion as of April 2019.

Even reserve-currency countries are required to hold some amount of foreign reserves for at least one of the three reasons above: Japan holds $1.29 trillion as of May 2019; Switzerland, $800 billion as of May 2018; and the U.S., $130 billion as of January 2019. In the list, the U.S. ranks 20th.

Trade disputes often occur when the U.S. government detects that the central banks of other countries have bought U.S. dollars in large amounts on international foreign exchange markets. The U.S. has been suspicious that China and other countries have manipulated their currencies for purposes of export expansion.

To prevent currency manipulation and unfair practices in the currency markets by trade partners, the U.S. Congress enacted two laws: the Omnibus Trade and Competitiveness Law in 1988 and the Trade Facilitation and Trade Enforcement Act in 2015. By these two laws, the Treasury is required to submit a currency report to Congress every April and November.

China is not the only target country for criticism by the U.S. Treasury Secretary Steve Mnuchin presented a report to Congress in April 2018, which stated that it had placed six countries — China, Germany, Japan, South Korea, Switzerland, and India — on its "monitoring" list.

To lessen the suspicion by the U.S. and to restore normality in the international trade environment, the surplus countries need to formulate a new policy, a "Rules-based foreign reserve policy."

The central bank intervenes in the foreign exchange market using a well-specified formula. By this, the public can predict when and what quantity of reserve currencies the bank will buy and what the impact on the exchange rate will be.

The rules-based monetary policy stemmed from Milton Friedman's work. Friedman and his colleague, Anna Schwartz painstakingly reviewed the U.S. monetary history from 1867 to 1960 and their conclusion was not only that monetary policy was powerful but also that movements in money explained most of the fluctuations in output.

To prevent economic fluctuations, he suggested the rule-based monetary policy, supplying money at a constant rate of X percent. The philosophy of the rules-based monetary policy was succeeded by John Taylor of Stanford University. He came up a formula for the central bank's short-term interest rate policy. This was ingeniously designed to reduce future uncertainties and has contributed much to the stabilization of the goods market and financial system.

Along these lines, the rules-based foreign reserve policy can be formulated. It can be the solution to preventing the groundless criticisms of currency manipulation by the U.S. If the central bank of the non-reserve currency country intervenes in the foreign exchange market just using the formula, the U.S. president would not be terribly upset. This will also help the trade partners to drop their mutually-harmful tariff policy.

64. 준칙에 따른 외환보유고 정책

2019-07-16 | 코리아타임즈 신문 게재

만일 한국이 1997-98년 아시아 금융 위기 동안에 충분한 외환보유고를 가지고 있었다면 치명적인 대규모 실업과 경제 붕괴로 고통받지 않았을 것이다. 2018년의 1인당 국내 총생산은 31,363달러가 아니라 5만 달러 이상이 될 수도 있었을 것이다. 사회적으로나 정치적으로도 많은 발전을 이룰 수 있었을 것이다.

외환보유고는 중앙은행이 보유하고 있는 금융 자산이다. 이러한 자산은 외국 통화, 미국 재무부 단기 채권, 특별 인출권, IMF 보유 포지션 등을 포함한다. 중앙은행이 외환보유고를 유지하는 데는 크게 세 가지 이유가 있다: (1) 민간수입결제자금이 예상치 못하게 민간 수출금액을 초과하거나 (2) 정치적 위기를 겪고 있어서 외채원금과 이자를 정한 기한 내에 갚지 못하거나 (3) 외환위기 동안에 날뛰는 국제적 통화투기꾼들 대비하는 이유이다.

모든 IMF 회원국들은, 심지어 미국과 유럽연합 회원국들도 포함해서 어느 정도의 외환보유고를 유지할 필요가 있다. 외환보유의 대부분은 기축통화로 구성되어 있다. 주요 기축통화는 미국 달러와 유로화이다. 기타 기축통화로는 파운드, 스위스 프랑, 캐나다 달러 등이 있다. 미국 달러는 세계의 지배적인 지불준비 통화이다. 외환보유액은 이자를 받을 수 없다는 점에 유의해야 한다.

국제통화기금(IMF)에 따르면 2018년 외환보유액은 미국 달러(61.7%), 유로화(20.7%), 일본 엔화(5.2%), 파운드(4.43%), 중국 렌민비(1.89%), 캐나다 달러(1.84%), 호주 달러(1.62%), 스위스 프랑(0.15%) 및 기타 통화(2.48%) 순이다. IMF는 정기적으로 외환보유고를 기준으로 회원국 명단을 발표한다. 중국은 2019년 6월 현재 3조 1,200억 달러, 한국은 2019년 4월 현재 4,000억 달러를 보유하고 있다. 심지어 차관을 제공하는 국가들도 위의 세 가지 이유 중 적어도 하나로 일정량의 외환보유고를 보유해야 한다. 2019년 5월 현재 일본은 1조 2,900억 달러, 스위스는 2018년 5월 현재 8,000억 달러. 이 목록에서 미국은 20위에 올랐다.

무역 분쟁은 종종 미국 정부가 다른 나라의 중앙은행들이 국제 외환 시장에서 미국 달러를 대량 사들인 사실을 발견할 때 발생한다. 미국은 그동안 중국과 다른 나라들이 수출 확대를 목적으로 자국 통화를 조작했다는 의심을 품어 왔다. 미국 의회는 무역 상대국의 통화 조작과 불공정 관행을 막기 위해 1988년 옴니버스 무역 경쟁력 법과 2015년 무역 촉진법, 두 가지 법을 제정했다. 이 두 가지 법에 의하면, 재무부는 매년 4월과 11월에 통화 보고서를 의회에 제출해야 한다. 스티브 므누친 미국 재무장관이 2018년 4월 의회에 보고서를 제출한 대상 국가는 중국, 독일, 일본, 한국 스위스, 인도 등 6개국이다. 미국의 의심을 줄이고 국제 무역 환경의 정상을 회복하기 위해서는 무역흑자 국가들이 새로운 정책인 "준칙에 근거한 외환보유고 정책"을 수립할 필요가 있다. 중앙은행은 잘 지정된 공식을 이용하여 외환 시장에 개입한다. 이를 통해 국민은 언제, 얼마나 많은 외환을 매입할지, 환율에 미칠 영향을 예측할 수 있다.

준칙 기반의 통화 정책은 밀턴 프리드먼의 연구에서 비롯되었다. 프리드먼과 그의 동료인 안나 슈왈츠는 1867년부터 1960년까지 미국 통화 역사를 고심했고 그들의 결론은 통화 정책이 강력할 뿐만 아니라 돈의 움직임이 생산량의 변동을 대부분 설명한다는 것이었다. 그는 경제 변동을 막기 위해 규칙에 입각한 통화 정책을 제안하면서 X퍼센트의 일정한 비율로 통화를 공급했다. 규칙에 기초한 통화 정책의 철학은 스탠퍼드 대학의 존 테일러가 계승했다. 그는 중앙은행의 단기 금리 정책의 공식을 생각해냈다. 이것은 미래의 불확실성을 줄이기 위해 교묘하게 설계되었고 상품 시장과 금융 시스템의 안정화에 크게 기여했다.

규칙에 기초한 외환 보유고 정책은 이러한 노선을 따라 공식화될 수 있다. 그것은 미국의 통화 조작에 대한 근거 없는 비난을 막기 위한 해결책이 될 수 있다. 대통령이 이 같은 공식을 이용해 외환 시장에 개입한다고 해서 크게 화낼 일은 아니다. 이것은 또한 교역 상대국들이 서로에게 유해한 관세 정책을 중단하는 것을 도울 것이다.

65. Security stands before trade

2019-08-13 | THE KOREA TIMES

The idea of commerce and the idea of war and peace used to be inseparable. This was the central tenet of the Atlantic Charter signed by U.S. President Franklin D. Roosevelt and U.K. Prime Minister Winston Churchill in 1941.

The Atlantic Charter was used as the foundation of the United Nations established after World War II. In 1944 the World Bank and the International Monetary Fund(IMF) were created to revive the world economy from the ashes of war.

In October 1971, the People's Republic of China(Communist China) became a member in the U.N. by replacing the Republic of China(Taiwan). In April 1980, China joined the IMF and World Bank and the country's economy began to take off. In 2001 China joined the World Trade Organization(WTO), which was created in 1995 to facilitate trade and investment among the member countries. China entered into the WTO expressing its hope of expanding its access to foreign markets and implementing domestic economic reforms.

But the Chinese entry to the WTO was not easy because a good number of WTO members were doubtful about Communist China's role in the intergovernmental organization. But the U.S., a major force behind the establishment of the WTO, strongly supported China. The U.S. persuaded other WTO members that China would extend access to foreign markets, spur domestic economic reforms and smoothly transform its economy to a market economy.

After joining the WTO, China's economy began to grow at high speed. China's GDP was $306 billion in 1980 but it shot up to $13.6 trillion in 2018, expanding more than 44 times in less than four decades. China's accession to the WTO made a positive impact on the world economy. China used to be cited as "the world's factory." By producing at cheaper wage costs, China has contributed to keeping world inflation below 2 percent for more than two decades. But it caused massive unemployment in many parts of the world.

The economic relationship between the U.S. and China had been very good until Washington and Seoul agreed to deploy a U.S. antimissile system called the Terminal High-Altitude Area Defense (THAAD) to South Korea in July 2016. Then President Park Geun-hye approved the agreement to defend against North Korea's missiles.

China immediately objected to the THAAD deployment plan, viewing it as an extension of U.S. strategic interests. It also believed that THAAD deployment in Korea would pose a serious threat to China's military operations in the South China Sea. As a result, China harshly penalized South Korea's fifth-largest enterprise, Lotte Group, for having handed land to the Korean government to be used as the site for the THAAD battery. This case showed that security and commerce are inseparable.

North Korea also became angry with the THAAD deployment in the South. The North's military views THAAD as an act of aggression and it has accelerated its missile testing.

Trump views China's objection to THAAD deployment in the South as its implicit support of North Korea's testing of nuclear weapons.

Trump later decided to slap heavy tariffs on Chinese products in an escalating trade war with the rising Asian power.

On Aug. 2, the Japanese Cabinet decided to exclude South Korea from its "whitelist" of favored trading partners. Japan's Minister of Economy, Trade and Industry Hiroshige Seko said the decision came because South Korea was loose in export control over strategic items.

The exclusion came nearly a month after Tokyo imposed export restrictions on three high-tech materials — photoresist, fluorine polyimide and hydrogen fluoride — essential for South Korean firms to make semiconductors and display panels.

Seko said it was not an act of retaliation against anything and that the export curbs were designed to improve Japan's export management related to national security.

Nevertheless, many speculate that Japan's trade measures are in retaliation against South Korea's Supreme Court rulings last year that ordered Japanese firms to compensate surviving South Korean victims of forced labor during Japan's 1910-45 colonial rule of Korea.

South Korea has relied on the U.S. as a security ally and on China as a top trading partner. This has been possible with the U.S. and China in a good relationship. But if the two superpowers are in a bad relationship, South Korea will be in a difficult situation. If the U.N. and neighboring superpowers are successful in nullifying North Korea's nuclear and ballistic missile programs, all the states involved will prosper economically. In today's world, trade and security are also inseparable. But the political leaders of many countries believe that security comes before trade.

65. 안보는 무역에 우선한다

2019-08-13 | 코리아타임즈 신문 게재

상업의 개념과 전쟁과 평화의 개념은 서로 분리될 수 없다. 이 명제는 1941년 미국의 프랭클린 루즈벨트 대통령과 영국의 처칠 수상이 서명한 대서양조약의 핵심명제이다. 이 조약은 제2차 세계대전 후 출범한 유엔의 설립정신이 되었다. 이어서 1944년 세계은행과 IMF(국제통화기금)가 설립됨으로써 이 두 국제기구는 세계경제가 전쟁의 잿더미 속에서 되살아나게 하는 데 크게 기여하였다.

1971년 10월 중화인민공화국(공산당 중국)은 중화민(자유 대만)을 대신하여 UN 회원국이 되었으며 1980년에는 세계은행과 IMF에 가입함으로써 중국경제는 비약적으로 발전하기 시작하였다. 2001년 공산중국은 세계무역기구(WTO)에 가입하였다. WTO는 회원국 간의 무역과 투자를 촉진하기 위하여 1995년에 설립되었다.

중국이 WTO 회원국이 되면 소비대국으로서 해외 회원국의 완제품 시장에 대거 진출할 것이며 국내 경제개혁도 크게 실시할 계획을 널리 홍보하였다. 그러나 중국의 WTO 가입은 쉬운 일이 아니었다. 왜냐하면 다수의 WTO 회원국들은 정부 간 협력기구인 WTO에서 공산중국의 역할이 얼마나 필요할지 자신이 없었기 때문이었다.

그럼에도 불구하고 WTO 설립 시 막후에서 주역을 담당했던 미국이 중국의 WTO 가입을 강력히 지지하였다. 미국은 중국 내부의 개혁 강화, 회원국시장에의 중국의 진출 확대, 시장경제로의 전환강화를 회원국들에게 설득함으로써 결국 중국이 WTO에 가입하게 되었다. WTO에 가입한 후 중국경제는 고속으로 성장하기 시작하였다. 1980년 중국 GDP는 3,060억 달러에 불과하였으나 2018년에는 13.6조 달러가 되었다. 40년이 채 안 되어 중국의 GDP는 44배 이상 증가한 것이었다.

한편으로 중국의 WTO 가입은 세계경제에 긍정적 영향을 주기도 했다. 중국은 '세계의 공장'이라고 불리기도 했다. 저렴한 임금비용으로 중국은 세계 인플레를 지난 20년 동안 2% 수준 밑으로 있게 했다. 그러나 다른 한편으로는 세계 다른 국가에 대량실업문제를 안겨주었다. 그러는 동안 미국과 중국은 두 나라 사이에 경제관계가 매우 좋았다.

그러나 2016년 7월 미국이 북한의 미사일 공격을 방어하고자 한국에 THAAD(고고도 미사일 방어체계)를 설치한다고 하자 미중 관계는 급속도로 악화되었다. 당시 박근혜 전 대통령이 북한의 미사일 요격에 대비하여 THAAD 설치를 결정하자 중국은 이에 즉각 반대하였다. 중국은 THAAD 설치를 미국이 이 지역에서 전략적 이해를 넓히려는 의도로 해석했기 때문이다. 그리고 THAAD 설치는 남중국해에서 중국의 군사활동에 심각한 위협이 될 것으로 믿었기 때문이다.

그 결과 중국은 한국에 대해 경제보복을 단행했다. 한국의 5대 재벌기업인 롯데 그룹을 혹독하게 보복했다. 그 이유는 롯데 그룹이 소유한 토지를 THAAD 설치를 위해 한국정부에 다른 토지를 받고 넘겨주었기 때문이다. 이런 사실은 안보와 경제는 서로 분리될 수 없음을 단적으로 보여준다.

북한도 남한의 THAAD 설치에 크게 분개하였다. 북한군은 남한의 THAAD 설치를 남한의 침략행위로 간주하고 핵무기 실험을 더욱 가속화하였다. 남한의 THAAD 설치를 중국이 반대하고 있는 이유는 중국이 북한의 핵무기 실험을 음성적으로 지지하고 있기 때문이라고 트럼프 대통령은 보고 있다. 그래서 트럼프는 중국에서 미국으로 들여오는 수입상품에 대해 과중한 관세를 부과하기로 결심하였고 이로써 떠오르는 아시아의 힘인 중국과의 무역전쟁을 확대하게 된 것이다.

한편 8월 2일 일본 각료회의에서 전통적으로 무역동반자에게 혜택을 부여하는 white list에서 제외시키기로 결의하였다. 일본 통산성 장관 히로시게 세코는, 한국이 전략품목의 대외수출관리를 소홀히 해왔기 때문에 이번 조치를 취했노라고 언급하였다. 이번 조치는 일본정부가 3개 고기술 품목인 폴리이미드 필름, 포토 리지스트 감광액, 불화수소 에칭가스 소재가 일본으로부터 수출되지 못하도록 규제를 가한 지 한 달 후에 결정되었다. 이 3개 품목은 한국기업이 반도체와 디스플레이 판을 제조하는 데 절대적으로 필요한 소재이다.

세코 장관은 이번 일본 측의 수출규제는 그 어떤 상황에서 빚어진 보복이 아니며 오직 국가안보와 관련된 수출관리의 개선을 도모하기 위한 조치라고 설명하였다.

그럼에도 불구하고 많은 사람들은 일본의 대한국 수출규제조치는 지난해 한국 대법원에서 일본기업에 내린 판결 때문이라고 보고 있다. 한국 대법원의 판결문은 일본이 1910-1945년 한국인을 식민으로 통치하는 동안 일본 기업이 한국인에게 시킨 강제노동을 보상하라는 것이었다.

한국은 그동안 안보동맹국으로 미국에 의존하여 왔다. 그리고 무역거래에 있어서는 중국을 제1동반자로 의존하여 왔다. 이러한 경제협력 관계는 미국과 중국의 관계가 좋을 때 가능했다. 그러나 초강대국인 미국과 중국의 관계가 나빠지면 한국은 매우 어려운 상황에 놓이게 된다.

만일 유엔과 한반도 주변 강국이 힘을 합쳐 북한의 핵탄두 미사일 개발사업을 무효화시킬 수 있다면 북한을 포함한 관련국 모두가 경제적으로 번영할 것이다. 오늘의 세계에서도 역시 무역과 안보는 분리될 수 없다. 그러면서도 많은 나라의 정치 지도자들은 안보가 무역보다 앞선다고 믿고 있다.

66. To endure coming global recession

2019-09-24 | THE KOREA TIMES

Many people in the world are worried that they are going to encounter another huge global recession soon. Economists often define a recession as when annual growth falls below 2.5 percent that lasts for at least two consecutive quarters.

Economic analysts predict that the escalation of the Sino-U.S. tariff war will form an economic "perfect storm" and lead to a very serious global recession. This time not only the U.S. and China but Europe and Latin America will also suffer from a deadly miserable economic disaster.

International news agencies are reporting that the trade war will damage the Chinese economy more than the U.S. because of China's enormous outstanding debt. Its state industries as well as consumers have borrowed heavily from banks. So there is world-wide speculation that China could face a local debt crisis before meeting the global recession.

Nouriel Roubini of New York University has recently predicted that three negative supply shocks could trigger a global recession by 2020. The first shock is the Sino-American trade and currency war. The second shock, "the slow-brewing cold war" between the U.S. and China over technology, and the third one, potentially rising global oil prices due to the U.S. military confrontation with Iran.

Morgan Stanley has recently warned its clients that the risk of a global recession is high and rising as trade head-winds aggravate economic slowdowns. Its chief economist, Chetan Ahya said, "The downtrend in some global economies is becoming contagious and if trade tensions escalate further, we will enter into a global recession …"

South Korea could be one of the greatest victims of the global "perfect storm" simply because of its economic size. The Korean economy is the 4th-largest in Asia and the 11th largest in the world. Its GDP for 2018 was $1.62 trillion. But it relies heavily on international trade. In 2017 its exports were $577.4 billion and imports $457.5 billion.

South Korea's three major trade partners are China, Japan and the U.S. South Korea imports high-value intermediate goods from Japan. By using these, South Korea manufactures sophisticated final products and exports them to higher-income countries and to China.

Amid an increasing risk of global recession, residents of South Korea fear that the economy will soon face this "perfect storm" due to increasing diplomatic and political uncertainties. The country's diplomatic relations with Japan, China, and the U.S. seem to be getting worse.

Under these circumstances, long-term private investments in South Korea cannot be sustained. The number of foreign investors is decreasing. Confrontations between the ruling and opposition parties are becoming more intensified. Even the government's short-term fix for an economic recovery is not being timely implemented.

The Bank of Korea and the state-funded Korea Development Institute have revised downward a few times their early GDP forecasts for 2019. Now South Korea's annual GDP growth for 2019 is forecast to be as low as 1.4 percent. The GDP growth rates for the first and second quarter are 1.7 percent and 2.1 percent. The forecasts for third and fourth quarter growth are 0.6 percent and 1.1 percent. These statistics show that South Korea has already entered into the early stage of a recession.

The Korean people should be able to withstand the strongly blowing headwind of the perfect storm. To this end, political leaders and policy makers should undertake the following measures:

(1) Provide the people with vision and hope for the Korean economy so that they will shake off their fears. Recession fears tend to be self-fulfilling and can bring on a recession.

(2) Adopt both demand and supply policies to put the nation's economy on the right track. Income-led demand policy alone will not work. Consumer spending out of government subsidies cannot help boost production capacity. A supply-side policy that can increase longer-term investment must accompany it.

(3) Improve diplomatic relations with our major economic partners — China, Japan and the U.S. Being antagonistic to our traditional trade partners will only pull our economy backward.

(4) Readjust the nation's internally inconsistent nuclear-power phase-out policy. With the current nuclear-power policy, we cannot continually sell our first-rate services, related to both construction and operation of nuclear power plants, abroad.

(5) Increase foreign currency reserves to prevent a foreign exchange crisis, which will surely bring on a serious recession.

66. 다가오는 글로벌 불경기에 대처하기

2019-09-24 | 코리아타임즈 신문 게재

또 하나의 거대한 글로벌 불경기를 곧 맞이하게 될까 세계 많은 사람들이 염려하고 있다. 경제학자들의 정의에 의하면, 한 나라의 불경기란 그 나라의 연간 GDP 성장률이 적어도 2분기 동안 계속해서 2.5% 이하인 경우를 가리킨다.

경제 분석가들은 중미 관세전쟁이 확대되면 엄청난 글로벌 경제폭풍이 형성될 것이며 이로써 매우 심각한 글로벌 불경기가 도래할 것으로 예측하고 있다. 이번에는 미국과 중국뿐 아니라 유럽과 남미 여러 나라도 참담한 경제 재앙을 받아 고통받을 것으로 내다보고 있다.

외신 통신사들은 글로벌 경제 전쟁이 중국의 과중한 금융부채 때문에 미국보다 중국경제를 더 세게 강타할 것이라는 뉴스를 내보내고 있다. 중국의 국가산업과 소비자들이 은행으로부터 너무나 많은 돈을 빌려왔기 때문이라는 것이다. 세계적으로 떠도는 소문은 중국이 글로벌 불경기의 피해를 보기 전에 국내 채무위기를 먼저 당면하게 될 것이라는 것이다.

뉴욕 대학의 누리엘 루비니 교수가 최근에 발표한 예측에 따르면 2020년이 다 가기 전에 세 개의 공급충격이 글로벌 불경기를 촉발한다는 것이다. 첫째 충격은 미중 간의 무역전쟁과 통화전쟁이다. 둘째 충격은 기술진보 면에서 서서히 숙성되고 있는 미중 간의 냉전이다. 셋째 충격은 미국과 이란 간의 군사적 대치로 인한 글로벌 원유가격의 급등이다.

모건 스탠리 투자은행은 최근 고객들에게 사전경고를 내린 바 있다. 글로벌 불경기의 위험이 높으며 무역전쟁의 역풍이 세계경제의 성장을 둔화시키고 있기 때문에 글로벌 불경기의 위험은 더욱 높아지고 있다는 사실을 주지시킨 바 있다. 체탄 아햐 책임연구원은 다음과 같은 진단을 내리고 있다. "글로벌 경제의 일부에서 경제하강이 시작되면 곧 주위 국가에 전염되고 확산되며 무역전쟁의 긴장이 고조되면 모든 나라가 글로벌 불경기를 맞게 된다…"

한국은 "단순히 경제규모가 크다"라는 사실만으로도 세차게 불어오는 글로벌 경제폭풍의 최대 희생자의 한 나라가 될 수 있다. 한국경제는 규모 면에서 아시아의 4대 강국이며 세계에서 11대 강국이다. 2018년 GDP는 1.62조 미 달러이다. 그러나 국제무역에 과중하게 의존하고 있다. 2017년 수출액은 5,774억 미 달러이었으며 수입액은 4,575억 미 달러이었다.

한국의 3대 무역 동반자는 중국·일본·미국이다. 한국은 일본으로부터 고가 중간재를 수입한다. 이를 사용하여 부가가치가 더 많은 정교한 최종제품을 만들어 고소득 국가와 중국에 수출한다.

글로벌 불경기의 위험이 고조되고 있는 상황 이외에 한국의 외교적 그리고 불확실성이 커지고 있어서 사람들은 곧 당면하게 될 글로벌 불경기에 대해 더욱 큰 두려움을 느끼고 있다. 한국의 대일본, 대중국, 대미국 외교관계가 계속 악화되는 듯해서 더욱 그러하다. 이런 상황에서 장기민간투자가 지속될 수 없다. 외국인 직접투자 건수는 계속 떨어지고 있으며 여당과 야당 간의 대치는 더욱 강도가 높아지고 있다. 경기회복을 위한 정부의 단기대책도 적기에 실행되지 못하고 지연되고 있다.

한국은행과 정부출연 정책연구기관인 한국개발연구원(KDI)은 2019년 GDP 성장률 예측치를 이미 몇 차례 하향조정하였다. 2019년 GDP 연간 성장률 예측치는 지금 1.4% 수준에 내려와 있다. 1/4분기, 2/4분기 성장률은 각각 1.7%, 2.1%이었다. 3/4분기 4/4분기 예측치는 각각 0.6%, 1.1%이다. 이런 수치를 보면 한국은 이미 불경기 과정의 초입 단계에 들어섰음을 알 수 있다.

이제 한국 사람들은 세차게 불어오는 완전한 글로벌 경제폭풍을 어떻게든 버텨내야 한다. 이를 위하여 정치지도자와 정책 수립가들은 다음 조치를 취해야 한다.

(1) 국민들에게 한국경제에 대한 비전과 희망을 제시함으로써 그들의 두려움을 없애주어야 한다. 왜냐하면 다가올 불경기를 두려워하기만 하면 두려움 자체가 불경기를 빨리 오게 하는 작동을 하기 때문이다.

(2) 국가경제를 정상궤도에 올려놓으려면 수요 정책뿐 아니라 공급정책도 함께 채택해야 한다. 정부 보조금에 의한 소비지출만으로는 생산능력을 제고할 수 없다. 왜냐하면 장기투자를 가능하게 하는 공급정책도 함께 실행되어야 하기 때문이다.

(3) 한국의 경제 동반자인 중국, 일본, 미국과의 외교관계를 개선해야 한다. 전통적인 경제동반자를 적대시해 가지고는 우리 경제를 후퇴시킬 것이다.

(4) 국내 정책상 일관되지 않는 탈원전 산업정책을 재조정해야 한다. 지금의 탈원전 산업정책은 세계시장이 알아주는 핵전력 관련 기술 서비스 제공과 원자력 발전소의 건설에 있어 일류기술을 해외시장에 내놓을 수 없다.

(5) 외환위기도 올 수 있는 상황에서 외환보유 수준을 올려야 한다. 외환위기는 바로 경제 불경기를 불러오기 때문이다.

67. Excessive competition ruins free market

2019-10-15 | THE KOREA TIMES

As we live a life on earth, competition is inevitable. It is because resources are limited in supply while our want is unlimited. Nevertheless, the free market system is the best alternative for human beings to live a good life.

Adam Smith who is called the father of modern economics published in 1776 "An Inquiry into the Nature and Causes of the Wealth of Nations." Smith stated that a nation's wealth should not be measured by its gold and silver but by the totality of its production and commerce. Also he argued that free market economies are the most productive and beneficial to their societies and that an economic system based on individual self-interest led by an "invisible hand" would achieve the greatest good for all.

In the contemporary world, Smith's ideas are facing critical challenges. The critics of economics hate the idea of competition because it makes people unhappy. Many young people tend to dislike the term "self-interest" because they believe that it is the same as selfishness in meaning.

However, self-interest and selfishness are not the same. Those who have carefully studied Smith's book and writings do make a clear distinction between the two. Self-interest is looking for the best ways to promote one's welfare and how to make one happy. This includes caring for others.

But selfishness is marked by a lack of consideration for others. So many of the moral criticisms of economics and markets stem from confusion over these two terms.

When one differentiates between self-interest and selfishness, one can understand that self-interest and competition work together so nicely. Self-interested people are competing in the marketplace. At times self-interest can be excessive and may lead to cheating and corruption in the market.

But self-interest is readily held in check by competition. For instance, if there is only one supplier, he can charge a high price and sell inferior products. Sooner or later, however, another self-interested person joins the market as a competitor. In this sense, competition serves as a check on self-interest.

One can say, self-interest is the motivator of economic activity while competition being the regulator of economic activity. These two terms constitute "the invisible hand" which guides resources to their most valued use.

However, not all types of competition work out nicely. Human competition in work performance within an organization may not work as nicely as market competition does. Performance competition among the employees can be deadly competitive. It can even lead to a cut-throat fight among competitors within the same organization.

When people compete with one another in performance or promotion, the game play can be out of control. That can happen regardless of whether the organization is private or public. In most cases, there is nothing that would work as a check on excessive competition.

Recently studies have been made to prevent unethical, excessive competition in performance or promotion. Prof. Kriti Jain of IE Business School of Spain visited South Korea to attend the 2019 World Knowledge Forum as one of the key speakers. She delivered a speech on "Building Ethical Resilience."

She emphasized that to avoid life-threatening promotion competition, cultivating ethical resilience is necessary. Ethical resilience is defined to be the capacity of a person to sustain and restore their integrity in response to moral complexity, confusion or distress. She also argued that it can be cultivated with a self-regulated, balanced mind.

To prevent excessive competition in promotion in a company, the top manager or owner CEO can play an important role. They can develop an ingenious incentive system to avoid miserable throat-cutting competitions within their company.

Competition is unavoidable but they can design a constructive competition rather than a destructive one by focusing on the following measures:

(1) Set up a rational compensation scheme for employees such as performance-based bonuses and a fixed annual salary.

(2) Emphasize the importance of team effort and form multiple teams when new projects emerge.

(3) Assign the teams to different markets to avoid excessive competition but reshuffle the team members after the projects are completed. In this way the employees can be competitors in one project but can be coworkers in another project.

If the employees are trained smart, they become precious human resources not only for the individual companies but also for the entire country.

67. 과도한 경쟁은 자유경쟁 시장체제를 파괴한다

2019-10-15 | 코리아타임즈 신문 게재

우리가 지구상에 살고 있는 한 경쟁은 피할 수 없다. 자원의 공급은 한정되어 있으나 우리가 원하는 것은 제한이 없기 때문이다. 그럼에도 불구하고, 자유시장 체제는 인간이 좋은 삶을 살 수 있는 최선의 대안이다.

현대 경제학의 아버지라고 불리는 아담 스미스는 1776년 저서 "An Inquiry into the Nature and Causes of the Wealth of Nations"를 출판했다. 스미스는 한 국가의 부는 금과 은으로 측정하지 말고 생산과 상업 전체로 측정되어야 한다고 말했다. 또한 그는 자유시장 경제가 그들의 사회에 가장 생산적이고 이로운 것이며 '보이지 않는 손'에 의해 주도되는 시장경제 체제가 모두에게 가장 큰 이익을 가져다줄 것이라고 주장했다.

현대 사회에서 스미스의 생각은 중대한 도전에 직면하고 있다. 경제학 비평가들은 경쟁이라는 아이디어를 싫어한다. 왜냐하면 경쟁은 사람들을 불행하게 만들기 때문이라고 믿기 때문이다. 많은 젊은이들은 사리추구 용어를 싫어하는 경향이 있다. 왜냐하면 그들은 사리추구는 이기심과 같은 뜻이라고 생각하기 때문이다. 하지만 사리추구심리와 이기심은 같지 않다.

스미스의 책과 글을 주의 깊게 공부한 사람들은 그 둘을 분명히 구분한다. 사리추구는 자신의 복지를 증진시키는 최선의 방법과 사람을 행복하게 만드는 방법을 찾는다. 이것은 다른 사람들을 돌보는 것도 포함한다. 하지만 이기심은 다른 사람들에 대한 배려의 부족으로 특징지어진다. 경제와 시장에 대한 많은 도덕적 비판들은 이 두 용어에 대한 혼란에서 기인한다.

사리추구와 이기심을 구분할 때, 사람들은 자기 이익과 경쟁이 매우 잘 조화된다는 것을 이해할 수 있다. 시장에서 사리추구심이 많은 사람들이 경쟁하고 있다. 때때로 자기 이익은 과도할 수 있고 시장에서 부정 행위와 부패로 이어질 수 있다. 그러나 자기 이익은 경쟁에 의해 쉽게 억제된다. 예를 들어 공급 업체가 한 곳뿐이면 높은 가격을 청구할 수 있고 불량품을 판매할 수 있다. 하지만 조만간 또 다른 자신의 경쟁사가 시장에 진입하게 된다.

이런 의미에서, 시장에서의 경쟁은 자신의 사리추구에 대해 견제 역할을 한다. 누구든지 자신의 사리추구는 경제 활동의 동기가 되는 반면 경쟁은 경제 활동의 조정자가 된다. 이 두 용어는 자원을 가장 가치 있는 용도로 인도하는 '보이지 않는 손'을 구성한다.

하지만 모든 종류의 경쟁이 잘 진행되는 것은 아니다. 조직 내에서 인간의 업무 수행 능력 경쟁은 시장 경쟁만큼 좋게 작용하지 않을 수도 있다. 회사 내 동료직원들 간의 경쟁은 치명적일 수 있다. 그것은 심지어 같은 조직 내의 경쟁자의 목을 노리는 치열한 경쟁으로 이어질 수도 있다. 사람들이 성과나 승진에서 서로 경쟁할 때 속임수 플레이는 통제 불능이 될 수 있다. 그것은 조직이 사적이든 공적이든 관계 없이 일어날 수 있다. 대부분의 경우, 과도한 경쟁이 시장경쟁처럼 견제로 작용하는 경우가 드물다.

최근 들어 비윤리적이고, 성과나 승진에서 과도한 경쟁을 막기 위한 연구가 진행되고 있다. 스페인 IE 비즈니스 스쿨의 크리티 제인 교수는 연사로 2019년 세계 지식 포럼에 참석하기 위해 방한했다. 그녀는 "윤리적 복원력 구축"에 대한 연설을 했다. 생명을 위협하는 홍보 경쟁을 피하기 위해서는 윤리적 복원력을 길러야 한다고 강조했다.

윤리적 복원력은 도덕적인 복잡성, 혼란 또는 괴로움에 대응하여 자신의 진실성을 유지하고 회복하는 능력으로 정의된다. 또한 그것은 자율적이고 균형 잡힌 마음으로 경작될 수 있다고 그녀는 주장했다. 회사 내 승진의 과도한 경쟁을 막기 위해 최고 경영자(CEO)가 중요한 역할을 할 수 있다. 그들은 회사 내에서 비참한 경쟁을 피하기 위해 기발한 인센티브 시스템을 개발할 수 있다.

경쟁은 피할 수 없지만 다음과 같은 조치에 초점을 맞추어 파괴적인 경쟁보다는 건설적인 경쟁을 다음과 같이 설계할 수 있다.

(1) 성과급 및 고정 연봉 등 합리적인 보상 체계를 구축한다.

(2) 새로운 프로젝트가 나오면 팀 활동의 중요성을 강조하고 복수의 팀을 구성한다.

(3) 과도한 경쟁을 피하기 위해 각 팀을 다른 시장에 배정하되, 프로젝트가 완료된 후에는 팀원을 교체한다.

이런 식으로 직원들은 한 프로젝트에서는 경쟁자가 되지만 다른 프로젝트에서는 동료가 되도록 유도한다. 직원들이 현명하게 교육을 받는다면, 그들은 개별 기업뿐만 아니라 나라 전체를 위한 귀중한 인적 자원이 될 것이다.

68. Refrain from creating free lunches

2019–11–13 I THE KOREA TIMES

I started my graduate program in economics at the University of Chicago in the spring quarter of 1976. Professor Milton Friedman was teaching a couple of advanced courses at Chicago. But he moved to Hoover Institution at Stanford after moving to the Hoover Institution at Stanfor upon receiving the Nobel Prize in economics at the end 1976. He was enthusiastic about his lectures and always ready to answer any questions related to economic theories and policies.

Friedman often emphasized the notion of "TINSTAAFL" which is the acronym of "there is no such thing as a free lunch." When I heard TINSTAAFL for the first time from him, I had no idea what it meant. But the American students immediately caught the meaning of it once they knew it was the acronym.

According to a historical record, the free lunch in TINSTAAFL was very popular in the late 1800s. A good number of saloons in America offered a "free lunch" to drinking customers. Once they paid for a drink, they were entitled to eat luncheon food as much as they wanted. The food included ham, cheese, crackers, etc. But many foods were high in salt and those who ate them ended up buying a lot of beer.

Anyone with or without some knowledge of economics would agree that TINSTAAFL must be right. In the economics literature, however, it carries with it a more important message. TINSTAAFL has been used to describe "opportunity cost" in economics classrooms.

There are three categories of opportunity cost. One category is the opportunity cost in the contemporary context. National resources are limited in supply. Economists say that if all resources are used in the production of X and Y, then the opportunity cost of increasing the production of X is the ensued reduction of Y.

The second category is the opportunity cost in the inter-temporal context. If society at large decides to increase consumption with less saving today, then its opportunity cost is the reduced consumption in the future.

The third category is the opportunity cost referring to the time cost of individuals. The time value varies with the individual's age and human capital. So the opportunity cost of the individual's time is the value of his best alternative available.

As an example, the opportunity cost of studying in the library for an hour is the hourly wage the student can receive if they work for an hour. The main implication that there is no such thing as a free lunch is that nothing comes for free at an individual as well as a national level.

These days increasing income inequality is a problem in many parts of the world. The solution to this problem is to provide proper training for people with low skills. Granting generous cash subsidies to young people as a free lunch will make the problem worse and all people would end up payi ng more taxes in the future.

The government is trying to expand its budget tremendously to increase welfare payments. But it has to be careful in drawing a line between the taxpayers and welfare recipients. The current welfare policy must be a free lunch to the recipients but it would drive the taxpayers to be upset. There will be a clash between the haves and have-nots. The government may end up being the loser.

Politicians are now contemplating changing the military system from mandatory service to salary-receiving volunteers. The volunteer system will be a free lunch to the sons of wealthy families. But this will undoubtedly cause the income disparity to widen. If the volunteer system is adopted, the entire nation will suffer from class divide.

There is a job the government should get done with prime priority. That is to discourage people from seeking economic and social rents. These rents refer to benefits above what they deserve. The social rent includes taking high-ranking positions in both the government and the private sector. People try to take excess benefits by using their social connections such as school, provincial and bureaucratic ties. Political and social leaders should refrain from creating free lunches.

68. 공짜 점심은 자제해야

2019-11-13 | 코리아타임즈 신문 게재

필자는 1976년 봄에 시카고 대학에서 경제학을 전공했다. 당시 밀턴 프리드먼 교수는 시카고 대학에서 대학원생을 위해 몇 개의 고급 과정을 가르쳤으며 1976년 말 노벨 경제학상을 받은 후 스탠퍼드 대학 내의 Hoover 연구소로 자리를 옮겼다. 그는 강의에 열정을 가지고 있었고 경제 이론 및 정책과 관련된 학생들의 질문에 항상 답변할 준비가 되어 있었다.

프리드먼 교수는 종종 "TINSTAAFL(There Is No Such Thing As A Free Lunch)"이라는 개념을 강조했다. 'TINSTAAFL'은 "공짜 점심과 같은 것은 없다."의 약어이다. 필자가 TINSTAAFL을 처음 들었을 때 나는 그것이 무엇을 의미하는지 전혀 몰랐다. 그러나 미국 학생들은 그것이 각 단어의 첫째 문자임을 알자 즉시 그 의미를 포착했다.

기록에 따르면, TINSTAAFL에서의 'Free lunch'는 1800년대 후반 미국에서 널리 유행되던 표현이었다. 미국의 많은 주점에서 술을 마시는 고객에게 '공짜 점심'을 제공했다. 일단 어떤 고객이라도 맥주 한 잔 값을 지불하면 점심 요기가 되는 음식은 얼마든지 먹을 수 있었다. 거기서 먹을 수 있는 음식은 햄, 치즈, 크래커 등이었다. 그러나 제공되는 음식에는 소금이 많았고, 음식이 짜서 사람들은 결국 맥주를 많이 마시게 되어 술값으로 돈을 많이 지불했다는 것이다.

경제학 지식이 조금 있든 없든, 누구나 TINSTAAFL 말이 옳다는 데 동의할 것이다. 그러나 경제학에서는 더 중요한 메시지가 들어 있다. TINSTAAFL은 경제학 강의시간에 '기회비용'을 설명하는 데 사용된다. 기회비용에는 세 가지 범주가 있다. 첫째는 현재 시점에서 고려되는 기회비용의 범주이다. 예컨대 국내 총자원은 한정되어 있다. 모든 자원이 X와 Y의 생산에 사용되는 경우, X의 생산을 증가시키는 기회비용은 그에 따른 Y의 감소분이 된다고 경제학자들은 정의를 내린다.

두 번째는 현재와 미래 사이에 존재하는 기회비용이다. 만일 어느 사회가 오늘 저축을 줄이면서 소비를 늘리기로 결정한다면 그것의 기회비용은 미래의 소비감소라고 인식된다. 세 번째는 개인의 시간의 기회비용이다. 개인의 시간의 가치는 나이와 인적자본에 따라 다르다. 따라서 개인 시간의 기회비용은 자신이 시간당 창출할 수 있는 최대의 가치를 가리킨다. 예컨대, 한 시간 동안 도서관에서 공부하는 기회비용은 학생이 한 시간 동안 일하면 받을 수 있는 시간당 임금이다. "공짜 점심은 없다"라는 말의 함의는 국가 차원뿐만 아니라 개인에게도 공짜가 없다는 뜻이다.

요즘 소득 불평등 증가는 세계 여러 지역에서 문제가 되고 있다. 이 문제에 대한 해결책은 기술이 낮은 사람들에게 적절한 훈련을 제공하는 것이다. 젊은이들에게 공짜 점심으로 관대한 현금 보조금을 제공하면 문제가 악화되고 모든 사람들은 앞으로 더 많은 세금을 낼 것이다.

정부는 복지지출을 늘리기 위해 예산을 엄청나게 확대하려 한다. 그러나 납세자와 복지수혜자 사이에 선을 긋는 데 주의를 기울여야 한다. 현재의 복지정책은 수혜자에게는 공짜 점심이 되지만 납세자들은 화를 내게 된다. 이로써 가진 자와 못 가진 자 간에 충돌이 일어날 수 있으며 잘못하면 정부가 결국 패자가 될 수 있다.

일부 정치인들은 요즘 병역을 징병제에서 모병제로 바꿀 것을 고려하고 있다. 모병제는 부유한 가족의 아들들에게 공짜 점심이 될 것이다. 부모를 잘 만나 군대 가지 않아도 대학에 진학하고 유학까지 가는가 하면 여유가 없는 집의 아이는 선진국에서 하는 것처럼 군에 입대해야 군에서 지원하는 대학교육의 혜택을 받을 수 있을 것이므로 결국 부잣집 아이와 가난한 집의 아이 간에 발생하는 평생소득의 차이는 더욱 벌어질 것이다.

모병제가 채택되면, 국가 전체가 계층 간의 반목으로 고통받을 것이다. 한편 국방은 우방국 간의 군사 동맹 없이는 안전한 국방이 될 수 없다. 동맹국의 군사 지원으로 우리는 국방비를 상당히 줄일 수 있다. 동맹국들과 논의 없이 군사 체제를 바꾸는 것은 현명하지 않다. 상호 신뢰와 지원 없이는 우리 모두 패자가 될 것이다.

정부가 최우선으로 해야 할 일이 있다. 그것은 사람들이 경제 및 사회적 렌트를 찾지 못하게 하는 것이다. 이러한 렌트에는 정부와 민간 부문에서 높은 지위를 차지하는 것도 포함된다. 사람들은 자신의 렌트를 높이기 위해 학연, 지연 및 관료 유대와 같은 사회적 연결을 사용한다. 정치 및 사회 지도자들은 공짜 점심 정책을 자제해야 한다.

69. Reduce excessive inheritance tax

2019-12-17 | THE KOREA TIMES

Senator Elizabeth Warren of Massachusetts has made a very provocative reform proposal to Democratic primary voters. She intends to reshape American capitalism by drastically changing income and wealth taxes including inheritance tax.

Also Warren wishes to impose new taxes on large companies and rich individuals. Targeting the super-rich, she has promised a 3 percent, instead of 2 percent, annual levy on net worth over $150 million.

By contrast, the late Milton Friedman who won the Nobel Prize in Economic Sciences in 1976 warned that excessive wealth or inheritance tax would destroy society.

Friedman was amazed to observe people taking greater value or utility from their children's consumption than that of their own consumption. He said, "Our society is not an individual society but a family society and with a 100 percent inheritance tax, the society would collapse."

Friedman has stated in one of his books, "A society that puts equality in the sense of equality of outcome ahead of freedom will end up with neither equality nor freedom. On the other hand, a society that puts freedom first will, as a happy by-product, end up with both greater freedom and greater equality."

He pointed out that one of the great mistakes is to judge policies and programs by their intentions rather than their results.

As to radical policy proposals made among the Democratic presidential candidates, former President Barack Obama has cautioned not to tack too far left in formulating reform policies. He was conscious of Democratic donors in Washington, political centrists, independent voters and moderate Republicans.

In South Korea, business owners are scared about the punitively high inheritance tax rate. After the death of Hanjin Group chairman Cho Yang-ho, his son was caught in the trap of inheritance taxes.

The nominal inheritance tax in South Korea is as high as 50 percent. If the heir inherits the largest stock holdings, the tax rate can go further up to 65 percent as a control premium of 10 to 30 percent is added. Then the inheritance tax can be twice as high as 26.2 percent of the average inheritance tax rate of OECD member countries.

There are two major reasons why the heir tax rate is exorbitantly high in South Korea. One reason is that the current government is trying to resolve the income-inequality problem within a short period. The other reason is that the people outside chaebol families or those who were not born with "a silver spoon" strongly advocate the heaviest possible inheritance tax rate.

Currently a significant number of people believe a wealth transfer tax is an effective policy tool to mitigate the income gap.

There are two types of income gap that exacerbate income disparity. One is the income gap where people at the lowest income bracket suffer from absolute poverty. The other is the gap where the lowest income class is inflicted by relative poverty. A country with an absolute poverty problem naturally wants to strengthen the inheritance tax.

Jealousy is a unique human instinct. People get jealous about the success of other people. They feel fearful and insecure with their competitor's success. For instance, The Book of Genesis states that Cain killed his younger brother Abel out of envy.

The Book of First Samuel records that King Saul tried to kill his son-in-law, David, out of jealousy. Saul was upset when he heard women singing, "Saul has slain his thousands, and David his tens of thousands."

If jealousy out of relative poverty prevails widely in the economy, workers get encouraged with strengthened inheritance taxation and the overall labor productivity will increase. However, there is a trade-off.

If wealth transfer taxes are too excessive, company owners may fail to pass their business on to their children. Then it may bring about not only huge losses to the private company owners but also to society at large in terms of a rise in unemployment, discontinuation of technology advancement and market shrinkage.

The trade-off relationship between an increase in workers' morale and a decrease in company owners' morale varies by country. Therefore, policy makers, politicians, business leaders and scholars should work together to reduce excessive inheritance tax.

Needless to say, people need to be further educated and enlightened so as to make better choices together for society at large.

69. 과다한 현행 상속세는 줄여야

2019-12-17 | 코리아타임즈 신문 게재

매사추세츠 주 엘리자베스 워런 상원 의원은 민주당 예비 유권자들에게 매우 도발적인 개혁 제안을 했다. 그녀는 상속세를 포함하여 소득세와 재산세를 급격히 변화시켜 미국 자본주의를 재구성할 계획이다.

또한 워런은 대기업과 부자에게 새로운 세금을 부과하고자 한다. 그녀는 초강부자, 슈퍼 리치를 상대로 1억 5천만 달러 이상의 순이익금에 대해 종전의 2% 대신에 3% 부과를 약속했다.

반대로 1976년 노벨 경제학상을 수상하였으며 지금은 고인이 된 시카고 대학 밀턴 프리드먼 교수는 과도한 부유세나 상속세는 사회를 파괴할 것이라고 경고했다.

프리드먼은 사람들이 자신의 소비보다 자녀의 소비에서 더 큰 만족감을 얻는 것을 보고 굉장히 놀라워했다. 그는 "우리 사회는 개인 사회가 아니라 가족 사회이기 때문에 100% 상속세를 채택하면 사회가 무너질 것"이라고 경고했다.

프리드먼은 자신의 저서 중 하나에서 "결과의 평등이라는 의미에서 평등을 의미하는 평등을 자유보다 앞세우면 사회는 결국 평등도 자유도 얻지 못할 것이다. 반면에 자유를 평등보다 앞에 세우면 더 많은 자유와 더 큰 평등을 얻게 될 것이다."라고 서술하였다.

그는 사람들의 가장 큰 실수 중 하나는 정책과 프로그램을 그 결과에 따라 판단하지 않고 사전의도에 따라 판단하는 것이라고 지적하였다.

버락 오바마 전 대통령은 민주당 대통령 후보들 사이에서 제안되고 있는 획기적인 정책들이 너무 좌편향되어서는 안 된다고 주의를 주었다. 그 이유는 그가 워싱턴의 민주당 소속의 기부자, 정치가, 독립 유권자 및 공화당을 의식했기 때문이다.

한국에서는 사업주가 상속세율이 징벌적으로 높은 것에 대해 두려워하고 있다. 조양호 한진 그룹 회장의 사망으로 그의 아들은 상속세의 함정에 갇히게 되었다. 한국의 명목상 상속세는 50%로 상당히 높다. 여기에다 상속인이 가장 큰 주식 보유를 상속받는 경우 10~30%의 기업지배 프리미엄이 추가되면 상속세율은 최대 65%까지 올라갈 수 있다. 그러면 한국의 상속세율은 OECD 회원국 평균 상속세율인 26.2%의 2배가 될 수 있다.

한국에서 상속세율이 엄청나게 높은 데는 크게 두 가지 이유가 있다. 한 가지 이유는 현 정부가 짧은 기간 내에 소득 불평등 문제를 해결하려고 하기 때문이다. 또 다른 이유는 재벌가 외부의 사람들이나 '실버 스푼'으로 태어나지 않은 사람들이 가능한 가장 높은 상속세율을 강력하게 주장하고 있기 때문이다. 현재 상당수의 사람들이 고율의 재산이전과세가 국민의 소득격차를 완화시키는 가장 효과적인 정책 도구라고 생각하고 있다.

소득 불균형을 악화시키는 두 가지 유형의 소득격차가 있다. 하나는 최저소득계층의 사람들이 절대적 빈곤으로 고통받는 소득격차이다. 다른 하나는 최저소득계층이 상대적 빈곤으로 스트레스받는 소득격차이다. 대개 절대 빈곤 문제가 있는 국가가 상속세를 강화하고자 한다.

질투는 인간 특유의 본능이다. 사람들은 다른 사람들의 성공을 시기하기 마련이다. 사람들은 경쟁사의 성공에 대해서도 두려움과 불안감을 느끼게 된다. 예를 들어, 구약성경의 창세기에는 카인이 남동생 아벨을 시기하여 죽였다고 기록되어 있다. 구약의 사무엘상에는 사울 왕이 질투심으로 자신의 사위가 되는 다윗을 시기하여 기를 쓰고 죽이려 한 사실이 기록되어 있다. 사울은 여자들이 거리에서 "사울은 적군을 수천 명을 죽였으나 다윗은 수만 명을 죽였다"고 노래하는 것을 듣고 속이 뒤집힘을 느꼈던 것이다.

상대적 빈곤감 때문에 가진 자에 대한 노동자들의 불만이 널리 퍼지는 경우, 정부가 상속과세를 강화하면, 노동 생산성은 전반적으로 높아질 것이다. 그러나 여기에는 얻는 것이 있으면 잃는 것도 있다는 '상충관계'가 있다.

재산세가 지나치게 과도할 경우 회사 소유주는 자녀에게 사업을 양도하지 못할 수 있다. 그러면 실업 증가, 기술 발전 등의 중단 및 시장 축소 측면에서 민간 기업 소유자뿐만 아니라 사회 전체에 막대한 손실을 초래할 수 있다.

근로자의 사기 증대와 회사의 사기 감소 사이의 상충관계는 국가마다 다르다. 따라서 정책 입안자, 정치인, 비즈니스 리더 및 학자들은 함께 논의하여 과다한 현행 상속세를 줄여야 할 것이다. 두말할 필요도 없이 사람들은 서로 협력하여 사회를 위해 더 나은 선택을 할수 있도록 더 많은 교육을 받고 더 많이 계몽되어야 할 필요가 있다.

70. Pursue proper social, economic policies

2020-01-16 | THE KOREA TIMES

I attended the 2020 American Economic Association (AEA) Annual Meeting held in San Diego, California during January 2 to 5. About 14 thousand people came to the Meeting. Near the end of the AEA meetings was there an eye-catching session called "Deaths of Despair and the Future of Capitalism." This session was chaired by Angus Deaton, Professor of Princeton University who won the Nobel Prize in 2015.

One of the session speakers, Prof. Anne Case of Princeton University presented with ample statistical data a striking feature of American society. Prof. Case demonstrated that over the past three decades, income inequality in America has significantly increased and that the rate of drug, alcohol and suicide mortality for white people ages 45-54 has begun to rise rapidly since the global financial crisis of 2008. Prof. She also pointed out that the trend of the fraction of deaths per 100,000 has been rising for both men and women.

Furthermore, Prof. Case discovered a striking fact that the mortality gap between the workers with a BA degree or more and those with less than BA education has been increasing noticeably. In addition, the men's mortality rate has always been higher than that of women. However, the mortality gap between men and women has been widening while the trend of women's mortality has been rising steadily but mildly. Prof. Case was concerned that this phenomenon would be conducive to the weakening of the American free-market capitalism in the future.

The concern for the weakening of the free market system is not for the US alone. Income inequality can be a big problem for South Korea. Asset inequality may be worse due to much increased prices of apartment houses.

Recently housing prices in the Kang-nam area in Seoul have gone up so high and all the students and their parents have become frustrated. This area has been known as the best zone for high schools which can have an outstanding number of students be admitted to most prestigious universities in South Korea. Part of rent-seeking has been pursued by the graduates from these universities. This is one of the typical social problems in South Korea, which has to be soon corrected.

To resolve many of social problems including absolute poverty, the unprotected handicapped, single-person family, and other social problems, the position of senior presidential secretary for social Affairs was established for the first time in 2006. Prior to this, the position of senior presidential secretary for economic affairs had existed under President Park Chung-hee. This means that the nation's president has special interest in dealing with social problems together with economic affairs.

Presidential secretaries have other affairs to take care of. They include education, transportation, science and technology, diplomacy, health, security, national defense, and many others. Carrying out any national policy requires the use of some portion of government budget which is taxpayers' money. So the budget must be spent in the most efficient and effective way.

Social and economic policies must be implemented in the best possible way. As has been pointed out, economic problems and social diseases affect with each other. So economic policy and social policy must be considered simultaneously.

In this context the government should bear in mind a golden rule that once the budget for social and economic policies are given, the budget may be allocated between the two in such a way that the marginal contribution of each of the two policies to national welfare be equalized. In this way, the government can derive the most appropriate mix of social and economic policies and achieve the maximum possible welfare outcome.

This idea is originated from Robert Mundell's work, "Appropriate Mix of Monetary and Fiscal Policies." In his seminal article, Prof. Mundell stated, "With the appropriate mix of interest rate policy and government spending, a country can achieve two policy objectives, target GDP and trade balance. He won the Nobel Prize in 1999 for his life-time academic performances.

Both social policy and economic policy are equally important in any country. But the amount of the nation's financial and other resources used for each of the two is different. So an appropriate mix of social and economic policies is required by all means. On top of this, if donation culture is fully rooted in our society, the future of capitalism in South Korea will be much bright.

70. 적절한 사회 및 경제 정책을 추구해야

2020-01-16 | 코리아타임즈 신문 게재

필자는 1월 2일부터 5일까지 캘리포니아 샌디에이고에서 개최된 2020년 전미경제학회(AEA) 연례 회의에 참석했다. 올해는 약 14,000명이 회의에 참석했다.

AEA 회의가 끝날 무렵에는 "절망의 죽음과 자본주의의 미래"라는 눈길을 끄는 세션이 있었다. 이 세션은 2015년 노벨상을 수상한 프린스턴 대학교 교수 앵거스 디턴(Angus Deaton)이 의장을 맡았다. 세션 발제자 중 한 사람인 프린스턴 대학의 앤 케이스(Anne Case) 교수는 미국 사회의 두드러진 사실을 충분한 통계 데이터와 함께 발표했다.

케이스 교수는 지난 30년 동안 미국의 소득 불평등이 크게 증가했으며 45-54세 백인의 약물, 알코올 및 자살 사망률이 2008년 세계 금융 위기 이후 급격히 증가하기 시작했음을 입증했다. 또한 10만 명당 사망률이 남성과 여성 모두에게 증가하고 있다고 지적했다.

더욱이 케이스 교수는 학사 학위 이상의 근로자와 학사 미만의 교육을 받은 근로자 사이의 사망률 격차가 눈에 띄게 증가하고 있다는 놀라운 사실을 발견했다. 또한 남성의 사망률은 항상 여성의 사망률보다 높은 것으로 나타났다.

남성과 여성의 사망률 격차가 커지고 있는 한편, 여성 사망률의 추세는 꾸준하지만 약간의 증가세에 있다. 케이스 교수는 이 현상이 향후 미국 자유 시장 자본주의의 약화를 추진할 것이라고 우려했다.

자유 시장 시스템의 약화에 대한 우려는 미국에만 국한된 것이 아니다. 한국의 소득 불평등도 큰 문제가 될 수 있다. 아파트 가격 상승으로 인해 자산 불평등이 악화될 수 있는 것이다. 최근 서울 강남 지역의 주택 가격이 너무 높아지면서 모든 학생과 부모가 좌절했다. 이 지역은 고등학교에서 가장 좋은 지역으로 알려져 있으며, 여기는 한국에서 가장 유명한 대학에 우수한 수의 학생들이 입학할 수 있는 곳이다. 그러나 이 대학의 졸업생들은 사회적으로 자기 몫 이상의 렌트를 많이 추구해 왔다. 이것은 빨리 고쳐져야 할 한국의 전형적인 사회 문제 중 하나이다.

절대 빈곤, 보호받시 못하는 징애인, 1인 가족 및 기타 사회적 문제를 포함한 많은 사회적 문제를 해결하기 위해 대통령은 2006년에 처음으로 사회 담당 수석 비서관을 임명하였다. 사회수석 비서관이 있기 전 한국에는 박정희 대통령 정권 때부터 경제수석 비서관이 있었다. 이것은 세월이 지나면서 대통령이 경제 문제뿐 아니라, 사회 문제 해결에도 특별한 관심을 가지게 되었음을 의미한다.

대통령 비서관들은 다른 사무도 처리해야 한다. 여기에는 교육, 교통, 과학 및 기술, 외교, 건강, 안보, 국방 등이 포함된다. 국가 정책을 수행하려면 국민이 낸 세금을 예산으로 쓰기 때문에 예산을 가장 효율적이고 효과적으로 사용해야 한다.

사회 및 경제 정책은 가능한 최선의 방법으로 집행되어야 한다. 지적한 바와 같이, 경제 문제와 사회적 질병은 서로에게 영향을 준다. 따라서 경제 정책과 사회 정책을 동시에 고려해야 한다. 정부는 일단 사회 경제 정책을 위한 예산이 정해지면, 두 정책 각각의 국가 복지에 대한 한계 기여가 동일하게 되도록 예산이 할당되는 황금률을 적용할 필요가 있다.

이런 맥락에서 정부는 사회 정책과 경제 정책을 적절히 혼합하여 가능한 최대의 복지를 달성할 수 있다. 이 아이디어는 로버트 먼델(Robert Mundell)의 "통화와 재정 정책의 적절한 혼합"에서 비롯되었다고 볼 수 있다. 그는 "금리 정책과 재정 지출의 적절한 혼합을 통해 국가는 GDP 성장과 무역수지균형의 두 가지 정책 목표를 달성할 수 있다."라고 주장하였다. 1999년 평생의 연구 성과로 노벨상을 수상했다.

사회 정책과 경제 정책은 모든 국가에서 똑같이 중요하다. 그러나 두 정책이 사용하는 재정 규모나 기타 자원의 사용량은 각각 다르다. 따라서 두 정책의 적절한 혼합이 필요하다. 여기에다 기부문화가 한국 사회에도 충분히 뿌리를 내리면 한국 자본주의 미래는 밝을 것이다.

71. Toward 'warm' capitalism

2020-02-11 | THE KOREA TIMES

I attended the 2020 Mont Pelerin Society (MPS) special meeting held from Jan. 15 to 17 at the Hoover Institution of Stanford University. The MPS was created in 1947 at a conference organized by Friedrich Hayek, who used it as a forum to facilitate an exchange of ideas between like-minded scholars in the hope of strengthening the principles and practice of a free society and to study the workings, virtues, and defects of market-oriented economic systems.

The January meeting was orchestrated by MPS President John B. Taylor who is currently a distinguished professor of financial economics at Stanford University. The 2020 MPS Hoover Meeting was special in many respects. The main theme was "From the Past to the Future: Ideas and Actions for a Free Society."

The theme implies that in the previous years, a lot of new ideas and theories prevailed but now is the time to take action to improve free market capitalism and life conditions for society. Another special feature of the meeting is that exactly 40 years ago in 1980, the MPS general meeting was held in the same place at Stanford. At that time Milton Friedman organized it.

This year several eminent scholars and former statesmen were invited as key-note speakers. Among them were former Secretary of State and Treasury, George Shultz, former Secretary of State, Condoleezza Rice, and Brazilian Minister of Economy Paulo Guedes.

외국인 직접투자와 한국의 경제정책 **443**

George Shultz, 99, years was still strong and healthy and delivered a well-thought out speech and touched the heart of the audience. He was a very good friend of Professor Friedman when the two professors were teaching at the University Chicago in the 1960s. He said he had learned a song from Milton and started singing that song, "A fact without a theory… is like a ship without a sail… a fact without a theory is as sad as sad can be." He said that the Chicago people liked both theory creation and fact finding.

During the MPS Hoover meeting, I took care of one session as the moderator and speaker. I have been associating with the MPS for more than 15 years and now I am serving the MPS as a board member. Our session title was "Taking Ideas to Action: Making the Case for Freedom." I gave a short video presentation to the audience. It was the binding of five short pieces of Friedman's lectures: (1) There is no such thing as a free lunch; (2) With a 100 percent of inheritance tax, society collapses; (3) You can only tax the people not the company; (4) Equal pay for equal work fails because of differences in individual capability and ambition; and (5) The society that puts equality before freedom will end up with neither. The society that puts freedom before equality will end up with a great measure of both.

Professor Friedman used to be very enthusiastic in lecturing. He was extremely articulate and very skillful in persuading the people. When the video show was over, a lot of attendees gave a big applause toward the large screen in front.

There were some voices worrying about the future of capitalism. A significant number of people on earth are suffering from absolute poverty and the problem of income inequality is getting severer. One of the speakers, a distinguished professor, Russell Roberts of the Hoover Institution pleaded that the MPS people should make more efforts to find measures to take care of the low-income people. Some attendees responded by saying that if the low-income people get more opportunities to extend their formal education and obtain higher skills, that will be the road to "warm" capitalism.

Every time I meet with the members of the MPS, they always praise the Korean people for their economic success and high living standard. They know there are many nations richer than South Korea but their living standard is much lower than ours. This means that the government's welfare policy has not been so bad comparatively. Income inequality in absolute terms is not so bad. But the issue at hand is what will happen to us in the future. If we waste our resources today, we will all be poorer tomorrow. There will be no "free lunch."

71. "따뜻한 자본주의"를 향하여

2020-02-11 | 코리아타임즈 신문 게재

필자는 1월 15일부터 17일까지 스탠퍼드 대학 후버 연구소에서 열린 2020년 Mont Pelerin Society(MPS) 특별 회의에 참석했다.

MPS는 1947년 프리드리히 하이에크(Friedrich Hayek)가 조직하였다. 그는 이 모임을 통하여 자유 사회의 원칙과 실천을 강화하는 작업과 시장 지향적 경제 시스템의 미덕과 결함을 연구하며 같은 생각을 가진 학자들끼리 아이디어 교환을 촉진하기 위한 포럼으로 사용했다.

올해 1월에 있은 MPS 회의는 현재 스탠퍼드 대학교의 저명한 금융경제학 교수인 존 비 테일러(John B. Taylor) MPS 회장이 주최했다. 2020년 MPS 후버 회의는 여러 면에서 특별했다. 주요 주제는 "과거에서 미래로: 자유 사회를 위한 아이디어와 행동"이었다.

이번 주제는 지난 몇 년 동안 많은 새로운 아이디어와 이론이 널리 퍼졌지만 이제는 자유 시장 자본주의와 사회의 생활 조건을 개선하기 위한 조치를 취할 때라는 사실을 암시하고 있다.

이번 회의의 또 다른 특징은 정확히 40년 전인 1980년에 MPS 총회가 스탠퍼드 대학 내 같은 장소에서 열렸다는 것이다. 그 당시에는 밀턴 프리드먼 교수가 MPS 회의를 소집했다.

올해에는 몇 명의 저명한 학자와 전직 정치인이 기조 연설자로 초청되었다. 그중에는 전 국무장관과 재무장관을 차례로 역임한 조지 슐츠(George Shultz) 교수, 콘돌리자 라이스 전 국무장관, 브라질 경제장관 파울루 게지스(Paulo Guedes)가 참석했다.

99세인 조지 슐츠는 여전히 튼튼하고 건강했으며 청중의 마음을 감동시키는 신중한 연설을 했다. 그는 1960년대 시카고 대학에서 두 교수가 가르치고 있었을 때 프리드먼의 좋은 친구였다. 그는 친구인 프리드먼 교수로부터 배웠노라며 바로 노래를 시작했다. 노래가사는 "이론이 없는 사실은 돛이 없는 배와 같고, 또 이론이 없는 사실은 최대로 슬퍼할 수 있는 만큼 슬프다"이었다. 그가 말하기를, 당시 시카고 학자들은 이론 창조와 사실 발견, 둘 다 좋아하는 사람들이었다고 했다.

후버 회의에서 한 게 세션을 맡았는데, 나는 사회자와 연사로서 두 가지 역할을 했다. 필자는 15년 이상 MPS 회의에 참석해왔으며 현재는 MPS의 운영이사로 봉사하고 있다. 필자가 맡은 세션의 제목은 "생각에서 행동으로: 자유확장을 위한 사례 만들기"이었다.

나는 짧은 비디오 영상자료를 청중에게 보여주었다. 프리드먼 교수의 강의 5편을 짧게 줄여 하나로 엮은 것이었다. (1) 공짜 점심은 없다. (2) 100%의 상속세는 사회를 무너지게 한다. (3) 세금은 사람들에게만 부과하는 것이지 회사에는 부과할 수 없다. (4) 개인의 능력과 야망의 차이로 인해 평등한 업무에 대한 평등한 급여는 실패한다. (5) 자유 앞에 평등을 두는 사회는 아무것도 얻을 수 없으나 평등 앞에 자유를 두는 사회는 결국 두 가지 모두를 얻게 된다. 과거 시카고 대학에서의 프리드먼 교수는 강의에 매우 열성적이었다. 그는 발음이 명료하고 사람들을 설득하는 데 매우 능숙했다. 비디오 쇼가 끝나자 많은 참석자들은 대형 화면 쪽으로 큰 박수를 보냈다.

다른 한편, 같은 회의장에서 자본주의의 미래에 대해 걱정하는 목소리도 있었다. 아직도 지구상의 많은 사람들이 절대 빈곤으로 고통받고 있으며 소득 불평등 문제는 점점 심각해지고 있다. 후버 연구소의 러셀 로버츠(Russell Roberts) 석좌교수는 우리 세션의 한 사람으로서 MPS 사람들은 저소득층 사람들을 돌보기 위한 조치를 찾기 위해 더 많은 노력을 기울여야 한다고 호소했다. 어떤 참석자는 저소득층 사람들이 공식 교육을 확대하고 더 높은 기술을 습득할 수 있는 기회를 더 많이 얻게 된다면, 그것이 바로 '따뜻한' 자본주의로 가는 길이 될 것이라고 말했다.

필자가 MPS 회원들을 만날 때마다 그들은 항상 한국인들의 경제적 성공과 높은 생활수준에 대해 찬사를 보내왔다. 그들은 한국보다 부유한 나라가 많이 있다는 사실을 알고 있지만 그러나 그들의 생활 수준은 우리보다 훨씬 낮다는 견해를 갖고 있다.

이 같은 사실은 그동안 한국정부의 복지 정책이 비교적 나쁘지 않다는 것이며 절대적인 측면에서 소득 불평등도 그리 나쁘지 않다는 사실을 의미한다. 그러나 당면한 문제는 "앞으로 우리에게 무슨 일이 일어날 것인가?"이다. 우리가 오늘 자원을 낭비하면 내일은 우리 모두 가난해질 수밖에 없다. '공짜 점심'은 없기 때문이다.

72. Post-pandemic world trade order

2020-04-21 | THE KOREA TIMES

The COVID-19 pandemic first emerged in Wuhan, China, and spread quickly to the entire world. The world's greatest depression is forthcoming. The number of deaths from the pandemic accelerated from March 18. The Worldometer reported that as of April 20, the total confirmed cases are more than 2.4 million and total deaths above 165,000.

The record of confirmed cases and death toll by country is striking: the U.S.(764,265 and 40,565), Spain(198,674 and 20,453), Italy(178,972 and 23,660), France(152,894 and 19,718), the U.K.(120,067 and 16,060), and China(82,747 and 4,632). The U.S. is the biggest victim.

The U.S. and its allies may jointly investigate and find out who is to blame for the COVID-19 pandemic outbreak. These countries may sue China before an international tribunal for its failure to report the coronavirus outbreak promptly to the World Health Organization(WHO). The International Health Regulations (IHR) requires states to notify the WHO of potential public health emergencies of international concern.

International organizations including the United Nations, the World Bank, the International Monetary Fund(IMF) and the United Nations Conference on Trade and Development(UNCTAD) may increase global cooperation to mitigate the hardships of the global citizens. It is inevitable for the affected countries to find out who is responsible for the COVID-19 outbreak. They will justifiably ask for appropriate restitutions.

At this point, no one knows exactly when the corona pandemic will end. A good number of respiratory doctors and infectious disease specialists cautiously predict that within a year or two, there will be a vaccine against or a cure for the disease. Until then, working, schooling and shopping from home will prevail.

There will be no traveling and no face-to-face meetings. Hotels, theaters and department stores will shut down. Exports and imports will shrink drastically. The global supply chains will be shattered. The volume of international trade will be cut enormously. Every country will suffer from unprecedented massive unemployment and negative income growth.

To promote international trade, the General Agreement on Tariffs and Trade(GATT) was established in 1947. To additionally deal with the issues related to trade in services and intellectual property between participating countries, the GATT was replaced by the World Trade Organization(WTO), signed by 123 nations in 1995.

On Nov. 15, 1999, China and the U.S. reached a bilateral agreement on the Asian giant's entry into the WTO after prolonged and strenuous talks. Finally China became a WTO member in 2001. After joining the WTO, China's economy began to expand enormously and now has become a G2 nation. The problems with the WTO have been revealed for years and its member countries including the U.S. have continuously suggested institutional reforms. Due to the multilateral system of settling trade disputes, it takes a long time for any dispute to be settled within the WTO system.

The U.S. has been much disappointed with China. The U.S. had actively supported China's accession to the WTO with a high hope of China opening up its economy and well complying with the WTO rules as other members do. But in the eyes of the Americans, China seems to be going in the opposite direction. The U.S. has a deep distrust toward China due to unfair transfer of intellectual property and a suspicion of technology theft related to national security and military weapons. So the US is seriously concerned about China's unfair trade in highly advanced technology.

Since 2002, the U.S. Trade Representative has been submitting an annual report to Congress on China's commitments made in connection with its accession to the WTO. In the annual reports of 2017 and 2018, China continues to take a state-led, mercantilist approach to the economy and trade. The two reports also identify the substantial costs borne by WTO members as a result of China's problematic trade regime.

Trade theory first appeared a long time ago. Adam Smith argued in 1776 that countries export or import according to the principle of absolute advantage. To supplement Smith's work, David Ricardo developed in 1817 the principle of comparative advantage with the assumption of full employment. A Swedish economist, Heckscher developed a more sophisticated trade theory in 1919 based on relative factor-abundance.

Until Heckscher's time, classical trade economists had never thought about free market economies trading with communist countries. Unfortunately, the classical trade theorists keep silent when the world is inflicted by massive unemployment and deep recession. When the coronavirus pandemic comes to an end, a new world trade order is expected to commence.

72. 코로나 세계 전염병 이후 국제무역질서

2020-04-21 | 코리아타임즈 신문 게재

코로나 19 세계전염병은 중국 우한에서 발발하여 빠른 속도로 전 세계로 퍼져나갔다. 이로써 초대형의 세계불황이 곧 닥치게 될 것이다. 세계 전염병으로 인한 사망자 수는 지난 3월 18일날 급속도로 늘어났다. 코로나 19 관련 수치를 전 세계적으로 실시간 집계하여 발표하는 월드오미터(Worldometer) 통계에 따르면 4월 20일 현재 총 확진자 수는 240만 명이며 총 사망자 수는 16만 5천 명 수준을 넘었다.

국가별 확진자 수와 사망자 수를 보면 매우 충격적이다. 미국은 764,265명과 40,565명, 스페인은 198,674명과 20,453명, 이탈리아는 178,972명과 23,660명, 프랑스는 152,894명과 19,718명, 영국은 120,067명과 16,060명, 중국은 82,747명과 4,632명이다. 이 중에서 미국이 가장 희생자가 많다.

미국과 그 동맹국들은 연합하여 이 문제를 조사할 것이며 어느 국가가 코로나 19 전염병을 세계적으로 퍼지게 했는지 그 책임을 물을 것으로 보인다. 아마도 이들은 코로나 전염병의 발진을 빠르게 세계보건기구에 신속하게 알리지 않은 중국을 국제사법재판소에 기소할 것으로 보인다. 현행 국제보건법에 의하면 어느 국가이든 UN 회원국이면 국제적 관심사가 되는 공중보건 위급상황이 발생하면 이를 국제보건기구(WHO)에 알려야 할 의무가 있다.

유엔, 세계은행, IMF, 유엔무역개발회의(UNCTAD) 등의 국제기구들은 글로벌 공조를 활성화함으로써 글로벌 시민의 고통을 경감시킬 것으로 보인다. 코로나 전염병으로 피해를 입은 나라들은 코로나 전염병 발발이 누구의 책임인가를 밝혀내려 하는 것은 불가피한 사실이다. 이들은 자신들이 입은 피해에 대한 적절한 배상을 청구하는 것은 당연한 것으로 알고 있다.

이 시점에서 세계적으로 퍼진 코로나 전염병이 정확하게 언제 종식될 것인가는 아무도 모른다. 다수 호흡기 질환 의사와 전염병 전문가들은 1-2년 내에 이 병을 다스릴 백신이 개발될 것이라고 조심스럽게 예견하고 있다. 그때까지는 근무, 공부, 쇼핑은 집에서 온라인으로 해결하는 양상을 띠게 될 것이다. 여행도 없게 될 것이며 얼굴 마주 보는 회의도 없어질 것이다. 호텔, 극장, 백화점 등은 문을 닫을 것이다.

수출과 수입도 그 규모가 크게 작아질 것이다. 글로벌 공급 사슬도 상당량 깨져버릴 것이고. 국제교역 규모도 엄청나게 축소될 것이다. 세계 모든 국가는 미증유의 대량실업과 마이너스 소득성장을 경험하며 고통을 받을 것이다. 국제무역의 증진을 위하여 관세와 무역에 관한 일반협정(GATT) 기구가 1947년에 설립되었다. 그 후 1995년 GATT 기능에 서비스교역 증진과 지적재산권보호를 추가하여 세계무역기구(WTO)가 설립됨으로써 GATT를 대체하였다. WTO에 가입한 회원국은 모두 123개국이었다.

1999년 11월 15일 중국과 미국은 수년 동안 밀고 당기는 회담을 마치고 "아시아 거인국의 WTO 가입에 관한 양자 협정"을 체결하였다. WTO에 가입한 이후 중국경제는 엄청난 속도로 팽창하기 시작하였으며 지금은 세계 2위 경제대국이 되었다. 그러나 WTO도 제도상의 문제점들을 수년간 드러냄으로써 미국을 포함한 많은 회원국들이 제도개혁의 필요성을 줄기차게 주장해왔다. 국가 간 무역분쟁을 해결하는 방법이 다자 간 해결절차를 거쳐야 하기 때문에 어떤 분쟁이라도 WTO 체제 안에서는 시간만 오래 걸리고 해결되는 일이 없는 정도였다.

그동안 미국은 중국에 대하여 크게 실망했다. 미국은 큰 기대를 가지고 중국의 WTO 가입을 적극적으로 지지했다. 중국이 WTO에 가입하면 경제를 활짝 개방하고 다른 회원국처럼 WTO 규정과 규칙을 훌륭하게 지킬 것이라는 희망을 가졌었다. 그러나 미국인의 시각으로는 중국은 오히려 반대 방향으로 가는 것으로 보이는 것이다.

미국은 중국의 불공정한 지적재산권 거래와 고도기술의 절도행위 의심 때문에 중국에 대해 깊은 불신을 가지고 있다. 중국의 고도기술의 절도는 국가안보와 첨단군사무기의 유출에 연관되기 때문에 중국의 불공정한 고도기술의 국가 간 이전에 관한 미국의 불신은 매우 심각하다.

2002년 이후부터 미국 무역대표부는, 2001년 중국이 WTO에 가입하면 미국에게 지키기로 약속한 사항들에 대하여 성과보고서를 미 의회에 제출하여 왔다. 과거 2017년과 2018년 연차보고서에 의하면, 경제와 무역에 관한 한 중국은 지속적으로 정부-주도 중상주의 정책을 펴왔다고 비판하였다. 또한 이 두 보고서는 중국의 잘못된 무역정책 때문에 WTO 회원국들이 부담해야 하는 엄청난 비용을 확인하기도 하였다.

무역이론이 처음 나온 것은 아주 오래 전이다. 1776년 아담 스미스가 주장하기를 한 국가의 수출과 수입은 절대우위 원칙에 따라 일어난다고 하였다. 그 후 데이비드 리카르도는 1817년 스미스의 이론을 보완하여 완전고용을 가정하면, 비교우위원칙이 수출과 수입을 결정한다고 주장하였다. 1919년 스웨덴 경제학자인 헥셔가 기존 이론을 한 단계 발전시켜 생산요소의 상대적 부존 상태가 무역의 흐름을 결정짓는다는, 과거보다 정교한 무역이론을 개발하였다.

헥셔 시대가 도래하기 전까지만 해도, 자유시장경제가 공산경제와 무역을 하리라고는 생각하지 못했다. 불행하게도 고전학파 무역이론가들은 대량실업과 심각한 경제불황이 닥쳐와 세계경제를 괴롭혀도 조용히 있을 수밖에 없다. 만일 앞으로 코로나 세계 전염병 전파가 종지부를 찍으면 바로 새로운 세계무역질서가 시작될 것으로 보인다.

73. Will AI drive out human jobs? May 16, 2020

2020-05-19 | THE KOREA TIMES

The First Industrial Revolution began in the U.K. and spread to Europe and the U.S. during the period 1760s to 1840s. Every industrial revolution is identified by revolutionary innovations in industrial technology. During the first revolution, most of hand production methods were replaced by machine tools.

The Luddite movement occurred during 1811-1816 against fast industrialization. The Luddites were a secret oath-based organization of English textile workers. They feared machines would soon eliminate their job. Lower-skilled workers strongly opposed to mechanization and automation. They became violent, breaking the new machines and even attacking the managers and factory owners. The Luddite movement was suppressed by the British Parliament's harsh punishment.

The Second Industrial Revolution started from the end of the 19th century and lasted until the beginning of the 20th century. During this period people made massive technological advancements. They got access to new sources of energy such as electricity, gas, and oil. In addition, the automobile, airplane, telegraph, and telephone were invented.

The Third Industrial revolution began from the second half of the 20th century. Scientists invented nuclear energy. Also electronics, telecommunications and computers were invented. Among other things, robotics is the symbol of this period. From 1980 industrial robots began to be made in large numbers. These robots are microprocessor-controlled and smarter. Industrial robots increasingly becoming more intelligent and versatile. In the future, they are expected to be capable of working without human intervention and take over most of the manufacturing processes.

Now we are experiencing the Fourth Industrial Revolution. Global economies are based on the Internet. With the development of digital technology, robotics and artificial intelligence (AI) are taking the increasing role in moving the economy forward fast. With the trend of globalization, the 'role of AI seems to be ever increasing.

Richard Baldwin, one of the world's leading experts and professor of international economics at the Graduate Institute of International and Development Studies in Geneva, Switzerland, published an eye-catching book titled, "The Globotics Upheaval" in 2019. The "Globotics" is the combination of globalization and robotics. He argued that AI-trained computers will threaten the lives of millions of white-collar workers much faster than automation, industrialization, and globalization disrupted the lives of blue-collar workers in previous centuries. He also argued that digital technology allows talented foreigners to telecommute into any workplaces and compete for service and professional jobs.

Actually robotics and AI are two different concepts. Robotics is a branch of technology that deals with physical robots. Robots are programmable machines that are usually able to carry out a series of actions autonomously. Robotics involves designing, building and programming physical robots which are able to interact with the physical world.

By contrast, AI is a branch of computer science. It involves developing computer programs to complete tasks that would otherwise require human intelligence. AI algorithms can tackle learning, perception, problem-solving, language-understanding and logical reasoning. Most AI programs are not used to control robots. AI techniques help to solve many challenging problems in dealing with big data.

Big data includes data sets with sizes beyond the ability of commonly used software tools to capture and process data. It can be described by four "Vs"—(1) volume, (2) variety, (3) velocity, and (4) veracity (data quality).

Although Prof. Baldwin had envisaged more interactive economic activities in the world, the future global economic environment does not seem to be much favorable in the aftermath of covid-19 pandemic disaster. First of all, globalization may slow down. Multilateralism in trade may be replaced by bilateralism. The world-wide supply chain system may collapse and trade protectionism would bounce back. So it is not clear if the white-collar workers will lose their job by the power of globotics.

However, those who work in the field of artificial intelligence, particularly in cloud computing, may be safe. Regardless of whether the world is continually globalizing or not, those companies providing big-data management service will remain internationally competitive.

As artificial intelligence further progresses, it will take over large sectors of workforce and inevitably bring about some scale of unemployment and social unrest by substitution effect. But in the medium or long run, it creates new opportunities for workers and managers by the market-expansion effects through productivity increases and overall cost-savings.

73. 인공지능이 인간의 일자리를 없앨 수 있을까?

2020-05-19 | 코리아타임즈 신문 게재

제1차 산업혁명은 영국에서 시작되어 1760년대에서 1840년대 사이에 유럽과 미국으로 확산되었다. 모든 산업혁명은 산업 기술의 혁명적인 혁신으로 확인된다. 제1차 산업혁명 기간 동안, 손으로 만드는 방법은 거의 모두 기계로 대체되었다. 러다이트(Luddite) 운동은 빠른 산업화에 대항하여 1811-1816년 기간에 일어났다. 러다이트는 영국의 직물 노동자들의 비밀스러운 맹세 기반의 조직이었다. 그들은 기계가 곧 그들의 일자리를 없앨 것이라고 걱정했다. 숙련도가 낮은 근로자들은 기계화와 자동화에 강하게 반대했다. 그들은 폭력적이 되었고, 새로운 기계들을 부수고 심지어 관리자와 공장 주인들을 공격하기까지 했다. 러다이트 운동은 영국 의회의 가혹한 처벌에 의해 진압되었다.

제2차 산업혁명은 19세기 말부터 시작되어 20세기 초까지 지속되었다. 이 기간 동안 사람들은 엄청난 기술적 진보를 이루었다. 그들은 전기, 가스, 석유와 같은 새로운 에너지원에 접근할 수 있었다. 게다가 자동차, 비행기, 전신, 전화를 발명하였다.

제3차 산업혁명은 20세기 후반부터 시작되었다. 과학자들은 원자력을 발명했다. 이 기간 동안, 전자 제품, 통신, 컴퓨터가 발명되었다. 그리고 로봇 공학은 이 시대의 상징이 되었다. 1980년부터 산업용 로봇이 대량으로 만들어지기 시작했다. 이 시대의 로봇들은 마이크로 프로세서로 조종되었으며 과거의 로봇보다 더 똑똑했다. 산업용 로봇은 점점 더 지적이고 다재다능했다. 미래에는 사람의 개입 없이도 작업할 수 있고 대부분의 제조 공정을 인계받을 수 있을 것으로 예상된다.

지금 우리는 제4차 산업혁명을 경험하고 있다. 세계 경제는 인터넷에 기반을 두고 있다. 디지털 기술의 발전과 함께, 로봇 공학과 인공 지능은 경제를 빠르게 발전시키는 데 있어서 점점 더 많은 역할을 하고 있다. 세계화 추세에 따라 인공지능의 역할은 갈수록 커지는 것 같다. 스위스 제네바소재 국제개발연구원(IMD)의 국제경제학 교수인 리처드 볼드윈은 2019년 세계적으로 주목받는 책, 『글로보틱스 격변(Globotics Upheaval)』을 펴냈다. '글로보틱스'는 세계화와 로봇 공학의 합성어이다.

볼드윈 교수는 인공 지능 훈련을 받은 컴퓨터가 자동화, 산업화, 세계화보다 훨씬 빠르게 수백만 명의 사무직 근로자들의 삶을 위협할 것이라고 주장했다. 그는 또한 디지털 기술은 재능 있는 외국인들이 어느 직장에서나 재택근무를 할 수 있게 해주고 서비스와 직업을 위해 경쟁할 수 있게 해준다고 주장했다.

사실 로봇 공학과 인공 지능은 서로 다른 개념이다. 로봇 공학은 물리적 로봇을 다루는 기술의 한 분야이다. 로봇은 프로그램이 가능한 기계이며, 보통 스스로 일련의 행동을 수행할 수 있다. 로봇 공학은 물리적인 세계와 상호 작용할 수 있는 물리적인 로봇을 디자인하고 만들고 프로그래밍 하는 것을 포함한다.

반면 AI는 컴퓨터 과학의 한 분야다. 그것은 인간의 지능을 필요로 하는 임무를 완수하기 위해 컴퓨터 프로그램을 개발하는 것을 포함한다. AI 알고리즘은 학습, 인식, 문제해결, 언어이해 및 논리적 추론을 다룰 수 있다. 대부분의 인공 지능 프로그램은 로봇을 제어하는 데 사용되지 않는다.

AI기술은 빅 데이터를 처리하는 데 있어 많은 난제를 해결하는 데 도움이 된다.

빅 데이터에는 데이터를 캡처하고 처리하는 데 일반적으로 사용되는 소프트웨어 도구의 기능 이상의 크기를 가진 데이터 세트가 포함된다. 빅 데이터는 4개의 'Vs'- (1)볼륨, (2)다양성, (3) 처리속도 및 (4) 정확도(데이터 품질)로 설명할 수 있다.

비록 볼드윈 교수는 세계 경제의 보다 상호 작용적인 활동을 마음에 그려 왔으나, 미래의 세계 경제 환경은 코로나 19 전염병 재해의 여파로 그다지 호의적일 것 같지 않다. 무엇보다도, 앞으로 세계화의 속도는 낮아질 것으로 보인다. 무역에서의 다자주의는 앞으로 2자 간 또는 일방 주의로 대체될 수 있다. 세계적 공급망이 붕괴되어 보호무역주의가 다시 살아날 수도 있다. 따라서 화이트칼라 사무직 근로자들이 로봇 공학의 힘에 의해 직장을 잃게 될지는 분명하지 않다.

그러나 인공 지능, 특히 클라우드 컴퓨팅 분야에서 일하는 사람들은 안전할 수 있다. 빅 데이터 관리 서비스를 제공하는 기업들은 세계가 지속적으로 글로벌화하든 그렇지 않든 국제적으로 경쟁력을 유지할 수 있게 된다. 인공 지능이 더욱 발전함에 따라, 그것은 노동력의 많은 부분을 차지할 것이고 불가피하게 대체 효과에 의한 실업과 사회적 불안을 어느 정도 가져올 것이다. 그러나 중장기적으로는 생산성 향상과 전반적인 비용 절감에 따른 시장 확대 효과를 통해 근로자와 관리자에게 새로운 기회를 창출할 것이다.

Education

1973 BA(Economics), Sungkyunkwan University
  성균관대학교 경제학 학사

1976 MA(Economics), Kent State University, Kent Ohio, USA
  미국 오하이오주 켄트주립대학교 경제학 석사

1981 PhD(Economics), The University of Chicago, Chicago Illinois, USA
  미국 시카고 대학교 경제학 박사

Professional Career

1981-1982, Assistant Professor of Economics, University Colorado, Boulder, USA
  미국 콜로라도 대학교 경제학과 조교수

1982-1987, Senior Fellow, Korea Development Institute(KDI)
  한국개발연구원 선임연구위원

1984-1987, Adviser to the Minister of Finance
  재무부장관 자문관

1988-2014, Professor of Economics, Sungkyunkwan University
  성균관대학교 교수

1996-1997, President of Incheon Development Institute
  인천발전연구원 원장

1998-1999, Visiting Professor, The American University, Washington DC
  미국 아메리칸 대학교 객원교수

2011-2013, Chairman of Korea National Oil Corporation Board of Directors
한국 석유공사 이사회 의장

2013-2015, Chairman of Korea Financial Investors Protection Foundation
한국금융투자자보호재단 이사장

2014-present, Professor Emeritus of Sungkyunkwan University
성균관대학교 명예교수

Positions in Academic Associations

2002, President of the Korean Association of Futures and Options
한국선물 옵션학회 회장

2003, President of the Korean Association of Trade and Industry Studies
한국국제통상학회 회장

2009, President of the Korea International Finance Association
한국국제금융학회 회장

2010, President of the Korea International Economic Association
한국국제경제학회 회장

2013, President of the Korean Economic Association
한국경제학회 회장

2019-2021, Board member of Mont Pelerin Society
몽펠랭 학회 운영이사

Foreign Direct Investment & Korean Economy Policies
외국인 직접투자와 한국의 경제정책

초 판 1쇄 인쇄 2020년 6월 19일
초 판 1쇄 발행 2020년 6월 26일

지은이 김인철
펴낸이 신동렬
책임편집 신철호
편집 현상철 · 구남희
마케팅 박정수 · 김지현

펴낸곳 성균관대학교 출판부
등록 1975년 5월 21일 제1975-9호
주소 03063 서울특별시 종로구 성균관로 25-2
전화 760-1253~4
팩스 762-7452
홈페이지 press.skku.edu

© 2020, 김인철

ISBN 979-11-5550-413-0 93320

잘못된 책은 구입한 곳에서 교환해 드립니다.